죽음을
통과하는   말들

죽음을 통과하는 말들

thanatology

죽음 앞에서 철학은 무엇을 말할 수 있는가

손병홍 지음

곰출판

thanatology

서론 - 후평의 말

**끊임없이 진행되는
삶과 죽음의 현장에서**

　요즈음 텃밭 가꾸는 재미에 빠져 있다. 거친 흙을 뚫고 나오는 새싹은 생명의 경이로움을 새삼 느끼게 하고, 갖가지 자태로 고운 색을 뿜내는 꽃을 보는 것은 세속에 찌든 나의 눈을 즐겁게 만든다. 푸성귀를 따 먹는 재미도 여간 쏠쏠한 게 아니다.
　밭일의 결점 중 하나는 살생을 해야 한다는 것이다. 푸성귀를 잘 키우기 위해서는 김을 매주어야 하는데, 남아 있는 푸성귀보다 훨씬 많은 양을 솎아내야 한다. 뽑아낸 잡초와 솎아낸 푸성귀는 이내 시들어 말라 죽는다. 며칠 전에는 달걀의 노른자와 포도씨유를 섞은 친환경 살충제인 난황유를 살포했다. 진딧물과 같은 미물이지만 무수한 생명의 명줄을 끊은 셈이다. 어찌 밭일뿐이랴. 오늘 아침에 한 샤워로 내 몸에 기생하는 수많은 생명이 죽었을 것이다. 우리는 매 순간 끊임없이 진행되는 죽음의 현장에서 제대로 한몫하고 있다.

어릴 적 살던 곳 근처에 폐채석장이 있었다. 동네 아이들과 정신없이 뛰어놀다 지치면, 큰 바위 위에 누워 하늘을 바라보곤 했다. 어느 땐가 그곳에서 하늘을 보며 '하늘에 끝이 있을까?', '사람이 죽으면 어떻게 될까?' 생각했던 기억이 난다. 아마도 의식 한편에 남아 있던 이러한 생각들이 철학과를 선택하여 평생을 철학쟁이로 살게 한 원인 중 하나였을 것이다. 전문 철학자나 이해할 만한 전문적이고 현학적인 작업을 하면서도 이러한 질문에 대해 나름대로 정리해봐야겠다는 생각이 항상 남아 있었다.

'하늘에 끝이 있는가?'라는 생각은 어느 정도 정리될 수 있었다. 우주의 크기와 탄생을 설명할 수 있는 천체 물리학 이론인 빅뱅(big bang) 이론과 파동 이론(빅뱅과 빅크런치 big crunch가 반복하여 발생한다는 이론)을 피상적으로나마 접할 수 있었고, 무한 집합과 관련된 러셀의 역리를 알게 되면서 '우주'라는 개념이 이해되기 어려운 근본 이유를 깨달았기 때문이다.

채석장에서 가졌던 두 번째 생각인 '죽음'은 지금까지 꾸준히 관심을 가지고 있는 주제다. 죽음을 주제로 다룬 책들을 뒤적이다가 개인 동일성과 영생의 문제를 다룬 존 페리(John Perry)의 책을 번역하기도 했고, 죽음을 주제로 세미나 강의를 개설하기도 했다. 이 책은 죽음에 대한 내 생각을 나름대로 정리해보려는 최초의 시도다.

이 책은 죽음과 관련된 다섯 편의 대화로 구성되어 있다. 첫 번째 대화는 죽음의 공포에 대한 극복 가능성을 다룬다. 인간은 누구나 죽는다. 죽음은 생명을 가진 인간에게 닥칠 가장 중대한 사건 중 하나다. 자신에게 닥칠 죽음을 예감한 사람 대부분은 두려움과 공포에 시달린다. 그러나 예외적으로 죽음의 두려움을 극복하고 의연하게 죽음에 대처한 사례도 적지 않다. 자신의 신앙을 위해 목숨을 버린 순교자나 윤봉길 의사 같은 독립투사들이 대표적이다. 우리처럼 평범하게 일상생활을 하는 사람들에게서도 그러한 사례를 찾아볼 수 있다. 죽음을 앞두고 자신이 입을 수의와 장지를 준비하는 등 자신의 죽음을 의연하게 대하는 평범한 사람들을 주위에서 쉽게 발견할 수 있다. 이들은 어떻게 자신이 아끼고 사랑하는 모든 것과의 단절을 의미하는 죽음의 공포로부터 벗어나 죽음에 의연하게 대처할 수 있을까? 이 물음에 대한 답변의 단초를 톨스토이의 소설 《이반 일리치의 죽음》에서 찾을 수 있다. 전형적 속물인 주인공 이반 일리치는 불의의 사고로 불치병을 얻고 곧 닥쳐올 죽음을 예감하게 된다. 죽음 그 자체에 대한 공포와 죽음이 자신이 성취한 모든 것을 앗아갈 것이라는 절망감에 시달리던 주인공은 죽기 직전 순간적인 깨달음을 통해 죽음의 두려움에서 벗어나 의연하고 평온하게 죽음을 맞게 된다. 첫 번째 대화는 죽음의 두려움을 극복한 이반 일리치의 깨달음의 내용이 무엇이고, 그러한 깨달음이 가능한가에 대해 다룬다.

두 번째 대화는 영생(immortality)과 관련된 문제를 다룬다. 불로초를 구하려 했던 진시황의 경우에서 볼 수 있듯 고금을 막론하고 젊고 건강하게 오래 살기를 소망하는 것은 보편적 현상이다. 첨단 과학의 시대에 사는 우리도 예외가 아니다. 많은 사람이 몸에 좋다는 보약에 탐닉하고 특히 일부 종교인은 천국에서 영원히 살 수 있다는 영생을 갈망한다. 그러나 이들 대부분은 단지 영원히 행복하게 사는 것을 소망할 뿐, 영생의 여러 가능한 형태와 어떤 영생이 바람직한지에 대해서는 심각하게 고려하지 않았으리라. 체코의 극작가 카렐 차페크의 희곡 《마크로풀로스 사건》은 영생의 문제를 다룬다. 여기서 카렐 차페크는 영생의 한 형태를 제시하는데, 주인공은 이러한 형태의 영생을 거부한다. 두 번째 대화는 가능한 영생의 여러 형태를 살펴보고, 영생이 바람직한가를 생각해본다.

　　세 번째 대화에서 다루는 주제는 철학자 에피쿠로스의 죽음에 대한 견해다. 에피쿠로스에 따르면 죽음이 완전한 무로 돌아가는 것이라면 죽음은 죽는 당사자에게 전혀 나쁜 것이 아니다. 이러한 그의 주장은 지극히 자명한 논리적 추론으로 얻은 결론이다. 죽음은 살아 있음과 죽어 있음을 나누는 순간에 불과하므로, 죽음이 나쁜 것이라면 죽음의 해악은 죽는 당사자가 살아 있는 동안이나 죽은 후에 발생해야 한다. 살아 있는 동안에는 아직 죽지 않았으므로 죽음의 해악이 발생하지 않았다. 마찬가지로 죽고 난 후에도 죽음의 해악은 발생할 수 없다. 죽음의 해악을 경험하고 당하는 주체가 더 이상 존재하지 않기 때문이다. 이러한 에피쿠로스의 입장은 사회적으로 악영향을 끼칠 수 있다. 한 예로 죽음이 죽는 당사자에게 나쁜 것이 아니라면 자살이 정당화될 여지를 제공한다. 많은 철학자들이 죽음에 대한 에피쿠로스의 견해를 극복하려 시도하고 있다. '에피큐리언 견해(Epicurean View)'라 불리는 죽음에 대한 에피쿠로스의 입장과 이를 극복하기 위한 시도들의 타당성 여부를 세 번째 대화에서 다룬다.

종교를 믿는 대부분의 사람들은 육체와 분리되어 독립적으로 존재할 수 있는 정신적 실체인 영혼의 존재를 믿는다. 특히 일부 종교인이나 소수의 극단적인 학자들은 영혼이 실제로 존재함을 보이는 증거가 있다고 주장한다. 이들에 따르면 퇴행 최면을 통한 전생 체험이나 임사 체험 등이 영혼의 존재를 보이는 증거다. 네 번째 대화에서는 전생 체험의 대표적 사례인 브라이디 머피의 전생 체험과 정신과 의사인 무디의 임사 체험에 대한 보고를 살펴보고 이들이 과연 영혼의 존재를 보이는 증거로 간주될 수 있는가를 다룬다.

다섯 번째 대화는 개인 동일성을 다룬다. 개인 동일성이란 시간과 공간 속에서 끊임없이 변하고 있는 인간을 하나의 동일한 인간으로 취급하는 근거와 기준이 합리적으로 성립할 수 있는가 하는 문제다. 생명이 없는 무생물의 경우도 하나의 동일한 개체라고 판단한다면 문제를 다루는 것이 어려워질 수 있다.

바닷가에 사는 어부가 동일한 구조와 재질의 배 두 척을 사들여 한 척은 A호로 다른 한 척은 B호로 명명했다. 개인적 사정으로 어부는 두 척 중 A호만을 사용하고 B호는 포구에 정박시켜두었는데, A호만을 사용했기 때문에 A호는 차츰 낡고 망가지게 되었다. 그래서 어부는 A호의 망가진 부분을 B호에서 떼어내

대체하고, B호의 떼어낸 부분은 A호에서 떼어낸 부분으로 대체했다. 이러한 과정을 거쳐 결국 A호를 구성하는 모든 부분은 B호의 부분으로 대체되었고, B호를 구성하는 모든 부분은 원래 A호를 구성하는 부분으로 대체되었다. 이 경우 어부가 두 척의 배를 사들인 시점을 to로, 두 척의 배를 구성하는 부분이 모두 교체된 시점을 tn이라 하면, to에서의 A호는 tn에서의 어느 배와 동일한 배인가? 이 질문에 "to에서의 A호는 tn에서의 A호와 동일하다"라고 답변하면 이 답변은 to에서의 A호는 tn에서의 A호와 전혀 다른 부분들로 구성되어 있다는 사실과 상충된다. 반면에 "to에서의 A호는 tn에서의 B호와 동일하다"라는 답변은 to에서 t1, t2의 시간을 거쳐 tn에 이르기까지 A호의 부분들이 교체될 때마다 우리가 그 배를 A호라 부르며 동일한 하나의 배로 취급해왔다는 사실과 상충된다.

살아 있는 유기체인 인간의 동일성에 대한 우리의 판단은 무생물의 경우보다 많은 문제점을 야기할 수 있다. 시공 속에서 인간의 육체는 끊임없이 변할 것이고, 인간은 생각하고 느끼는 의식 행위를 하는 존재이기 때문이다. 또한 개인 동일성의 문제는 중요한 윤리적·종교적 문제와 밀접하게 연결되어 있다. 과거에 저지른 범죄로 처벌하기 위해서는 범죄를 저지른 사람과 처벌받는 사람이 동일한 사람이라는 판단이 선행되어야 한다. 특히 영생이나 사후 세계에 대한 우리의 믿음은 개인 동일성의 문제와 밀접하게 연결되어 있다. 죽은 후 천국에서 살아남으려면 이승에서 육체적 죽음을 맞이한 인간과 천국에서 살아남은 사람이 동일한 하나의 사람이어야 하기 때문이다.

  탈고한 지금 왠지 어색하고, 등에 벌레가 기어가는 듯 스멀스멀한 느낌이 든다. 이 책의 글쓰기 방식이 내게 익숙한 논문 형식도 아니고, 엄격히 말해 '죽음'이라는 주제는 논리학과 분석철학을 전공한 나의 전문 분야라 할 수 없기 때문이리라. 어찌 보면 이 책은 살 날보다 산 날이 훨씬 많을 것을 직감할 나이가 된 내가 죽음에 대한 나름대로의 생각을 정리해보기 위한 사고실험의 결과라 할 수 있다. 실험이 성과를 얻기 위해서는 검토와 검증이 필요하다. 견해를 달리하는 독자의 날카로운 비판과 '죽음'을 전공하는 전문 학자들의 고견과 질책을 기대한다.

차례

[서론-후평의 말] 끊임없이 진행되는 삶과 죽음의 현장에서 ·· 005
[대화의 시작] ·· 015

1장 ― 죽음이 닥쳐올 때

| 첫 번째 대화 | 죽음의 공포는 극복될 수 있는가   ·· 023
| 새로운 대화 | 우리는 어떤 존재인가   ·· 046

2장 ― 영원한 삶을 상상하며

| 두 번째 대화 | 영생은 바람직한 것인가   ·· 075
| 새로운 대화 | 인다라망의 우주 속에서 영생이나 환생의
                 주체로서의 나는 무엇인가   ·· 090

3장 — 죽음 그리고 에피쿠로스

| 세 번째 대화 | 죽음은 죽는 당사자에게 나쁜 것인가   ··129

| 새로운 대화 | 관찰자 상대적인 시간 속에서도
              에피큐리언 견해는 성립하는가   ··163

4장 — 영혼을 둘러싼 질문들

| 네 번째 대화 | 영혼은 존재하는가   ··197

| 새로운 대화 | 영혼, 정신, 마음, 의식의 흐름 사이의 차이점   ··223

5장 — 개인 동일성에 관하여

| 다섯 번째 대화 | 어제의 나는 오늘의 나와 동일한 사람인가   ··261

| 새로운 대화 | 나비는 어디로 갔나   ··294

〔 주석 〕   ··341

일러두기

이 책은 《타나톨로지, 죽는다는 것》(효형출판, 2011)에 수록된 죽음에 대한 대화들을 다시 돌아보며 필요한 논의들을 덧붙인 것이다. 다섯 개의 장은 《타나톨로지, 죽는다는 것》에 수록된 '대화(각 장별로 '첫 번째 대화' 등)'와 이 책에서 새로 나누는 '새로운 대화'로 이루어져 있다.

대화의 시작

후평 — 제 기억이 옳다면 죽음에 관해 함께 토론한 것이 2010년 초여름이었을 것입니다. 지난번 만남 이후 10년이 넘는 세월이 훌쩍 지난 셈인데, 그동안 이 선생에게는 적지 않은 변화가 있었던 것으로 보입니다. 출가한 납자(衲子)들이 입는 남루한 의복을 걸친 모습도 예사롭지 않지만, 내면적으로 커다란 변화가 있었던 모양입니다. 우선 이 선생의 전매특허였던 자비롭고 부드러운 눈매가 변해 사납다고까지는 할 수 없지만 날카로워진 것 같습니다. 과장해서 표현하면 눈에서 광기는 아니라도 무언가를 추구하는 열정으로 가득 찬 안광이 번뜩이는 것 같습니다.

중관 — 선생님의 궁금증을 해소하기 위해 잠시 제 이야기를 하는 것이 좋을 것 같군요.

십수 년 전에 있었던 죽음에 대한 토론은 나는 어떤 의미를 가진 존재이고, 남은 생을 어떻게 살아가야 할 것인가에 대해 진지하게 숙고하도록 하는 계기를 제공했고, 이후의 제 삶에 큰 영향을 끼쳤습니다.

　죽음에 대한 토론 이후 발길이 가는 대로 이곳저곳 떠돌았습니다. 그러다 1년쯤 지난 늦가을, 경상도의 한 산사에서 출가하게 되었습니다. 이후 얼마 전까지 선교 양면에 걸쳐 꾸준히 수행을 계속해왔습니다. 그동안 하안거와 동안거 기간 외에도 치열하게 참선 수행을 했고 경전이나 불교학자들의 책을 탐독하며 불교 이론에 대한 공부도 게을리하지 않았습니다. 한번은《묘법연화경(妙法蓮華經)》에 대한 저명한 불교학자의 강의를 듣던 중 한문 번역과 한글 번역 사이에 중대한 차이점을 발견하고 지적한 적도 있었습니다. 이처럼 나름대로 치열하게 수행해왔다고 자부하지만, 출가 시에 품었던 의문이나 갈증을 해결하기란 요원해 보였습니다.

　일상화되어가는 수행에 근본적인 변화를 줄 욕심으로, 신라 때 진표(眞表) 스님이 망신참법(亡身懺法)으로 수행했던 변산(邊山)의 불사의방(不思議房)과 유사한 바위 절벽 위에서 며칠 밤낮을 가부좌를 틀고 앉아 있기도 했습니다.[1]

　출가 시의 열정이 시들어가고 하루하루의 수행이 습관화되어 지루하게 사찰 생활을 이어가던 와중에 우연히 용수(龍樹)의《중론(中論)》을 접하게 되었습니다.《중론》과의 만남은 이후의 제 수행에 결정적인 영향을 끼친 사건입니다.

　3년 전 초가을 저녁 무렵이었습니다. 한문 번역과 한글 번역을 비교해가며 《중론》을 탐독했지만 내용에 대한 이해는커녕 머릿속에 혼란만 더해져서, 글자 하나씩 음미하며 정독하겠다는 결심으로 《중론》을 다시 읽기 시작했습니다. 제1품인 "관인연품(觀因緣品)"을 읽고 나서 내용을 음미하고자 눈을 감는 순간 한밤에 한 줄기 번개가 내리치는 듯한 경험을 하게 됐습니다. 칠흑같은 어둠 속에서 번개가 그려낸 한 줄기 빛이 찰나이지만 주위의 모습을 드러내듯이, 그동안 수행을 통해서도 풀리지 않던 원초적인 의문들이 어지럽게 얽힌 실타래가 풀리듯 해결됨을 느꼈습니다.

후평 — 깨달음을 얻으셨군요.

중관 — 글쎄요. 오도송(悟道頌)도 짓지 않았고 어떤 큰스님의 인가도 받지 못했습니다. 《중론》을 접하고 얻은 경험이 깨달음이라면 그것은 저 자신이 무지하다는 사실을 알았다는 것입니다.

후평 — 대학원 시절 인식론 강의를 들어서 아시겠지만, 지식의 불가능성을 주장하는 회의주의의 입장은 쉽게 극복될 수 없습니다. '2+2=4'나 'A거나 A가 아니다'와 같은 규약이나 형식에 따라 얻어진 명제 외에 모든 명제는 거짓일 가능성이 있습니다. 러셀(Bertrand Russel)의 "5분 전 우주 창조설"이나 영화 〈매트릭스〉에서처럼 우리가 가상현실 속에서 살고 있을 가능성이 있다는 주장으로부터 어떠한 논리적 모순도 야기되지 않습니다. 따라서 외부 세계에 대한 우리의 모든 판단은 거짓일 가능성이 있고 확실하지 않습니다. 결국 거짓일 가능성이 없는 확실성(certainty)이 지식의 기준이라면, 우리 자신을 포함한 우주 속의 모든 것에 대한 지식은 불가능하고 우리는 무지한 존재입니다.

중관 —《중론》을 읽고 얻은 저 자신의 무지에 대한 믿음은 '거짓일 가능성이 없는 확실한 명제만이 지식일 수 있다'는 엉거(Peter Unger) 류의 회의주의와 전혀 관계가 없습니다.[2] '5분 전 우주 창조설'이나 '우리는 매트릭스에 존재한다'는 가정을 받아들이지 않고, 우리는 실제로 존재하는 외부 세계와 끊임없이 접촉하고 있다는 상식적인 믿음을 받아들여도 우리는 외부 세계와 자신에 대해 근본적으로 무지할 수밖에 없다는 것입니다. 무지에 대한 나의 믿음이 깨달음으로 취급될 수 있다면, 그것은 '나는 모든 것에 대해 무지하다'는 확신을 가지고 있다는 사실 외에 무지할 수밖에 없는 근본적 이유를 터득했기 때문일 것입니다.

한 소식(消息) 얻었다는 성취감에 빠진 상태로 며칠 동안 나의 무지에 대한 깨달음의 내용을 음미하고 반추해보았습니다. 그러나 지금까지 나를 괴롭혔던 근본적인 의문을 해결했다는 확신에도 불구하고 출가자로서의 제 삶과 모습에는 별 변화가 없었습니다. 도반(道伴)들에게 제가 한 소식 했다는 믿음을 줄 수도 없었고, 공양 때가 되면 시장기를 느껴 음식에 탐닉하는 등 살아오면서 자연적으로 갖게 된 탐욕에 근거한 번뇌도 여전했습니다.

또한 무지에 대한 저의 확신과 전통 불교의 가르침이 적지 않게 상응하지 않는다는 점은 '우리는 근본적으로 무지할 수밖에 없다'는 사실을 깨달았다는 나의 믿음이 거짓일 수 있다는 생각에까지 이르게 했습니다.

제 깨달음을 점검해보겠다는 욕심으로, 전국에 산재한 사찰과 토굴을 찾아 적지 않은 소위 선지식들과 법거량(法擧揚)을 해보았습니다.[3] 그러나 저명한 큰스님들과 열심히 수행하는 것으로 알려진 스님들과의 만남을 통해 한국 불교계가 처한 불편한 현실을 확인할 수 있었을 뿐입니다. 이들의 대부분은 아집에 갇혀 어떠한 비판도 받아들이지 않거나 자신의 권위를 지키려 몸부림치는 방어적인 모습을 보였습니다.

며칠 전 강원도 산골의 토굴에서 생활하는 괴짜 중을 만나고 내려오는 길에 문득 10년 전에 가졌던 선생님과의 대화가 떠올랐습니다. 지금처럼 아무 소득 없이 여기저기서 만난 중들과 입씨름하는 것보다는 선생님과 다시 토론하는 것이 나을 것 같다는 생각이 들었습니다.

후평 — 10여 년 전 가졌던 우리들의 대화는 나에게도 소중한 기억으로 남아 있습니다. 삶과 죽음과 관련된 근본적인 의문들에 대한 내 생각을 정리할 기회가 되었고, 이후 그때의 대화 내용을 토대로 한 책인 《타나톨로지, 죽는다는 것》을 출간하게 됐습니다.

중관 — 대화의 내용을 토대로 한 책이 출간되었다는 사실을 전혀 모르고 있었습니다. 곧 읽어보겠지만 제가 기억하기로 그때 우리는 '죽음'과 같은 인간의 삶과 관련된 핵심적인 의문들을 주제로 해서 다섯 번의 만남을 가졌습니다.

저의 깨달음은 '우리는 무지하고, 무지할 수밖에 없는 근본적인 이유가 있다'는 것입니다. 우리가 논의했던 '죽음', '윤회', '영혼'과 같은 주제들에 대해서도 나의 깨달음이 적용될 수 있는지 확인해보고 싶다는 생각이 듭니다.

후평 — 당시 다섯 번의 만남을 통해 삶과 죽음과 관련된 근본적인 의문에 대해 대화를 가졌으므로 책도 다섯 개의 대화로 구성되어 있습니다. 먼젓번 대화들을 하나씩 읽고 이 선생의 깨달음과 관련해 토론하는 것이 좋을 듯하군요.

10년 전과 비교해서 우리들의 생각이 어떻게 변화했는지 확인하는 계기도 될 수 있을 것 같습니다.

죽음이 닥쳐올 때

1장

첫 번째 대화

죽음의 공포는 극복될 수 있는가:
이반 일리치의 죽음을 바라보는 두 가지 시선

중관 — 선생님께서는 조금도 변하지 않으셨습니다. 무슨 비결이라도 있으십니까?

후평 — 어디 가는 세월을 붙잡을 방법이 있습니까? 몇 년 전부터 전반적으로 몸이 쇠약해지고 있음을 느낍니다. 그런데 이 선생은 얼굴이 좀 어두워 보입니다. 무슨 걱정거리라도 있습니까?

중관 — 아마 며칠 동안 잠을 설쳐서 그런가 봅니다. 최근 제 친구에게 생긴 불행한 사건이 '도대체 산다는 게 무엇인가?' 하는 부질없는 고민거리를 만들어준 것 같습니다.

후평 — 그래, 어떤 사건이 밝았던 이 선생의 얼굴을 그늘

지게 했습니까?

중관 — 절친한 친구가 얼마 전 병원에서 시한부 선고를 받고 절망에 빠져 있습니다. 이 사건을 계기로 죽음에 대해 진지하게 생각하게 되었습니다. 오늘 선생님을 찾아뵌 것도 이 주제에 관해 이야기하고 싶어서입니다.

후평 — 학문적으로 전공은 아니지만, 최근에 관심을 기울이는 주제입니다. 생명이 있는 모든 인간은 필연적으로 죽음을 맞게 될 것이므로 '죽음'은 반드시 진지하게 생각해봐야 할 주제입니다.

중관 — 우선 죽음을 앞둔 제 친구는 이번 사건을 제외하면 세속적인 기준에서 볼 때 축복을 받은 사람입니다. 재벌은 아니지만, 건실한 기업을 운영하는 가장의 차남으로 태어나 부족할 것 없는 환경에서 최상의 교육을 받았습니다. 집안 내력인지 지적 능력도 뛰어나서 30대 중반에 미국의 저명한 대학에서 공학박사 학위를 취득하기도 했습니다. 지금은 이름을 대면 누구나 알 만한 대기업의 이사로 근무하고 있습니다. 가정적으로도 그는 행운아입니다. 명문가 출신 미모의 재원과 결혼하여 아들과 딸을 하나씩 낳았으며 이들도 잘 성장하여 윤택하고 행복한 가정을 꾸리고 있습니다.

두 달 전 가슴에 통증을 느껴 병원에서 검진을 받았는데,

치료가 불가능할 정도로 폐암이 악화되었다는 판정을 받았습니다. 평소 건강에 자신이 있어서 건강검진을 게을리한 것이 불찰이었습니다. 그의 첫 반응은 도저히 믿을 수 없다는 것이었습니다. 그러나 다른 병원에서도 동일한 검진 결과가 나오자 자신이 처한 상태를 인정할 수밖에 없었습니다.

수술이 불가능할 정도로 악화된 상태라는 진단과 생명을 연장해준다는 대체의학 같은 것들이 돈벌이를 위한 사기극에 불과하다는 자각은 그를 절망으로 이끌었습니다. 현재 그는 정신적으로 지극히 혼란한 상태에 빠져 있습니다. 일에 대한 관심이 사라진 것은 물론이고, 절망한 나머지 자신이 그토록 사랑하고 아끼던 가족들조차 그저 분노를 표출하는 대상이 되어버렸습니다. 한번은 식사도 거른 채 폭음으로 밤을 지새우며 울부짖다가 자해를 하기도 했습니다. 최근에는 아무것도 하지 않고 멍하니 누워서 천장만 바라보는 시간이 잦아졌다 합니다.

아마도 현재 그의 상태는 퀴블러로스(Elisabeth Kübler-Ross) 박사가 설명한, 죽음을 눈앞에 둔 사람들이 보이는 반응의 다섯 단계 가운데 '우울'의 단계에 있는 것 같습니다.[1]

후평 — 나는 기본적으로 죽음을 앞둔 사람들의 반응을 부정, 분노, 타협, 우울, 순응의 다섯 단계로 정식화해서 설명하려는 퀴블러로스의 시도를 긍정적으로 보지 않습니다. 중대한 사건에 직면한 인간의 반응은 그가 살아온 환경이나 지식, 믿음 등에 의해 따라 미묘하고 다양한 양상을 띠기 때문에 몇 가지 범주로 나눌 수 없습니다. 이 선생 친구의 경우도 다섯 단계 가운데 여러 단계가 함께 나타나기도 하고, 타협의 단계는 나타나지 않은 것으로 보이지 않습니까?

중관 — 저도 이 분류를 전적으로 신뢰하는 것은 아닙니다. 단지 죽음을 앞둔 사람의 정신적 반응을 정리해보려는 최초의 시도라는 점에서 의의를 찾을 수는 있겠지요. 죽음을 눈앞에 둔 친구의 문제는 퀴블러로스 박사의 죽음학과 직접적으로 연관된 것이 아니므로 그녀의 주장에 대해서는 다른 기회에 다루는 편이 좋을 것 같습니다.

제가 대학원 시절 선생님께서는 죽음에 대해 강의를 하셨던 것으로 기억합니다.[2] 죽음을 앞두고 절망에 빠져 괴로워하는 제 친구에 대해 하실 말씀이나 떠오르는 생각은 없으십니까?

후평 — 글쎄요. 냉혹하게 들릴지 모르겠지만, 이성적으로 나는 죽음을 앞둔 이 선생 친구의 반응은 비합리적이라는 생각이 드는군요.

"모든 사람은 죽는다. 소크라테스는 사람이다. 그러므로 소크라테스는 죽는다"라는 삼단 논증은 전제들로부터 결론이 필연적으로 도출되는 타당한 논증의 가장 전형적인 예로써 중학교만 다녔다면 누구나 알고 있는 논증입니다.[3] 이 선생 친구의 경우처럼, 질병이나 교통사고 등의 형태로 죽음이라는 손님이 인간을 포함한 모든 생명체에게 언제라도 찾아올 수 있으므로, 앞의 논증에서 "모든 사람은 죽는다"라는 첫 번째 전제를 "모든 사람은 언제라도 죽을 수 있다"로 대체해도 전혀 무리가 없습니다. 이 선생 친구 역시 생명을 가진 유기체로서의 인간이므로 "모든 사람은 언제라도 죽을 수 있다. 이 선생의 친구는 사람이다. 그러므로 그는 언제라도 죽을 수 있다"라는 논증도 앞의 논증과 마찬가지로 지극히 타당합니다. 따라서 이 선생의 친구는 자신이 언제라도 죽을 수 있음을 이미 알고 있었다고 할 수 있습니다. 자신에게 언제라도 죽음의 사자가 방문할 수 있다는 것은, 명약관화한 실제로 참인 전제들로부터 필연적으로 도출된 결론이기 때문입니다.

중관 ─ 선생님의 말씀처럼 제 친구는 '자신이 언제든 죽을 수 있다'는 사실을 알고 있었습니다. 그러나 제 친구가 자신이 언제든 죽을 수 있다는 사실을 알고 있었기 때문에 죽음을 앞둔 그 절망적인 반응은 비합리적이라는 선생님의 판단은 논리적 비약입니다.

"모든 사람은 언제라도 죽을 수 있다"와 "A는 사람이다"라는 두 전제로부터 도출되는 결론은 "A는 언제라도 죽을 수 있다"라는 명제이지 "A가 곧 죽을 것이다"라는 명제는 아니기 때문입니다.

선생님 말씀처럼 정상적인 의식 활동을 하는 평범한 사람들은 언제라도 죽을 수 있다는 것을 알고 있습니다. 그러나 그들 대부분은 언제 닥칠지 모르는 자신의 죽음에 대해 고민하고 괴로워하지는 않습니다. 만약 한 건강한 젊은이가 언젠가 닥쳐올 미래의 자신의 죽음에 대해 고민하며 제 친구처럼 절망에 빠져, 지금 해야 할 일들을 방기하고 극단적으로 행동한다면 우리는 그의 행동을 비이성적이라 비난할 것입니다. 그러나 제 친구의 경우는 이와는 근본적으로 다릅니다. 그는 얼마 지나지 않아 죽을 것입니다. 죽음은 자신이 지금까지 누린 경제적 풍요와 명예 그리고 사랑하는 사람들을 포함하여 모든 것과의 단절을 의미합니다. 따라서 죽음을 앞둔 친구의 극단적 행동은 비록 자신이 처한 상황을 해결할 수는 없지만 충분히 이해될 수는 있는 반응으로 보입니다.

후평 — 나도 정서적으로는 이 선생 친구의 반응을 충분히 이해할 수 있습니다. 어차피 인간은 합리적이고 논리적으로만 행동하는 존재가 아니니 말입니다. 내가 하고자 하는 말은 죽음을 앞둔 이 선생 친구의 행동에 비합리적인 측면이 있다는 것입니다.

지극히 건강하고 활기찬 생활을 하고 있는 전형적인 20대 청년을 예로 들어보겠습니다. 인간의 평균수명을 감안할 때 구체적으로 생각해보지는 않았을지 모르나, 그는 자신이 100년 안에 죽을 것을 알고 있다고 할 수 있지 않겠습니까? 이 청년의 경우 100년 안에 자신이 죽을 것을 알고 있지만 죽음의 사신이 정확하게 언제 닥칠지는 모르고 있습니다. 이 선생 친구의 경우도 자신이 길어야 6개월 안에는 죽을 것을 알고 있지만 정확하게 자신이 언제 죽을지 모른다는 것은 청년의 경우와 마찬가지입니다. 두 사람 모두에게 죽음은 밤손님처럼 언제라도 찾아올 수 있습니다. 차이점은 생존 가능한 시간이 한쪽은 길고 한쪽은 이에 비해 상대적으로 짧을 가능성이 크다는 것과, 한쪽은 정확하게 언제일지는 모르지만 자신에게 닥칠 죽음이라는 중대한 사건을 남의 일인 양 개의치 않고, 다른 한쪽은 언제 닥칠지 모르는 죽음이라는 동일한 사건을 자신이 당면한 긴박하고 중차대한 사건으로 간주하고 이에 몰두하여 다른 어떤 것에도 관심을 갖지 못한다는 점입니다.

《불설비유경(佛說譬喩經)》에 나오는 코끼리에 쫓긴 나그네의 이야기가 떠오르는군요.[4]

중관 — 저도 한 번쯤 들어본 이야기 같은데, 구체적인 내용은 기억나지 않습니다.

후평 — 아마 이 선생도 알고 있는 이야기일 겁니다.
광야에서 한 나그네가 사나운 코끼리에게 쫓기다가 웅덩이 속에 뻗어 있는 나무뿌리를 잡고 몸을 숨겼습니다. 나무뿌리에 매달려 겨우 안심하고 있는데, 흰 쥐와 검은 쥐가 번갈아 나타나 나그네가 잡고 있는 뿌리를 갉아 먹기 시작했습니다. 웅덩이 밑을 내려다보니, 웅덩이 네 귀퉁이에는 독사가 한 마리씩 있고 바닥에는 용이 도사리고 있었습니다. 그 와중에 나그네는 뿌리 위쪽에서 벌꿀이 몇 방울씩 떨어지는 것을 발견하고 입으로 받아먹기 시작합니다. 상황은 더욱 악화되어 광야에 불이 나서 나무뿌리를 태우기 시작하고 벌이 쏘는 위급한 상황에서도 꿀맛에 취해 자신이 처한 절체절명의 위기를 망각하고 있다는 이야기입니다.

이 선생도 느끼겠지만 여기서 나무뿌리에 매달린 나그네는 우리와 같은 중생을, 나무뿌리는 그 나무뿌리를 잡고 있는 대상의 목숨을, 흰 쥐와 검은 쥐는 낮과 밤을 형상화한 것으로 시간의 흐름을, 용은 죽음을, 나그네가 받아먹고 있는 벌꿀은 쾌락과 욕망을 의미합니다. 이 이야기는 언젠가는 죽을 수밖에 없는 자신의 처지를 망각하거나 무시한 채 쾌락과 욕망에 빠져 하루하루를 살아가는 우리들을 나타낸 적절한 비유라 생각합니다.

조금 전에 예로 든 20대 청년은 벌꿀의 맛에 취한 나그네처럼 언제라도 닥쳐올 수 있는 죽음을 망각하거나 무시한 채 삶의 즐거움에 빠져 있습니다. 이 선생 친구의 경우에도 불치의 병에 걸렸다는 진단을 받기 전까지는 20대 청년이나 이야기 속 나그네처럼 달콤한 꿀맛에 취해서 자신이 언제라도 죽을 수 있다는 명백한 사실을 도외시하고 있었다고 할 수 있습니다. 반면 지금 이 선생 친구는 자신이 잡고 있는 나무뿌리가 얼마 지나지 않아 끊어질 것이며, 웅덩이 바닥에 용이 도사리고 있다는 사실을 포함해 자신이 처한 처지를 직시했다고 할 수 있습니다.

자신이 매달린 나무뿌리가 끊어져서 웅덩이 바닥에 있는 용의 밥이 될 것이라는 자각이 그를 매우 혼란스럽고 절망적인 상태에 빠지게 한 것으로 보입니다. 여태까지 탐닉하던 벌꿀도 그에게는 더 이상 달콤하지 않았을 겁니다. 만약 이 선생 친구가 예전부터 자신의 처지를 자각하고 이에 대해 진지하게 생각했다면 아마도 그는 지금처럼 비이성적인 행동은 하지 않았을 겁니다.

중관 ─ 선생님의 말씀은 인간이 삶의 즐거움을 포기한 채 언제 닥칠지 모를 죽음을 준비하는 구도자와 같은 생활을 해야 한다는 말씀처럼 들립니다. 저와 제 친구를 포함한 대부분의 사람들은 생활비와 자녀의 학자금을 걱정하며 하루하루를 살아가는 평범한 생활인입니다. 이들에게 삶이 주는 권리와 의무를 방기하거나 포기한 채 구도자처럼 살라고 요구하는 것은 비현실적이고 무책임해 보입니다. 도를 구하기 위해 출가한 사람 때문에 남은 가족들이 고통을 겪는 것을 어렵지 않게 볼 수 있습니다. 또한 구도자와 같은 삶을 추구하는 것이 죽음의 문제를 해결할 수 있는 최선책으로 보이지도 않습니다.

누군가에게서 들은 이야기가 떠오르는군요. 일본에서 오랫동안 수행을 하여 누구에게나 인정받는 고승이 있었다고 합니다. 그런데 우연한 기회에 그를 검진한 의사는 그 스님이 회복될 수 없는 중병에 걸렸음을 발견했습니다. 오랜 시간 세속을 등지고 선(禪) 수행을 해온 고승이라 의사는 스님에게 진실을 전달해도 자신이 처한 사태를 이해하고 잘 받아들일 수 있을 것이라 판단했습니다. 그러나 의사의 판단은 잘못된 것이었습니다. 자신이 치유될 수 없는 불치병에 걸렸고 앞으로 남은 시간이 얼마 없다는 소식을 접한 스님은 충격을 받고 심장마비로 죽었다고 합니다.

제가 하고자 하는 말은 삶의 즐거움을 포기한 채 모든 관심을 죽음에 집중하여 숙고한다고 해서 죽음이 그를 비켜 가지 않는다는 점입니다. 제 친구의 경우 자의는 아니겠지만 최근 그의 주된 관심사는 죽음일 것입니다. 또한 그는 깨어 있는 거의 모든 시간을 죽음에 대해 생각하며 지내고 있을 것입니다. 그렇지만 죽음에 대한 그의 관심은 오히려 그를 괴롭히고 있습니다.

후평 — 나나 이 선생과 같은 일반인이 일상생활을 포기하고 구도자의 삶을 살아야 한다고 주장하는 건 결코 아닙니다. 스스로 절실함을 느낀 경우가 아니라면, 종교에 입문하는 것조차 찬성하지 않습니다. 내가 말하고자 하는 바는 누구나 한 번쯤은 자신에게 닥쳐올 죽음에 대해 진지하게 고찰하고 나름대로 정리하는 시간을 가질 필요가 있다는 겁니다. 이러한 시간을 갖는 것이 훗날 죽음을 맞을 때 도움이 될 것입니다.

죽음을 맞이하면서도 정서적인 기복을 드러내지 않고 의연하게 자신의 주변과 사후의 일까지 정리하는 사람들을 가끔 주위에서 볼 수 있지 않습니까? 죽어서 입을 수의는 물론, 자신이 묻힐 장소까지 스스로 마련하는 평범한 촌로의 경우처럼 이들 대부분은 자신의 삶을 열심히 살아온 평범한 사람들입니다. 그러나 이들이 미리 죽음을 준비할 수 있었던 까닭은, 언제일지 모르지만 한 번은 필연적으로 닥쳐올 죽음에 대해 진지하게 생각하고 나름대로 정리하는 시간을 가졌기 때문입니다.

중관 — 선생님의 영향 때문인지 저는 천국이나 극락 같은 것을 믿지 않습니다. 제가 아는 한 제 친구도 절이나 교회 근처에도 가본 적이 없는 반종교적인 성향을 가진 사람입니다. 따라서 저와 제 친구에게 죽음은 완전한 단절을 의미합니다. 죽음이 모든 것과의 단절이라면 우리가 미래에 닥쳐올 죽음에 대해 아무리 진지하게 사고한다 해도, 죽음으로 모든 것과 단절된다는 냉엄한 사실을 재확인하는 것 이외에는 아무런 도움이 되지 않습니다.

후평 — 글쎄요. 우선 언제라도 죽을 수 있다는 것과 죽음은 모든 것과의 단절이라는 냉엄한 사실을 확실하게 인지하는 것은 그 사람의 앞으로의 삶에 대한 태도에 영향을 줄 것이고, 죽음을 맞게 될 때 의연하게 대처하는 데 긍정적으로 작용하지 않을까요?
이 선생도 알다시피 최근에 일부 종교 단체에서 관 속에서 일정한 시간을 머무는 체험 같은 행사를 하고 있지 않습니까? 이러한 체험은 죽음을 맞을 때 죽음에 의연하게 대처하는 데 도움이 될 수 있을 것으로 보입니다.
이 선생은 죽음에 대해 진지하게 숙고하는 것은 죽음이 모든 것과의 단절이라는 사실을 재확인하는 것에 지나지 않는다고 주장했습니다. 사실 "인생은 일장춘몽" 같은 표현에서 보듯,

영생을 감안하지 않는다면 죽음이 모든 것과의 단절이라는 생각은 상식적입니다. 이를 확인하기 위해서는 죽음에 대한 진지한 사고가 필요 없을지도 모릅니다.

그러나 일반적으로 우리는 죽음이 모든 것과의 단절이라고 피상적으로 생각할 뿐, 모든 것과의 단절인 죽음이 죽는 당사자에게 무엇을 의미하고 또한 어떤 것을 함축하는지에 대해서는 심각하게 고려하지 않고 있습니다. 내가 죽음에 대해 진지하게 숙고해야 한다는 것은, 죽음이 모든 것과의 단절이라는 명백한 사실이 갖는 의미와 함축하는 바에 대해 생각해보자는 뜻입니다. 그래서 '죽음이 두렵고 나쁜 것이라면 왜 그런가?', '죽지 않고 영원히 산다는 것이 한정된 삶을 사는 것보다 좋은가?'와 같은 문제에 대해 생각해볼 필요가 있습니다.

비록 소설이지만, 이 선생의 친구처럼 죽음을 앞두고 절망적인 상태에 빠져 있다가 이를 극복하고 평온하게 임종을 맞이한 이야기가 있습니다. 이 소설의 주인공은 죽음은 모든 것과의 단절이라는 사실 때문에 절망에 빠져 괴로워하다 순간적인 깨달음을 통해 절망을 벗어나 환희에 차고 평온하게 죽음을 맞이할 수 있었습니다. 만약 소설 속 주인공의 이러한 변화를 이해할 수 있다면, 이 선생의 친구도 소설 속 주인공의 죽음에 대한 순간적인 깨달음과 유사한 경험을 통해 지금의 절망적 상태에서 벗어나는 것이 가능하지 않겠습니까?

중관 ─ 흥미로운 이야기군요. 하지만 죽음을 앞둔 소설

속 주인공의 변화가 선생님 말씀처럼 합리적으로 이해될 수 있는 일인지 의문이 드는군요. 도대체 어떤 소설을 말씀하시는 것입니까?

후평 — 이 선생도 이미 읽은 작품인지 모르겠습니다. 러시아 대문호 톨스토이의《이반 일리치의 죽음》입니다.[5]

중관 —《전쟁과 평화》《안나 카레니나》《부활》등 톨스토이 작품 대부분을 읽었다고 생각했는데, 불행히도 그 작품은 접할 기회가 없었습니다. 톨스토이의 대표작이라고는 할 수 없을 것 같은데 도대체 어떤 작품입니까?

후평 —《안나 카레니나》를 발표하고 나서 톨스토이는 자신의 예술관을 포함한 삶의 근본적인 문제와 관련해 깊은 내적 고뇌를 겪었습니다. 1878년에《안나 카레니나》를 발표하고 난 후《참회록》《나의 종교》같은 종교·사상적 작품들을 저술한 것을 제외하고는 10년 가까이 그는 자신의 천직이라 할 수 있는 문학과 담을 쌓고 살았습니다.

이후 1886년에 발표된 짤막한 소설《이반 일리치의 죽음》은《전쟁과 평화》같은 대작은 아니지만, 죽음에 대한 톨스토이 자신의 종교적 성찰을 담은 작품으로 당시 상당히 주목받은 작품입니다. 투르게네프와 차이콥스키 같은 당대의 명사들도 이 작품을 극찬했습니다.

나도 개인적으로 《이반 일리치의 죽음》은 톨스토이의 종교관과 이와 결부된 죽음에 대한 나름의 깨달음을 농축시켜 표현한, 한 번쯤은 반드시 읽어야 할 그의 대표작 중 하나라고 여기고 있습니다.

중관 — 저도 얼마 전에 톨스토이 자신의 생사관과 종교관 등을 기술한 저작인 《인생록》과 《참회록》을 읽었습니다. 그는 건전한 민중의 삶과 박애주의가 중심이 된 초기 기독교의 일종을 주장한 것으로 보입니다.

후평 — 톨스토이의 생사관과 종교관이 무엇인지는 내 관심사가 아닙니다. 《이반 일리치의 죽음》이라는 톨스토이의 작품을 거론하는 나의 주된 관심사는 소설 속 주인공인 이반 일리치의 죽음에 대한 깨달음이 합리적으로 이해될 수 있는가, 즉 이반 일리치가 겪는 죽음에 대한 태도의 변화가 가능한지 여부입니다. 따라서 나는 소설의 내용에 국한해서 이야기를 전개하고 싶습니다.

중관 — 이미 말씀드렸던 것처럼 저는 《이반 일리치의 죽음》을 아직 읽지 못했습니다. 선생님의 말씀을 이해하기 위해서는 소설의 줄거리와 내용에 대한 설명이 필요할 것 같습니다.

후평 — 이해한 대로 소설의 내용을 요약해보겠습니다.

소설 속의 주인공 이반 일리치는 이 선생 친구처럼 불치의 병을 앓기 전까지는 세속적인 기준으로 볼 때 매우 성공적인 삶을 영위한 사람입니다. 높은 관직에 오른 출세한 관리의 둘째 아들로 태어나, 판사와 검사 등을 배출하는 법률 학교를 졸업하고, 러시아의 한 지방에서 법률 담당 관리로 살아갑니다. 타고난 총명함과 순종적인 성격 때문인지 그는 자신에게 맡겨진 업무를 엄격하고 성실하게 수행합니다. 도박이나 사교적인 모임 등 세속적인 즐거움도 추구하였으나, 결코 자신보다 높은 지위에 있는 사람이나 상류사회에서 인정하는 틀을 벗어나는 일이 없었습니다. 이러한 태도와 사회생활이 인정받았는지 이반 일리치는 승승장구하여, 병에 걸리기 직전에는 주위 사람 누구나 부러워할 지위를 얻습니다.

가정적으로도 그는 행운아였습니다. 귀족 출신으로 미모와 부를 겸비한 여성과 결혼하여 아들과 딸을 하나씩 두었습니다. 딸은 촉망받는 예심판사와 결혼을 앞두고 있으며 아들은 중학교에 다니고 있습니다. 부인과 몇 번의 갈등을 겪기도 했으나 허영심과 체면을 중시하는 성품 덕분에 그는 죽기 전까지 17년 동안 비교적 원만한 결혼 생활을 유지할 수 있었습니다.

이처럼 누구나 부러워할 성공적인 삶을 살았지만, 그는 전형적으로 속물 근성을 가진 사람이었습니다. 이렇다 할 종교나 사상, 이상도 없었던 그의 모든 관심은 자신의 사회적 지위나 경제적 풍요, 명예 등 사적이고 세속적인 것에 국한되어 있었습니다.

이반 일리치의 불행은 교묘하게도 가장 행복한 순간에 시작되었습니다. 자신이 원했던 수입이 보장되는 높은 지위에 발령받게 된 그는 새 부임지에 자신과 가족이 살 저택을 장만하여, 이 저택을 호사스럽게 꾸미는 데 즐거움을 느끼고 있었습니다. 그러던 어느 날 그는 사다리에서 떨어져서 옆구리에 타박상을 입었습니다. 처음에는 대단치 않던 옆구리 타박상으로 시작된 통증이 날이 갈수록 심해졌고 의사의 지시에 따라 섭생하고 약을 먹기 시작했습니다. 의사의 지시를 충실히 따랐음에도 증상이 완화되기는커녕 더 심해지자 주위 사람에 대한 그의 태도와 행동은 갈수록 거칠어졌고 급기야 광적인 모습까지 보이게 됩니다. 겉으로 드러내지는 않았지만, 아내조차 그가 벌어오는 수입만 아니라면 그가 빨리 죽는 것이 좋겠다고 생각하기에 이릅니다.

몇 달 후 상황이 악화되어 자신이 죽어가고 있음을 인정할 수밖에 없게 된 이반은 이 선생 친구처럼 절망적인 상태에 빠집니다. 계속되는 통증과 곧 닥칠 죽음이 그가 소유한 모든 것을 앗아가고 세상과 영원히 단절시킬 것이라는 절망감 속에서 그는 자신이 얻고자 노력했던 부와 명예, 사회적 지위는 물론, 아내와 가족을 포함한 모든 것이 헛되고 부질없다고 느끼게 됩니다.

이즈음 예민하고 광적인 태도를 보이는 그를 대하는 주위 사람들의 행동은 가식적이었습니다. 그의 안부를 걱정하는 것처럼 행동하는 동료들의 주된 관심사는 그가 죽고 난 후 누가 그의 지위를 차지할 것인가였고, 치료를 담당한 의사들은 그가 곧 죽을 것이라는 사실을 알면서도 그에게 헛된 희망을 주며 쓸데없는 치료를 계속했습니다. 그의 가족들도 허위로 가득하기로는 마찬가지였습니다. 면전에서는 다정한 얼굴로 그의 건강을 걱정하는 딸의 실제 관심사는 약혼자와 꾸려나갈 행복한 결혼 생활이었고, 희망을 잃지 말라며 간호하고 진심으로 걱정하던 아내 역시 남편의 죽음 이후에 자신의 삶이 어떻게 변할까에 더 관심이 많아졌습니다.

견디기 힘든 통증과 절망감 속에서 결국 그는 자신을 대하는 주위 사람들의 태도가 허위와 가식에 불과하다는 것을 감지하고 이들을 미워하게 됩니다.

죽어가는 그를 대하는 대부분의 사람들은 가식적으로 행동했지만, 젊은 하인 게라심만은 예외였습니다. 농부 출신의 활기찬 젊은이 게라심은 이반이 죽어가고 있으며 곧 죽을 것이라는 사실을 숨기지 않았고, 언젠가는 자신에게도 닥칠 죽음의 고통 때문에 괴로워하는 그를 순수한 감정으로 보살핍니다. 고통 때문에 아편에 의지해야 할 정도로 악화된 병세와 허위로 가득 찬 주위 사람들에 대한 증오, 죽음에 대한 두려움 속에서 게라심이 보여주는 순수한 연민과 이타적이고 자기희생적인 행동은 이반에게 유일한 위안이었습니다. 그리고 참을 수 없는 고통과 자신에게 닥칠 죽음에 대한 공포 속에서도 이기적으로 세속적인 것만을 추구했던 자신의 삶이 무의미하며 잘못되었음을 느끼게 됩니다. 죽기 사흘 전부터 그는 지금까지의 삶에 대한 후회와 형언할 수 없는 통증 그리고 죽음의 공포에 사로잡혀, 두 손을 마구 흔들며 고함을 치는 등 광적인 행동을 보이기 시작합니다.

　　죽음의 공포로부터 그를 해방시킨 깨달음이 죽기 두 시간 전쯤에 찾아옵니다. 빈사 상태에 빠져 있던 이반은 누군가 자신의 손에 입을 맞추고 있다는 느낌을 받고 눈을 떴는데, 중학생인 아들이 자신의 손에 입을 맞추며 울고 있었습니다. 그 모습이 그에게는 죽어가는 아버지를 애처롭게 여기는 진심에서 우러나온 것으로 보였습니다. 옆에는 그의 아내가 흐르는 눈물을 닦을 생각도 하지 않고 자신을 지켜보고 있었습니다. 갑자기 이들이 가엽고 불쌍한 사람들이며 자신이 살아 있으면서 이들을 괴롭히고 있다는 생각이 떠오릅니다. 자신의 죽음이 이들의 괴로움을 덜어주는 것이라 생각하는 순간, 그는 깨달음을 얻고 지금까지 그를 괴롭혔던 죽음의 공포에서 벗어날 수 있었습니다. 이때 그는 누군가 그의 머리 위에서 "끝났다"라고 말하는 것을 듣게 되고 그는 마음속으로 '이제 죽음은 없다'라고 말하게 됩니다.

　　중관 ─ 죽음에 대해 본격적으로 다룬 작품이군요. 독서할 상황이 될지 모르지만 제 친구에게도 권해보겠습니다. 그런데 제가 둔감한 탓이겠지만 선생님께서는 이반 일리치가 깨달음을 얻고 죽음의 공포에서 벗어날 수 있었다고만 말씀하실 뿐 정확히 그 깨달음의 내용이 무엇이고, 그 깨달음이 어떻게 죽음의 공포로부터 벗어나는 데 도움을 줄 수 있는지에 대해서는 언급하지 않으신 것 같습니다.

후평 — 톨스토이의 원래 의도를 왜곡하는 일이 될지 모르지만 나름대로 죽음을 앞둔 이반 일리치가 깨달은 내용을 짚어보겠습니다.

우선 그는 죽음에 직면해서야 죽음이 사회적 지위, 부와 명예 등 개인적으로 관심을 가지고 추구했던 모든 것을 앗아갈 것이므로 자신만을 위해 살아온 삶이 허위이고 무의미하며 잘못된 것이라고 자각하게 되었습니다. 또한 자신이 가진 모든 것을 앗아갈 죽음 앞에 무기력할 수밖에 없다는 사실이 그를 절망으로 이끌었다고 할 수 있습니다. 죽음은 모든 것과의 단절이므로 부와 명예 같이 자신이 누리는 개인적인 것에 대한 집착은 그를 공포와 두려움에서 벗어나게 할 수 없다는 것을 자각한 것입니다. 그는 혼란과 절망 속에서 이러한 죽음의 공포로부터 벗어날 수 있는 방법을 간구했고 게라심이 단초를 제공한 것으로 보입니다. 게라심은 인간이면 누구나 이반처럼 죽음을 맞게 될 것이라는 사실을 담담히 받아들였고 순수한 연민의 정으로 이반을 돌보는 모습을 보였습니다,

아마도 톨스토이는 게라심을 통해 개인적 차원을 넘어선 순수한 연민으로서의 박애주의를 주장한 것으로 보입니다. 죽기 직전 이반도 게라심과 같은 모습을 보입니다. 그는 언젠가 자신과 똑같은 입장에 처하게 될 아들과 아내를 보며 연민의 정을 느끼고 자신이 죽는 것이 이들을 돕는 것이라 생각하게 됩니다.

중관 — 선생님의 말씀은 인간은 개인적인 행복을 추구하

는 삶을 포기하고 다른 사람을 사랑하는 이타적인 삶을 살아야만 죽음의 공포로부터 해방될 수 있다는 주장처럼 들립니다.

후평 — 글쎄요. 이타적인 삶이 개인적인 행복을 줄 수도 있지 않을까요? 저도 개인적인 차원을 넘어선, 순수하게 이타적인 삶이 가능한가에 대해서는 의문이 듭니다. 그러나 톨스토이의 소설《이반 일리치의 죽음》은 죽음과 관련해 한 가지 중요한 점을 시사하고 있습니다. 죽음은 인간이 생존하는 동안 누릴 수 있는 모든 것을 앗아갈 것이고, 이것들에 집착하는 한 인간은 죽음의 공포로부터 벗어날 수 없습니다. 따라서 한 개인이 자신이 생존하는 동안에 누릴 수 있는 것들에 대한 집착에서 벗어나 초개인적이고 보편적인 것에 관심을 기울이기 위해 노력한다면, 죽음의 공포로부터 자유로울 수 있습니다.

실제로 순교한 성직자나 안중근 의사, 윤봉길 의사 같은 사람들을 보면 알 수 있듯이, 죽음의 공포를 극복하고 죽음에 의연하게 대처한 경우가 많습니다. 윤봉길 의사는 자신의 행위로 인해 죽을 것이라는 사실을 알고 있었습니다. 아마도 그의 민족에 대한 사랑과 자주독립을 희구하는 마음이 생존하면서 누릴 수 있는 것들에 대한 관심을 초월하여 자신의 죽음에 의연하게 대처할 수 있게 했을 것입니다.

중관 — 중동에서 자주 발생하는 자살 폭탄 테러의 경우에도 자살 테러범들은 자신의 몸이 산산조각 날 줄 알면서도 죽음을 두려워하지 않고 의연하게 테러를 자행합니다. 이 경우 알라의 영광을 외치며 이슬람 민족을 위한다는 명목으로 무고한 인명을 살상하고 있습니다.

후평 — 개인적인 차원을 초월한 관심사의 내용이 이치에 맞고 바람직한 것인가 여부는 내 관심사가 아닙니다. 핵심은 살아 있는 동안 누릴 수 있는 것을 초월한 보편적이고 이타적인 관심사가 개인적인 관심사를 초월할 경우 공포에서 벗어난 의연한 죽음을 가능하게 할 수 있으리라는 점입니다.

다시 이반 일리치의 이야기로 돌아가봅시다. 죽기 직전에 그는 자신의 죽음을 기정사실로 받아들이고, 죽음이 자신의 모든 것을 앗아갈 것이므로 삶과 자신이 소유한 것에 대한 집착이 무의미하며 이 상태를 극복할 어떠한 수단도 자신에게 주어져 있지 않다는 사실을 명확하게 깨달았다고 가정합시다. 죽음을 앞둔 상황에서 무의미한 삶에 대한 집착이 사랑하는 자신의 아들이나 아내를 괴롭히고 있다고 느끼고, 차라리 죽는 것이 낫다고 판단하는 것이 가능하지 않을까요?

중관 — 그가 죽으면 사랑했던 사람도 그에게 더 이상 존재하지 않게 될 텐데, 이들에게 '초개인적'이고 순수하게 이타적인 사랑을 보이는 것이 죽어가는 이반 일리치에게 무슨 의미가 있을까요?

후평 ─ 아까도 말했듯이 저는 개인적 차원을 초월한, 순수하고 이타적이며 무조건적인 사랑이 합리적으로 이해될 수 있고 가능한지에 대해서는 의문입니다. 그러나 잘 아시다시피 기독교와 불교 같은 대표적인 종교에서는 무조건적인 이타적 사랑을 주장하고 있습니다. 기독교에서는 사람들에 대한 절대적인 사랑을 주장하고, 심지어 불교에서는 인간을 포함한 모든 생명이 있는 것들에 대한 사랑을 주장합니다. 또한 앞서 이야기했던 톨스토이도 인류에 대한 초개인적이고 이타적인 무조건적 사랑을 주장한 것으로 보입니다.

따라서 이 선생이나 저 같은 평범한 인간이 자명한 깨달음이 아닐지라도 이타적인 사랑의 중요성을 확신하고 이에 따라 행동하려 노력한다고 합시다. 이 경우 개인적인 이익과 관심사만을 추구하여 얻은 모든 것이 죽음 앞에서는 허위에 불과하다는 사실을 깨닫는다면, 죽음의 공포와 두려움을 극복하는 것도 가능합니다.

중관 ─ 저는 아직도 이반 일리치가 깨달음을 통해 죽음의 공포를 벗어날 수 있었다는 것이 합리적으로 이해될 수 있는가에 대해 부정적입니다. 저 같은 평범한 인간은 치통이나 손가락을 베인 것 같은 육체적 고통을 겪을 경우 그 고통을 해결하는 것이 가장 시급하게 처리해야 할 현안으로 떠올라 다른 생각은 뒷전이겠죠. 개인적인 것에만 관심을 가진 속물이었던 이반 일리치가 엄청난 육체적 고통에 시달리고 있습니다. 이런 사람이 현재 자신을 괴롭히는 현안인 육체적 고통을 무시하고 순수하게 이타적인 연민의 정을 느낄 수 있겠습니까?

후평 ― 이 선생의 말에 동의할 수밖에 없군요. 어차피 인간의 행동은 이지적인 깨달음보다는 감성적이고 본능적인 것에 더 영향을 받을 테니까요. 이타적인 사랑을 통해 죽음의 공포를 벗어나기 위해서는 최소한 본능에 충실한 육체가 어느 정도 익숙해질 때까지 평상시 이타적인 행동을 생활화해야 할 것 같습니다.

박애주의를 실천하고자 노력했던 톨스토이는 원고료 문제로 부인과 갈등을 빚다가 시골의 조그만 역에서 비참한 최후를 맞습니다. 얼마 전에 돌아가신 김수환 추기경도 자신의 머리에 있는 사랑을 가슴까지 끌어 내리는 데 수십 년이 걸렸다고 토로하셨습니다.

얼마 전 불교계에서 '돈오돈수(頓悟頓修)'와 '돈오점수(頓悟漸修)'를 주제로 논쟁을 벌인 일이 있습니다.[6] 나는 개인적으로 만약 돈오돈수가 옳다면 여기서의 깨달음은 논리적이고 이지적인 차가운 깨달음이 아니라 몸의 깨달음, 신각(身覺)이어야 할 것으로 생각합니다.[7]

새로운 대화

우리는 어떤 존재인가

후평 — 우리들의 첫 번째 대화에서는 생명이 있는 모든 존재가 필연적으로 맞게 되는 죽음에 대한 두려움이나 공포를 벗어날 수 있는 가능성의 하나로 톨스토이의 소설《이반 일리치의 죽음》에서 주인공이 보여준 모습에 대해 의견을 나누었습니다. 이제 그 첫 번째 대화에서 느낀 점을 포함하여 죽음과 죽음에 대한 공포를 극복할 가능성에 대해 이야기를 나눠보지요.

**러셀의 패러독스는 우주에 대해 어떤 것을 함축하는가:
빅뱅 이론**

중관 — 서론의 일부 내용에 대해서도 몇 가지 의문이 듭니다. 첫 번째 대화에 대해 이야기하기 전에 서론에서 제기된 몇 가지에 대해 토론을 시작하는 것이 좋을 듯합니다.

서론의 도입부에서 선생님께서는 무한 집합과 관련된 러셀의 패러독스(paradox)를 알게 되면서 '우주'라는 개념이 이해되기 어려운 근본 이유를 깨달았다고 주장하셨습니다. 러셀의 패러독스는 집합과 관련된 패러독스인데, 집합과 관련된 문제가 우리를 포함한 모든 것이 속해 있는 우주와 어떤 연관이 있는지 이해가 되지 않습니다.

후평 — 우선 러셀의 집합과 관련된 패러독스의 핵심적 내용을 설명해보겠습니다. 1902년에 당시 산수를 논리학으로 환원하려는 시도인 논리주의를 추구하던 프레게(Gottlob Frege)는 러셀로부터 집합과 관련된 패러독스가 실린 짤막한 편지를 받습니다.[8] 러셀의 편지는 프레게에게 충격적인 사건이었습니다. 이후 그는 논리주의를 구현하려 시도한 핵심적 역작인《대수의 기본 법칙(Grundgesetze der Arithmetik)》 2부의 출간을 끝으로 논리주의를 포기하게 됩니다. 러셀의 패러독스는 평생에 걸친 프레게의 학문적 노력을 수포로 만든 셈입니다.

집합은 크게 정상적 집합과 비정상적인 집합으로 나뉠 수 있습니다. 정상적 집합은 집합이 그 집합 자신의 원소가 될 수 없는 집합이고 비정상적 집합은 집합이 그 집합 자신의 원소가 되는 집합입니다. 한 예로 사람들의 집합이 하나의 사람은 아니므로 사람의 집합(사람={x: x는 사람이다})은 정상적 집합입니다. 반면에 집합의 집합도 하나의 집합이므로 '집합의 집합(집합의 집합={x: x는 집합이다})'은 비정상적인 집합입니다. 아래의 집합 A를 살펴봅시다.

A={x: x는 집합이고 x는 x의 원소가 아니다.}

(A={x: x is a set & x∉x})

집합 A는 모든 정상적 집합들의 집합입니다. 따라서 정상적 집합들은 모두 A의 원소들입니다. A가 A의 원소일 수 있는지에 대해 고려하면 정상적 집합의 집합인 A로부터 모순이 발생합니다.

A가 A를 구성하는 하나의 원소이면 A는 (자신이 자신에게 속할 수 없는) 정상적 집합이므로 A의 원소일 수 없습니다. 또한 A가 A의 원소가 아니라면 A는 정상적 집합이므로 모든 정상적 집합들의 집합인 A의 원소여야 합니다. A는 A 자신의 한 원소이거나 아닐 것입니다. 따라서 A의 원소일 경우 A의 원소가 아니고, 원소가 아닐 경우 원소라는 모순적인 결론이 도출됩니다.

러셀의 패러독스는 (정상적 집합이라는) 명확하고 일정한 성격을 가진 모든 것들로 구성된 집합으로부터 모순이 도출된다는 것입니다. '존재하는 모든 것들의 총합'이라는 것이 우주에 대해 우리들이 일반적으로 갖고 있는 이해일 것입니다. 존재하는 모든 것들의 총합이란 존재하는 모든 것들의 모임인 하나의 집합으로 이해될 수 있습니다.

중관 ― 나를 포함하여 생명을 가진 모든 중생은 필연적으로 4고(苦)인 생로병사(生老病死)의 과정을 겪습니다. 나는 수십 년 전에 태어나서 역시 수십 년 안에 생을 마감할 것입니다. 누구도 나의 태어남이 나의 죽음보다 앞선 사건이라는 것을 부정하지 않을 것입니다. 우리는 생사를 포함하여 우리가 경험하는 모든 사건들을, 끝없는 과거로부터 끝을 알 수 없는 미래로, 흐르는 강물처럼, 이어진 시간 속에 배열하고 있는 셈입니다. 시간이란 끝없는 과거로부터 끝없는 미래로 끊임없이 이어지는 흐름이라는 것이 우리들의 자연스러운 믿음이라고 할 수 있을 것 같습니다. 시간이 유한하다면 시간이 시작하기 전과 시간이 끝난 후가 있어야 할 텐데, 시간 속에 존재하는 우리로서는 그것을 이해한다는 것이 근본적으로 불가능할 것이기 때문입니다.

공간에 대해서도 비슷한 이야기를 할 수 있을 것 같습니다. 우리가 속해 있는 공간이 유한하다면 공간의 끝이 있어야 할 텐데, 공간의 끝에 대한 이해 역시 근본적으로 불가능할 것입니다.

우리가 속해 있는 시공간이 시간적으로도 공간적으로도 무한하다는 생각을 시공간에 대한 '무한관'이라 해봅시다. 사람들이 일반적으로 갖고 있는 시공간에 대한 이해도 일종의 '무한관'이라 생각됩니다. 많은 과학자나 철학자들도 시공간에 대한 '무한관'을 전제하고 있었던 것으로 보입니다. 뉴턴은 모든 물체들의 운동 배경 무대로서 무한한 과거로부터 끝이 없는 미래로 균등하게 흐르는 절대 시간과, 자체로는 일체 움직임이 없는 정적인 절대 공간을 전제했던 것으로 보입니다. 한 예로 '외부의 영향을 받지 않는 모든 물체는 정지 상태에 있거나 직선 운동을 그대로 유지할 것'이라는 뉴턴의 '운동의 제1법칙'은 '무한관'을 전제하고 있습니다. 직선 운동을 그대로 유지하기 위해서는 무한히 펼쳐진 공간이 필요할 것이기 때문입니다. 저명한 철학자 칸트는 외부 세계에 대한 인식의 문제를 다룬《순수 이성 비판》에서 '시간과 공간은 감성의 형식'이라고 주장하고 있습니다. 이 주장은 눈과 같은 감각기관은 외부 세계에 존재하는 물체들을 시공간 속에 존재하는 것으로 지각할 수밖에 없다는 것입니다.

의식하셨는지는 몰라도, 선생님 역시 시공간에 대한 무한관을 받아들이고 있는 것으로 보입니다. "하늘에 끝이 있는가?"라는 의문은 "우주의 끝이 있는가?"라는 의문으로 대체될 수 있는데 이 의문은 무한히 펼쳐진 절대 공간에 위치한 우주의 공간적인 한계나 경계에 대한 의문으로 이해될 수 있을 것이기 때문입니다.

그러나 시공간에 대한 우리들의 상식적이고 일반적인 이해가 무한관이라는 사실이 무한관이 합리적이고 옳다는 것을 보장하지는 않습니다. 우리가 존재한다고 알고 있는 모든 물리적인 것들은 유한한 시간과 공간 속에 존재해야 합니다. 우주가 존재하는 모든 것들의 총합이라면 우주 밖에는 어떤 것도 존재할 수 없고 우주의 밖은 없음[無]에 해당합니다. 따라서 무한한 절대 공간 속에 우주가 속해 있다는 것은 '없음 속에 있음' 즉 '무(無) 속에 유(有)'를 주장하는 것에 해당합니다.

"우주는 존재하는 모든 것들의 모임인 하나의 집합으로 이해될 수 있다"라는 선생님의 말씀에 따르면 우주는 아래의

U처럼 나타낼 수 있는 집합입니다.

U(우주)={x: x는 존재한다.}

하나의 집합이란 x에 대체되었을 경우 참이 되는 모든 대상들의 모임입니다. 그러나 우주라는 집합 U는 다른 집합과는 달리 이해하기 힘든 난해한 집합입니다. 한 예로, 사람의 집합(사람={x: x는 사람이다.})은 사람만이 x에 대체되었을 때 참이 되므로 사람들만이 사람의 집합의 원소가 될 수 있는, x에 대한 규정이 비교적 명확한, 쉽게 이해될 수 있는 집합입니다. 이에 반해 '~는 존재한다'는 집합 U의 원소 x에 대한 규정은 매우 애매모호하고 불명확한 규정입니다. 예를 들어 진공(眞空)은 존재하는 대상인가요? 진공은 우주라는 집합 U를 구성하는 원소일 수 있습니까? 별들처럼 공간적으로 다른 장소에 위치해 있는 다른 물질들을 설명하기 위해서는 진공이 필요하지만, 물질이 아닌 것은 물론 근본적으로 개체화될 수 없는 대상입니다.

시공간에 대한 무한관은 우리를 포함하여 물질들이 존재하며, 이들 사이에 성립하는 중력에 의한 운동과 같은 상호 관계가 성립한다는 사실을 설명하기 위해 요구되는 편이한 전제에 불과합니다. 만약 물질을 포함하여 어떤 것도 존재하지 않는다면 이러한 전제는 필요하지 않습니다. 끊임없이 흐르는 시간 속에 배열될 사건도 어떤 대상도 존재하지 않으므로 끝없는 공간 속에 어떠한 운동도 없을 것이기 때문입니다.

선생님은 존재하는 대상들이 있고 우주란 이들의 총합이라는 상식적이고 일반적인 믿음을 가지고 계십니다. 이러한 상식적인 믿음에 대해 제기될 수 있는 가장 근본적인 의문은 '존재하는 모든 것들의 모임인 우주가 어떻게 지금의 모습을 갖게 되었는가?'일 것입니다.

후평 — 우주의 시작과 시작 이후의 변화를 설명하는 대표적이고 표준적인 물리학 이론은 빅뱅 이론(big bang theory)입니다. 우주는 약 138억 년 전에 극도로 고밀도이고 뜨거운 상태의 점과 같은 것이 폭발한 것이고 이후 계속 팽창하고 있다는 것입니다.

중관 — 선생님께서는 과학철학에도 관심을 가지셨던 것으로 기억합니다. 대학교 재학 시절 선생님의 과학철학 강의를 수강했었습니다. 의미 있는 대화가 되려면 빅뱅 이론에 대한 간략한 설명이 필요할 것 같습니다.

후평 — 물리학 전공자는 아니지만 빅뱅 이론에 대해 아는 바를 간략히 설명해보겠습니다.
물리학자들의 관측에 의하면 우주는 계속해서 팽창하고 있습니다. 이러한 우주의 팽창 과정을 역으로 추적하면 우주는 상상할 수 없을 정도로 작은 점으로부터 시작했을 것이라는 추론이 가능하고 이것이 빅뱅 이론이 탄생하게 된 근본 이유라 할 수 있습니다.

빅뱅 이론에 따르면 모든 것의 시작이라 할 수 있는 우주의 초기 상태는 상상할 수 없을 정도로 극히 뜨겁고 고밀도인 작은 점과 유사한 상태였으며, 이후 대폭발을 거쳐 지금까지 약 138억 년 동안 계속해서 팽창하고 냉각되고 있습니다. 우주의 시작점인 뜨겁고 고밀도인 상태의 극도로 짧은 시기를 '플랑크 시대(Planck epoch)'라 하는데, 플랑크 시대의 우주는 물질을 구성하는 기본 단위라 할 수 있는 원자는 물론 쿼크(quark)와 같은 아원자 입자도 존재하지 않는 상태로 모든 것이 초고밀도의 극도로 작은 점으로 집약된 상태입니다.[9] 아원자 입자와 원자 같은 물리학이 적용될 수 있는 기본 대상들도 존재하지 않으므로 플랑크 시대의 우주는 물리학으로 이해될 수 없는 대상이라 할 수 있습니다. 이 시기에는 우주에 존재하는 네 가지 기본 힘(중력, 약력, 전자기력, 강력)이 분리되지 않았을 것이며, 이 시기의 우주는 부분으로 나뉘어질 수 없는 하나의 점에 불과하므로 시간과 공간도 없었을 것입니다. 물리학이 적용될 수 없으므로 플랑크 시대 이전의 우주, 즉 우주의 탄생이나 그 원인에 대해서 물리학으로는 어떤 것도 알아낼 수 없을 것이고 따라서 근본적으로 알 수 없는 미지의 대상입니다.

플랑크 시대 이후 극도로 작은 점에 불과했던 우주는 대폭발(빅뱅)하여 지금까지 약 138억 년에 걸쳐 팽창하였고, 이에 따라 시간과 공간이 시작되고 확장되었습니다. 빅뱅 이론에 따르면 대폭발 이후 10초 이내에 쿼크나 랩톤(lepton) 같은 아원자들이 형성될 수 있었고, 이후 약 38만 년 후에야 비로소 물질을 구성하는 기본 요소인 전자들과 원자핵이 안정된 상태인 원자들이 형성됩니다. 빅뱅 후 약 1억~3억 년 후 최초의 별들이 생겨났습니다. 지금도 우주는 팽창하고 있고 우주 팽창의 속도는 가속화되고 있다고 합니다.

중관 — 빅뱅 이론을 받아들이는 물리학자들의 설명에 따르면 빅뱅을 거쳐 끊임없이 팽창하는 우주는 무엇으로 구성되어 있습니까?

후평 — 빅뱅 이후 팽창 과정에서 우주의 구성 성분이나 그 비율은 계속해서 변화했고 변화할 것입니다.

빅뱅 이론을 주장하는 사람들에 따르면 지금의 우주는 극소의 특이 내용물(전자기복사와 반물질)을 제외하면 물질과 에너지 그리고 암흑 물질과 암흑 에너지로 구성되어 있습니다. 암흑 물질과 암흑 에너지란 우주에서 벌어지고 있는 특이한 현상들을 빅뱅 이론에 의해 설명하기 위해 필수적으로 요구된다고 상정된 것들입니다. 예를 들어 은하들의 외곽에 위치한 별들이 매우 빠른 속도로 회전하고 있는데 이들은 자신의 궤도를 벗어나지 않고 현재의 궤도를 유지하고 있습니다. 이러한 현상은 정상적인 물질들의 중력만으로는 설명되지 않습니다. 이러한 현상이 가능하려면 엄청난 양의 중력이 요구되는데, 이를 설명하기 위해 정상적인 물질이 아닌 암흑 물질을 상정했다고 할 수 있습니다.

또한 이미 말했듯이 우주는 지금도 계속해서 팽창하고 있고 팽창 속도는 느려지는 것이 아니라 점점 빨라지고 있습니다. 이것은 상식적으로 볼 때 기이한 현상입니다. 하늘로 던져진 공은 반드시 지상에 떨어집니다. 위로 올라가는 힘이 점차 약해지고 결국 중력에 의해 지상으로 끌려올 것이기 때문입니다. 우주도 빅뱅의 대폭발에 의한 추진력이 시간의 흐름에 따라 약해져서 결국 임계점에 이를 것이고 이후 수축하리라는 것이 상식에 입각한 추측일 것입니다. 우주의 팽창 과정은 이러한 상식에 어긋납니다. 우주의 팽창 속도는 시간의 흐름에 따라 가속도로 빨라지고 있고, 현재 우주는 빛의 속도보다 빠르게 팽창하고 있다고 합니다. 이처럼 상식적으로 설명될 수 없는 우주의 팽창을 설명하기 위해 상정된 것이 암흑 에너지입니다. 그러나 암흑 물질과 암흑 에너지는 근본적으로 관측될 수 없는 대상들입니다. 이들은 빅뱅 이론으로 우주의 기이한 현상들을 설명하기 위해 상정된 것들로, 설명력이 높은 다른 이론이 나오면 폐기될 대상에 불과합니다.

물리학자들에 따르면 우주의 질량과 에너지의 대부분을 구성하는 것은 암흑 물질(약 27%)과 암흑 에너지(약 68%)입니다, 결국 관측이 가능한 정상적인 물질은 우주 구성 성분의 5%에 불과합니다.

거기다 항성이나 행성, 가스 구름처럼 물리적으로 관측될 수 있는 것은 정상 물질의 6% 정도이고, 이들 정상 물질들과 에너지들은 우주에 광범위하게 퍼져 있습니다. 따라서 물리적으로 관찰될 여지가 있는 정상 물질의 6% 외에 우주를 구성하는 모든 것은 사람이나 나무, 돌처럼 개체화되거나 구체화될 수 없는 대상들입니다. 또한 천체망원경에 의한 관측에 따르면, 우주는 커다란 은하단들과 이들 사이의 거시 공동(空洞), 그리고 이들을 포함한 초은하단으로 구성되는 커다란 구조로 이루어지며 이러한 거시 구조에 속한 모든 물질과 에너지들은 우주의 네 가지 힘에 따라 영향을 주고받고 있습니다.

이 선생의 말처럼, 빅뱅 이론에 따른 우주는 존재하는 모든 것들의 총합이라는 U와 같은 집합으로 설명될 수 없을 것입니다. U의 원소를 규정하는 "x는 존재한다"에서 'x'에 적절하게 대체될 수 있는 대상은 사람이나 나무처럼 개체화되고 구체화될 수 있는 것들에 불과하고, 우주는 상상할 수 없을 정도로 뜨거운 조그만 점으로부터 폭발하여 계속해서 팽창·변화하며 앞으로도 계속해서 팽창·변화할 전체로서 이해해야만 할 것이기 때문입니다.

지금 '우주'라는 개념의 이해와 관련해 러셀의 패러독스를 언급한 이유는 집합을 구성하는 원소 모두에 대해 일정한 주장을 하는 표현은 근본적으로 논리적 문제를 야기한다는 것을 설명하기 위해서입니다. 정상적인 집합과 관련된 러셀의 패러독스의 한 형태인 "이발사의 패러독스"를 예로 들어보겠습니다.

한 마을에 K라는 유일한 이발사가 있는데 그는 자신의 수염을 스스로 깎지 않는 모든 마을 사람들 그리고 오직 그들의 수염만을 깎아줍니다. 이 경우 이발사 K는 자신의 수염을 스스로 깎겠습니까?

마을의 유일한 이발사인 K는 자신의 수염을 깎을 수도 깎지 않을 수도 없습니다. K가 스스로 자신의 수염을 깎는다면, K는 자신의 수염을 스스로 깎지 않는 마을 사람들 모두, 그리고 오직 그들의 수염만을 깎으므로 K는 자신의 수염을 깎을 수 없습니다. 반면에 K가 스스로 자신의 수염을 깎지 않는다면, K는 스스로 자신의 수염을 깎지 않는 모든 마을 사람들의 수염을 깎아야 하므로 K는 자신의 수염을 깎아야 합니다. K가 수염을 깎아주는 마을 사람들의 집합을 B라 하면 B는 아래처럼 나타낼 수 있습니다.

B={x: x는 마을 사람이고, x는 스스로 자신의 수염을 깎지 않는다.}

B는 K가 수염을 깎아주는 모든 마을 사람들로 구성된 정상적인 집합으로 x에 대체될 수 있는 대상이 명확히 규정된 집합입니다. 그러나 앞에서 보았듯이 이러한 집합으로부터 모순이 도출됩니다.

'위키백과'에서는 "우주는 행성들, 별들, 은하들 및 기타 모든 형태의 물질과 에너지를 포함하여 모든 공간과 시간 및 그 내용물이다"라고 설명하고 있습니다. 이처럼 '우주는 존재하는 모든 것들의 총합'이라는 것이 우리들의 일반적이고 상식적인 믿음일 것입니다. 러셀의 패러독스는 우리들이 갖고 있는 이러한 상식적이고 일반적인 믿음에 근본적인 문제점이 있다는 것을 드러낸 것이라 할 수 있습니다.

중관 — 앞에서 보았듯이, 빅뱅 이론에 따르면 우주란 하나의 점으로부터 계속해서 팽창·변화하는 전체 과정으로 이해해야 할 것입니다. 따라서 러셀의 패러독스가 제시하는 문제점을 무시하더라도 우주는 근본적으로 하나의 (존재하는 것들의 총합) 집합으로 이해될 수 없습니다.

선생님께서는 빅뱅 이론이 우주의 탄생과 변화를 설명하는 물리학의 표준 이론이라고 말씀하셨습니다. 그렇다면 선생님은 빅뱅 이론에 따른 우주에 대한 설명이 적절하다고 생각하십니까?

후평 — 빅뱅 이론의 근본적인 문제점은 우주 탄생의 원인을 설명하지 못한다는 것입니다. 극도로 뜨겁고 고밀도인 작은 점으로부터 대폭발이 일어났다고 주장할 뿐 그 작은 고밀도의 점이 생겨난 경유나 원인에 대해서는 어떠한 설명도 제시하지 못하고 있으니까요. 사실 최근에 물리학자들에 의해 빅뱅 이론의 문제점이 비판받고 '다중 우주 이론' 등의 대안도 제시되는 등 활발한 논의가 이루어지고 있다고 합니다. 그렇더라도 대다수 물리학자가 동의하듯이 현재로서는 빅뱅 이론이 우주에서 벌어지는 현상들을 가장 잘 설명하는 대표적인 물리학 이론이라는 점은 인정해야 할 것입니다.

"우주는 대폭발과 함께 시작되었다"라는 빅뱅 이론의 기본 명제를 받아들이면 우주의 운명과 관련하여 몇 가지 시나리오가 가능합니다. 그중 하나, 우주는 영원한 죽음을 맞게 될 것이라는 '우주 종말론'으로는 두 가지 형태가 가능할 것으로 보입니다. 첫 번째 형태는 '빅프리즈 이론(big freeze theory)'입니다. 이 이론에 따르면 우주는 계속해서 팽창할 것이고, 이에 따라 우주를 구성하는 물질 사이의 거리가 멀어지고 그 결과로 우주의 온도는 절대온도로 낮아져서 결국에는 어떠한 에너지도 열도 존재하지 않는 '열죽음'이 이루어진다고 합니다. 열죽음 상태의 우주에서는 새로운 물질의 생성이 불가능함은 물론 항성이나 양성자들도 붕괴될 것이고 심지어 블랙홀도 블랙홀의 온도가 외부보다 높은 경우 열복사를 하여 질량을 잃어 증발한다는 호킹 복사(Hawking radiation)에 의해 증발된 사실상 무(無)의 상태라 할 수 있습니다. '우주 종말론'의 두 번째 형태는 '빅크런치 이론(big crunch theory)'입니다. 이 이론에 따르면 빅뱅에 의해 시작된 우주의 팽창이 결국에는 임계점에 이르며 이후 우주를 구성하는 물질의 중력에 의해 수축될 것이고 결국 빅뱅 직전의 상태에 도달하여 우주는 종말을 맞게 됩니다.

'우주 종말론'은 시간적으로 우주의 시작과 끝이 존재한다는 시간적 유한론이라 할 수 있습니다. 이에 반해 우주의 운명과 관련된 또 다른 시나리오는 우주는 영원히 존재한다는 시간적 무한론입니다. 이러한 이론을 '우주 무한론'이라 하면 '우주 무한론'도 두 가지 형태가 있을 수 있습니다. '우주 무한론'의 첫 번째 형태는 빅뱅과 빅크런치가 무한히 반복해서 일어난다는 '빅바운스 이론(big bounce theory)'입니다. 빅뱅에 따른 우주의 팽창은 임계점에 도달한 이후 다시 극도의 작은 점으로 수축하고, 이러한 팽창과 수축의 과정이 무한히 반복한다는 것입니다. '우주 무한론'의 두 번째 형태는 노벨 물리학상 수상자인 펜로즈(Roger Penrose)의 가설인 '등각 순환 우주론(conformal cyclic cosmology)'입니다. 등각 순환 우주론은 빅크런치 없이 빅뱅이 무한히 반복한다는 이론입니다.[10] 이 이론에 따르면 빅뱅 이후 계속해서 팽창하던 우주는 팽창의 마지막 순간 (블랙홀이 증발된 직후) 다시 빅뱅(대폭발)하게 되고 이 과정을 무한히 반복하게 됩니다.

우주와 관련하여 기독교는 우주의 시작과 끝이 있다는 '우주 종말론'을, 불교는 우주의 시작과 끝이 없다는 '우주 무한론'의 일종을 주장하고 있다고 생각합니다.

앞에서 언급했듯이 빅뱅 이론을 받아들이는 어떤 물리학자도 빅뱅 이전이나 빅뱅이 생겨난 경유와 원인에 대해서는 설득력 있는 주장이나 설명을 할 수가 없습니다. 빅뱅 직전의 플랑크 시대와 그 이전에 대해서는 물리법칙들이 적용되지 않을 것이기 때문입니다. 기독교의 창조론에 따르면 제1원인인 신이 존재하고 신에 의해 우주가 창조되었습니다. 따라서 기독교의 교리를 받아들이면 빅뱅의 원인, 즉 '우리가 살고 있는 우주가 생겨난 원인이 무엇인가?' 하는 문제가 간단하게 해결됩니다. 그러나 이건 어떠한 합리적 이해도 가능하지 않은 단순한 믿음에 입각한 해결책일 뿐입니다. 이 해결책은 빅뱅의 원인과 관련된 문제를 제1원인인 신의 문제로 치환한 것에 불과합니다.

과연 전지전능한 완전자로서 우주를 창조한 신이란 무엇입니까? 성경의 기록에 따르면 신은 물리적인 대상이 아니지만 동시에 모든 물질의 원인이며 무한한 사랑의 존재인 동시에 무화과 나무에 저주를 퍼붓는 분노의 존재입니다. 흔히 신을 '전지전능한 완전자'로 규정하곤 합니다. 저는 근본적으로 '전지전능한 완전자'라는 개념이 논리적 모순 없이 이해될 수 있을지 의문입니다. 신의 문제는 근본적으로 과학적 추론이나 합리적인 사고가 불가능한 단순한 믿음의 영역에 속합니다. 따라서 기독교의 설명은 우주라는 물리적인 대상을 신앙의 대상으로 치환하여 우주에 대한 합리적인 이해를 근본적으로 차단하고 있다고 할 수 있습니다.

반면에 불교에서는 '영겁(永劫)'이나 '아승기겁(阿僧祇劫)'과 같은 용어들을 사용하고 있습니다. 이들은 상상할 수 없을 정도의 긴 시간을 의미하는 표현들입니다. 따라서 불교는 일종의 '우주 무한론'을 받아들이고 있다고 할 수 있습니다.

중관 — 초기 불교에서는 생명이 있는 인간과 같은 중생의 변화 과정을 태어나서 늙다가 병들고 죽는 생로병사로 설명합니다. 또 무생물을 포함한 모든 존재의 변화 과정을, 형성되고 어느 정도 그 상태를 유지하다가 차츰 파괴되어 결국 공(空)의 상태에 다다르게 된다는 성주괴공(成住壞空)으로 설명하고 있습니다. 겁(劫)은 성주괴공의 4단계가 이루어지는 시간을 의미하는 시간의 단위입니다. 겁은 소겁(小劫), 중겁(中劫), 대겁(大劫)으로 나뉘는데 대겁은 성(우주가 탄생해서), 주(어느 정도 그 상태를 유지하다가), 괴(서서히 파괴되어가고), 공(결국에는 사멸하는)이라는 우주의 탄생부터 죽음까지의 4단계의 과정을 거치는 데 요구되는 시간을 가리킵니다. 아승기겁이나 영겁은 불교에서 자주 사용되는 표현입니다. '아승기'는 헤아릴 수 없을 정도로 큰 수를, '영겁'은 성주괴공으로 나타나는 우주의 탄생부터 죽음까지의 과정이 영원히 반복하여 지속된다는 것을 의미합니다. 따라서 최소한 초기 불교는 성주괴공이 무한히 반복되는 일종의 '우주 무한론'의 입장을 주장한다고 할 수 있습니다.

앞에서 보았듯이, 우주의 시작과 종말을 주장하는 '우주 종말론'에서는 우주가 시작된 경위나 원인에 대한 설명이 요구됩니다. '우주 종말론'을 받아들이는 기독교는 이에 대한 설명으로 제1원인인 신을 주장하고 있습니다. 반면에 초기 불교와 같은 '우주 무한론'에서는 근본적으로 이러한 설명이 필요하지 않습니다. 우주는 그 시작도 끝도 없기 때문입니다.

그러나 우주가 시작된 경위나 원인에 대한 설명이 요구되지 않는다는 것이 '우주 종말론'에 대비되는 '우주 무한론'의 장점으로 간주될 수는 없습니다. '우주 무한론'에서도 시작도 끝도 없이 무한히 지속하는 우주가 존재하는 이유에 대한 설명은 필요할 테니까요. 엄밀하게 말해서, 불교가 '우주 무한론'의 입장을 확실히 받아들이고 있다고 할 수도 없습니다. 유식유가행파(唯識瑜伽行派)나 법상종(法相宗)과 같은 대승불교에 따르면 시간이란 현상계에서의 생멸과 변화의 상속(相續, 뒤를 이음)하는 모습에 근거하여 과거, 현재, 미래를 구분한 것으로, 실체가 없는 편의상 설정된 개념에 불과합니다.[11]

우주의 시작과 끝이 있건 없건 간에 우주에 대해 궁금해하는 우리는 지속적으로 변화하는 우주에 속해 있는 하찮은 존재입니다. 우주의 유한을 주장하는 '빅프리즈 이론'과 '빅크런치 이론', 또한 우주의 무한을 주장하는 '빅바운스 이론'이나 '등각순환 우주론'은 모두 우주 내의 변화를 설명하기 위해 제시된 것으로, 더 잘 설명할 수 있는 이론이 나오면 버려질 가설들에 불과합니다. 또한 우리는 우주의 다른 모든 부분과 서로 영향을 주고받으며 떼려야 뗄 수 없는 관계 속에서 우주의 변화에 따라 계속해서 변하고 있는 존재입니다. 저는 개인적으로 인식과 행동의 주체인 독립적인 실체로서의 내가 가능한지에 대해 근본적인 의문을 갖고 있습니다. 삼법인(三法印)의 하나인 제법무아(諸法無我)에 따르면 우주에 존재하는 만물은 자신이라 할 수 있는 자성(自性)을 가진 독립적 실체들이 아니고 우주 속의 다른 것들과의 영향을 벗어나서 존재할 수 없습니다. 이렇게 볼 때 우주에 속해 있는 먼지보다 못한 우리가 우주 전체를 이해한다는 것은 근본적으로 불가능할 것으로 보입니다.

과학철학 시간에 선생님께서 제시한, 명제가 될 수 없는 문장의 사례가 생각납니다.

　　2024년 3월 1일에 우주 전체가 상하로 심하게 움직였다.

　　이 문장은 참·거짓이 결정될 수 없고 따라서 의미 있는 명제가 될 수 없는 문장입니다. 이 문장의 참·거짓을 결정하기 위해서는 우주 밖에서 우주의 모습을 관찰할 수 있어야 하는데, 우주 밖에서 우주를 관측할 수 있는 절대 공간을 인정하지 않는 한 우주는 모든 것의 총합이므로 앞의 문장이 묘사하는 상황의 관측은 물론 이러한 상황 자체가 근본적으로 불가능할 것이기 때문입니다.

　　후평 ― 이 선생의 말처럼 우리에게 우주에 대한 지식은 근본적으로 차단되어 있을 수 있습니다. 나는 내 코나 등처럼 사각지대에 있는 나의 모습을 직접적으로 관찰한 적도 관찰할 수도 없습니다. 내 외모에 대해 내가 가지고 있는 지식은 사진이나 거울에 비친 모습으로부터 추론된 일종의 믿음에 불과합니다. 우리는 계속해서 변화하고 있는 우주 속에서 다른 모든 것들과 영향을 주고받으며 변화하고 있고, 우주는 모든 것의 총체이므로 나는 우주를 벗어날 수도 없습니다. 또한 이 선생의 주장처럼 우리를 포함하여 현상계의 만물이 실체이며 독립적인 개체가 아니라면 우주를 파악할 수 있는 인식 주체 또한 존재할 수 없습니다. 《과학혁명의 구조》의 저자 쿤(Thomas S. Kuhn)도 빅뱅 이론이나 빅프리즈 이론 등이 가설일 뿐이며 새 패러다임 속에서 새로운 이론으로 대체될 수 있다고 말합니다. '우주 종말론'이나 '우주 무한론'의 다양한 이론들도 그렇지요.

그러나 이 선생의 주장처럼 우주에 대해 우리는 근본적으로 무지할 수밖에 없다는 것을 받아들여도, 자성을 가진 실체가 근본적으로 불가능하다는 제법무아에 입각한 이 선생의 주장은 장시간의 토론이 요구되는 주제인 것으로 보입니다.

중관 — 이미 말씀드렸듯 저는 초기 불교에서 주장하는 불교의 핵심 진리인 삼법인(三法印)의 하나인 제법무아를 믿고 있습니다. 그러나 제법무아에 대한 저의 믿음은 참선 등을 통한 오랜 시간의 수련과 다양한 경전을 읽고 고뇌한 결과로 얻어진 것입니다. 특히 나 자신을 포함한 모든 것에 대해 나는 무지하고 무지할 수밖에 없다는 깨달음은 용수의 《중론》을 접하고 그 내용을 이해하려 사색하고 고뇌하여 얻어진 것입니다. 선생님 말씀처럼 제법무아나 나의 무지에 대한 깨달음이 옳은 것인지에 대한 평가는 장시간에 걸친 치밀한 토론이 요구되는 일이라 생각합니다.

이제는 우리의 첫 번째 대화에서 다루고 있는 죽음의 두려움 극복 가능성으로 돌아가보도록 하죠.

죽음에 대한 두려움은 극복될 수 있는가?

후평 — 앞선 첫 번째 대화에서 언급했듯이, 아래의 논증은 전제들이 실제로 참인 타당하고 건전한 논증입니다.

생명체인 인간은 언제라도 죽을 수 있다. 나는 생명체인 인간이다. 고로 나는 언제라도 죽을 수 있다.

따라서 우리는 모두 자신이 내일 아니 지금 당장이라도 죽을 수 있는 존재라는 것을 알고 있다고 할 수 있습니다. 그러나 건강하고 활기찬 생을 영위하고 있는 동안에는 이런 돌연한 죽음의 가능성을 안다고 해도 크게 두려움에 떨거나 하지는 않습니다. 죽음에 대해 두려움을 느끼게 되는 것은 아마도 암과 같은 불치의 병으로 죽음이 임박했거나, 죽음과 죽음 이후에 대해 진지하게 숙고했을 경우일 것입니다.

톨스토이의 소설 《이반 일리치의 죽음》에서 주인공 이반은 자신의 죽음이 임박했다는 것을 확실히 인지하고 있었습니다. 또한 자신이 죽은 후 자신은 모든 것과 단절되는 무의 상태가 될 것이라 확신한 그는 부와 명예와 같은 개인적 관심을 가지고 추구했던 모든 것에 어떤 의미나 가치도 부여할 수 없었습니다. 자신의 존재가 언젠가 자신과 동일한 입장에 처하게 될 사랑하는 가족들을 괴롭히고 있다고 판단한 이반은 자신의 죽음이 사랑하는 사람들을 돕는 일이라 생각하며 죽음의 두려움을 극복했다고 할 수 있습니다.

순교한 성직자들이나 윤봉길 의사처럼 자신을 희생한 독립투사, 심지어 광적으로 이슬람교를 믿고 있는 폭탄 테러범들도 죽음의 공포와 두려움을 극복한 사람들이라 할 수 있습니다. 이들의 경우 비록 이웃에 대한 보편적인 사랑은 아니지만 자신의 소신이나 믿음을 성취하고자 하는 열정이나 믿음의 대상에 대한 지극한 관심이, 살아 있으면 누릴 수 있는 것들에 대한 집착에서 벗어나 죽음의 공포나 두려움을 극복할 수 있게 했을 테니까요.

중관 ─ 죽음의 두려움을 극복한 사람들을 죽음 이후에 대한 그들의 믿음에 따라 구별할 필요가 있을 것 같습니다. 이반처럼 어떠한 종교도 갖지 않은 많은 사람들에게 죽음은 모든 것과의 단절인 무의 상태가 되는 것이므로, 죽음 이후 이들은 더 이상 존재할 수 없습니다. 반면에 순교한 성직자들이나 무슬림 자살 테러범들은 독실한 신앙인들일 것입니다. 이들은 이승에서의 생을 마친 후 천국과 같은 사후 세계에서 계속 존재하게 될 것을 믿고 있을 것입니다. 따라서 이런 이들이 어떻게 죽음의 두려움을 극복했는지는 쉽게 이해할 수 있습니다. 이들은 자신이 아마도 사후에 보람차고 의미 있는 존재로 남아 있을 것이라 굳게 믿고 있을 테니까요.

후평 ─ 이 선생의 말처럼 죽음의 두려움을 극복한 사례를 두 가지 경우로 구분할 필요가 있습니다. 한쪽은 죽음은 모든 것과의 단절이고 따라서 죽음 이후 죽은 당사자는 더 이상 존재하지 않을 것임을 믿는 경우이고, 다른 한쪽은 죽음은 모든 것과의 단절이 아니고 죽음 이후에도 계속되는 나라는 주체의 존재를 믿는 경우입니다. 우리들의 첫 번째 대화에서는 주로 죽음을 단절이라 보는 경우를 다루었다고 할 수 있습니다.

사실 나는 그 경우도 두 가지로 나눌 수 있다고 봅니다. 이반의 경우는 죽기 전까지 매우 행복하고 성공적인 삶을 영위했던 사람의 사례입니다. 이반의 경우와 동일한 이야기가 매우 불행하고 고통의 나날을 보내고 있는 사람에게도 적용될 수 있을 것입니다. 완치가 불가능한 치명적 질환으로 고통에 시달리며 하루하루를 연명하고 있거나 현재의 삶이 매우 불행하고 고통스러우며 개선될 가능성도 없다고 믿는 사람들의 경우 이러한 삶이 계속되는 것보다는 차라리 죽어서 무의 상태가 되는 것이 나을 것이라 생각할 수도 있을 것입니다. 언론에서 자주 접하게 되는, 생활고에 시달리다 가족이 동반 자살하거나 병마에 시달리며 안락사를 준비하는 사람들이 여기에 해당할 것입니다.

가족이나 절친한 친구도 없이 중병에 걸려 하루하루를 겨우 연명하는 노인이 있다고 합시다. 그가 걸린 중병이 완치될 가능성이 전무하고, 그가 겪는 고통이 참을 수 없을 정도라면 차라리 무로 돌아가는 것이 나으리라 판단하여 안락사를 택하는 것은 충분히 이해될 수 있는 결정이라 할 수 있을 것입니다.

중관 ─ 지금 선생님께서는 죽음의 두려움을 극복할 수 있는 사람들을 세 부류로 나누셨는데요.

첫 번째 부류에는 육체적 죽음 이후에도 나 자신이라 할 수 있는 존재가 계속될 것을 믿는 사람들이 속할 것입니다. 두 번째는 죽음이 모든 것과의 단절이므로 죽음 이후 나 자신이라고 할 수 있는 존재가 계속될 가능성을 부정하는 부류 중 기존의 삶이 긍정적인 경우이고, 세 번째는 죽음은 모든 것과의 단절이라는 것을 믿는 사람들 중 기존의 삶이 부정적인 경우입니다.

저는 여기에 네 번째 부류를 추가해야 한다고 봅니다.

제행무상(諸行無常)과 제법무아는 불교의 세 가지 특징이자 진리라 할 수 있는 삼법인에 속합니다.[12] 제행무상은 현상계의 모든 것은 끊임없이 변한다는 것이고 제법무아는 우리가 접하는 만물은 자신이라 할 수 있는 자성을 가진 실체가 아니라는 것입니다. 이러한 입장을 받아들이면, 살아 있는 동안에도 자아라 할 수 있는 실체로서의 나는 원래 존재하지 않습니다. 그렇다면 현상으로서의 육체적 죽음이라는 사건은 자성을 가진 실체가 아닌 죽는 당사자와 전혀 관계없는, 두려움의 대상이 될 수 없는 사건에 불과합니다.

'찰나생(刹那生), 찰나멸(刹那滅)'이라는 불교 교리가 있습니다. 여기서 '찰나'란 매우 짧은 순간을 의미하는 인도 불교에서의 표현이며, 일념(一念, 하나의 생각)이 떠오르는 시간으로 대략 1/75초에 해당합니다.[13] 결국 '찰나생, 찰나멸'이란 시간의 가장 짧은 단위인 찰나의 순간에도 생과 멸의 과정이 있다는 뜻으로 만물은 시공 속에서 일정 시간 지속할 수 있는 실체가 아니고 끊임없이 생멸한다는 것입니다.

후평 — '제법무아'나 '찰나생멸'과 같은 불교 교리를 받아들이면 '죽는 당사자'라는 표현조차 가능하지 않을 것 같습니다. 육체적 죽음이라는 사건을 경험하는 주체가 존재하지 않을 테니까요.

그러나 불교 교리에 따른 '자신이라고 할 수 있는 실체가 존재하지 않으므로 죽음은 두려움의 대상이 될 수 없다는 사실'이 하루하루를 힘들게 살아가고 있는 평범한 사람들이 죽음의 두려움을 극복하게 할 수는 없을 것입니다. '제법무아'나 '찰나생멸'이 진리라 할지라도, 대부분의 평범한 사람들은 이를 모르거나 관심조차 갖지 않을 것입니다. 이들은 태어나서 지금까지의 자신을 기억으로 연결하며 하나의 주체로 여겨, 삶에 애착하며 살아가는 존재일 테니까요.

중관 — 이 주제는 '나는 무엇인가?'라는 물음에 대한 깨달음 여부와 밀접히 관련되어 있습니다.

이러한 주제에 관심이 없을 대부분의 평범한 사람들은 물론 '제법무아'를 믿는 신앙인이나 수행을 열심히 하는 승려라 해도, 자신이라 할 수 있는 자성을 가진 실체는 있을 수 없다는 냉엄한 사실에 대한 깨달음이 없는 한 죽음의 두려움은 극복할 수 없을 겁니다.

죽음의 두려움을 극복할 수 있는 네 번째 부류는 선과 같은 수행을 통해 '나라 할 수 있는 주체란 있을 수 없다'는 것을 깨닫고 이 깨달음에 기초해 지금까지 쌓아온 번뇌를 없애려 열심히 노력하는 사람들에 국한될 것 같습니다. 불가의 선지식들 중에 네 번째 부류에 속한다고 할 수 있는 큰스님들이 있습니다. '절구통 수좌'로 알려진 한 큰스님은 남의 이야기 하듯 "나 오늘 갈란다"라는 말로 자신의 죽음을 알렸다 합니다.[14]

무지에 대한 나의 깨달음도 '나란 무엇인가?'라는 물음과 밀접히 관련되어 있습니다.

그런데 지금 저는 자신이라 할 수 있는 자성이 없이 끊임없이 변하는 내가 무엇인지에 대해 묻고 있습니다. 이렇게 묻고 있는 나는 무엇입니까? 이것은 일종의 말장난, 용수의 표현을 빌리자면 희론(戲論)의 일종이 아닌가 하는 생각이 듭니다.

저는 나름대로 깨달음을 얻었다고 자부합니다. 그러나 이 깨달음은 경전이나 논서들을 탐독하거나 치밀한 논리적 토론을 통해 얻어진 것은 아닙니다. 저는 무지에 대한 제 깨달음의 핵심이 말이나 글로 제대로 표현될 수 있을 것인가에 대해 근본적인 회의를 갖고 있습니다.

그간 탐독한 경서들과 논서들에서의 주장이나 지금 이 토론은 용수의 말처럼 희론이거나 비트겐슈타인(Ludwig Wittgenstein)의 지적처럼 하나의 말놀이(language game)에 불과할 것입니다. 그러나 경전이나 논서의 내용에 대한 치밀하고 냉철한 숙고나 다양한 분야의 사람들과의 논리적 토론들은 나의 깨달음에 일정한 역할을 했다고 생각합니다. 높은 곳에 오르기 위해서는 사다리가 필요합니다. 높은 곳에 오르는 것만을 목적으로 만들어진 사다리는 다시 내려오는 데 쓸 필요가 없고 방해가 된다면 제거돼야 할 도구에 불과하지만, 높은 곳에 오르려면 꼭 필요한 유용한 도구입니다. 저는 선생님과의 토론이 무엇인지 모르는 진실을 향해 올라가는 사다리의 역할을 하기를 기대합니다.

2장

영원한
삶을
상상하며

두 번째 대화

영생은 바람직한 것인가

중관 — 경치가 좋군요. 맑은 물이 흐르는 강과 녹음이 암석들을 둘러싼 산이 적절히 조화를 이루어 마치 우편엽서에 나오는 그림을 보는 것 같습니다.

후평 — 이 카페는 근방에서 제일 좋은 경치를 감상할 수 있는 곳일 겁니다. 게다가 주인이 직접 내린 원두커피의 맛도 일품입니다. 그래, 이 선생 친구는 지금 어떤 상태입니까?

중관 — 지난번에 선생님을 찾아뵙고서 며칠 후 그 친구를 찾아가 오랜 시간은 아니지만 이야기를 나누었습니다. 과격한 행동도 보이지 않고 의사의 지시를 잘 따르는 등 어느 정도 정신적인 안정을 찾아가고 있습니다.

후평 ─ 불행 중 다행이군요. 아마 이 선생의 친구는 자신과 주변을 나름대로 정리하는 단계에 접어든 것 같습니다.

중관 ─ 글쎄요. 제가 아무 사심 없이 그를 대한다는 것을 그가 느끼고 있는지 모르겠습니다. 그런데 지난번에 선생님께서는 우리가 죽음이 모든 것과의 단절이라고 피상적으로만 생각하고 있으므로 죽는 당사자에게 죽음이 무엇을 의미하는지 또한 함축하는 것이 무엇인지 진지하게 생각해볼 필요가 있다고 말씀하셨습니다. 또한 선생님께서는 "죽음이 죽는 당사자에게 나쁜 것인가?"와 "영생이 한정된 삶보다 좋은 것인가?"라는 물음을 우리가 죽음과 관련하여 진지하게 고려해야 할 문제로 제시하셨습니다. 며칠 동안 생각해봤지만, 제가 보기엔 두 가지 문제가 모두 지극히 당연한 것이라 진지하게 숙고할 필요는 없을 것 같습니다.

우선 '영생이 한정된 삶보다 좋은 것인가'에 대해서입니다. 참을 수 없는 무서운 통증에 시달리는 사람과 같이 예외적인 경우가 있겠지만, 자기 삶에 어느 정도 만족하는 평범한 사람일 경우 미래의 삶이 끔찍하지 않다면, 누구나 한정된 삶보다는 영원한 생명을 원할 것입니다. 많은 사람들이 건강하고 오래 살기 위해 보약을 포함하여 몸에 좋은 음식을 탐닉하기도 하지요. 고대부터 장수는 오복의 하나로 여겨지고 있고요.

후평 ─ 이 선생의 말을 현재 정신적·육체적 고통에 시달리는 경우가 아니고, 경제적으로나 사회적으로 현재의 삶이 만족스럽고, 미래의 삶도 현재처럼 보장된다면 누구나 한정된 삶보다는 영생을 선호할 것이라 정리해도 되겠습니까?

중관 — 그렇습니다. 현재 풍요롭고 행복한 삶을 살고 있고 미래에도 그러한 삶이 보장된다면 누구나 한정된 삶보다는 영원한 삶을 택할 것입니다.

후평 — 그렇다면 예를 하나 들어보겠습니다. 국제적인 명성을 지닌 미모의 젊은 오페라 가수가 즐겁고 행복하게 하루하루를 살아가고 있다고 합시다. 만약 미래에도 그녀에게 음악적 재능과 경제적 풍요는 물론 미모와 젊음을 포함하여 현재 그녀가 누리고 있는 모든 것이 보장된다면, 이 가수는 이 선생이 주장하는 한정된 삶보다는 영원한 삶을 택할 것으로 보이는 전형적인 경우라 할 수 있겠지요.

중관 — 젊음과 미모, 음악적 재능 등 현재 그녀가 행복한 삶을 누리기 위해 필요한 조건들이 미래에도 충족되어, 현재와 같은 삶을 미래에도 누릴 수 있다면 한정된 삶보다는 영원한 삶을 택하는 것이 당연하지 않을까요?
현재의 삶이 견딜 수 없을 정도로 고통스럽고 미래에도 이러한 불행한 삶이 개선될 전망이 없는 사람과 같이 예외적인 경우를 제외하면, 죽음은 누구에게나 회피하기를 원하는 두려운 사건입니다. 따라서 선생님이 예로 드셨듯이 미래에도 행복한 삶이 보장된 가수의 경우 영원한 삶을 택하는 것은 너무도 당연한 일입니다.

후평 — 글쎄요. 그렇게 단순한 문제는 아닌 것 같습니다. 만약 그 가수가 영원히 산다면 카네기 홀에서 공연을 하는 것과 같이 현재 그녀가 원하는 모든 것은 반드시 이루어지지 않을까요? 그러한 일들은 그녀의 능력 범위 안에 있고 주어진 시간은 영원할 테니까요. 따라서 미래의 그녀는 무엇인가를 성취하고자 하는 욕구를 상실할 것입니다. 그녀의 능력 범위 안에 있는, 성취하고자 하는 모든 일은 이미 이루어졌거나 반드시 이루어질 테니까요.

또한 미래의 그녀는 자신의 주변에서 발생하는 일에 무관심해질 것 같습니다. 그녀가 사랑하는 사람을 포함해서 주위의 모든 사람들은 늙고 죽어갈 것입니다. 따라서 그녀는 그들과 필연적으로 헤어져야 하고, 다시 새로운 사람들과 만나야 할 것입니다. 그녀가 영원히 존재하는 한 이러한 과정은 끊임없이 계속될 것입니다. 따라서 그녀의 주변에서 발생하는 모든 사건과 정확히 유사한, 아니 본질적으로는 동일한 사건들이 끊임없이 반복해서 발생할 것입니다. 미래의 그녀에게 이미 겪은 일들과 본질적으로 동일한 사건이 반복해서 계속 발생한다면 그녀가 그런 사건들에 대한 흥미와 관심을 잃어버릴 것은 자명한 이치입니다.

결국 영생하는 미래의 그녀는 무엇인가를 성취하려는 어떠한 욕구도 갖지 못할 것이고 자신의 주변에서 발생하는 모든 일에 무관심하고 냉담해질 것으로 보입니다. 무언가를 추구할 의욕을 상실하고 모든 것에 무관심해진 그녀의 삶은 식물의 삶과 유사할 것입니다. 과연 이러한 삶이 바람직할까요?

중관 ─ 선생님의 말씀을 들으니 혼란스럽군요. 우선 이 이야기를 더 진행시키기 전에 영생의 여러 경우를 고려해볼 필요가 있겠습니다. 영생하는 그녀가 죽지는 않지만 늙어갈 경우와, 주위 사람들이 그녀와 같이 영원한 삶을 누리는 경우 상황이 달라질 수 있지 않을까요?

후평 ─ 핵심은 동일합니다. 우선 '늙어가지만 죽지 않는 영생'은 젊고 아름다운 가수인 그녀에게 전혀 바람직하지 않습니다. 왜냐하면 늙고 병들어 추해지는 삶이 영원히 계속될 테니까요.

두 번째 경우인 '그녀 주변의 사람도 영생할 경우'는 상황을 주위 사람들이 늙어가는 경우와 그렇지 않은 경우로 나눌 수 있습니다. 주위 사람들도 늙어가는 경우는 그녀에게 바람직하지 않습니다. 그녀의 삶은 병들고 늙은 사람과 끊임없이 반복되는 관계로 지속될 테니까요. 주위 사람들이 그녀처럼 늙지 않고 영생할 경우도 핵심적인 측면에서는 앞의 경우와 그리 다를 것 같지 않습니다. 앞에서 언급했듯이 미래의 그녀에게는 주변 사람들과의 관계에서 발생하는 모든 사건이 이미 발생했거나 앞으로 반복해서 일어날 사건과 본질적으로 동일한 사건일 테니까요.

사실 이 가수는 체코의 유명한 극작가 카렐 차페크의 희곡《마크로풀로스 사건》(1922)에 나오는 주인공입니다.[1]

중관 — 저는 '카렐 차페크'가 차나 차 전문점 이름인 줄 알았습니다.

후평 — 같은 이름의 홍차 브랜드가 있어서 그렇게들 알곤 하죠. 차페크는 체코가 낳은 20세기의 대표적인 작가로, 특히 SF 작품으로 유명합니다. 《마크로풀로스 사건》은 오페라로 제작되기도 한 그의 대표작으로, 유명한 오페라 가수인 'EM'의 영생과 관련된 문제를 다루고 있습니다. 극 중에서 'EM'은 '엘리나 마크로풀로스(Elina Makropoulos)'의 이니셜인데, 그녀는 '엘리안 맥그레거(Ellian MacGregor)' '에밀리아 마티(Emilia Marty)' 등 E와 M으로 시작되는 몇 가지 다른 이름을 사용합니다.

EM이 마흔두 살 때 궁정 의사였던 그녀의 아버지는 왕의 명령에 따라 불로장생의 영약을 발명하고 EM에게 그 약을 먹입니다. 약효의 지속 기간 300년이 지나고도 계속 살아남기 위해서는 아버지가 발명한 영약을 다시 복용해야만 합니다.

그러나 이때가 다가왔을 때 EM은 끊임없이 반복되는 일상에 지쳐 모든 것에 무관심해지고 냉담해져서 이러한 삶이 즐겁지도 흥미롭지도 않다고 느낍니다. 결국 EM은 앞으로 300년 동안 삶을 연장해줄 영약의 복용을 거부하고 죽어갑니다. 그리고 불로장생의 약은 한 젊은 여성에 의해 불태워집니다.

몇 년 전 수업을 듣는 학생들을 대상으로 "자신이 EM이라면 어떤 선택을 하겠는가?"를 조사한 적이 있습니다. 결과는 예상 밖이었습니다. 학생들 대부분이 EM의 선택을 선호했습니다.

중관 — 그렇군요. 삶이 영원히 계속된다면, 선생님 말씀처럼 본질적으로 동일한 사건이 끊임없이 반복될 것이고, 이루어질 수 있는 일은 반복해서 이루어질 것이며, 이루어질 수 없는 일은 결코 이루어지지 않을 것입니다. 따라서 영생하는 사람들은 어떤 일을 할 욕구도 가질 수 없을 것이고, 주변에서 발생하는 모든 일에도 무관심해지겠죠.

현재 자신이 성취하기를 원하는 일이 어차피 미래에 반복해서 발생할 일에 불과하다면, 그 일의 성취를 위한 노력은 부질없을 것입니다. 또한 외지의 방문객에게는 천상의 낙원이라 여겨지는 아름다운 섬도 그곳에서 태어나서 평생을 살아온 섬 주민에게는 감옥처럼 느껴질 수 있는 것처럼, 본질적으로 동일한 사건이 반복해서 발생한다면 그것은 전혀 흥미를 느낄 수 없는 지루한 사건의 연속에 불과할 것입니다.

어찌 보면 이러한 삶은 무의미한 삶처럼 보입니다. 인간은 자신을 포함하여 주변의 일들에 관심을 갖고, 무엇인가를 추구하며 의식 활동을 하는 존재로서만 그 존재의 의의를 가질 수 있을 테니까요.[2]

그런데 지금 우리들이 하는 이야기는 종교와 밀접히 관련되어 있는 것 같습니다. 불로초와 같은 영약을 구하려는 사람은 없지만, 종교를 믿는 대다수의 사람들이 천국이나 극락에서의 영생을 원할 테니까요.

후평 — 극락에는 영생이 적용되지 않을 것 같습니다. 불교에서 말하는 극락은 윤회의 과정 중 중생이 거치는 한 단계에 불과하니까요.[3] EM의 이야기는 천국이 어떠해야 할 것인가에 대해 시사하는 바가 있는 것 같습니다. 육체의 죽음 후 천국에서의 삶이 EM이 겪은 미래의 삶처럼 무의미하다면 EM과 같은 사람은 영생을 원치 않을 테니까요.

천국에 대해 서술한 기록들에 따르면 천국은 금은보화로 치장된 지극히 아름다운 곳으로, 그곳에서는 파괴와 죽음이 없고 원하는 바가 노력 없이 이루어진다고 묘사되어 있습니다. 그러나 이러한 곳에서의 삶은 앞에서 이야기했듯이 그리 바람직하지 않을 것 같습니다.

중관 — 그렇다면 만약 천국이 실제로 존재하고 선생님에게 죽어서 천국에 갈 것인지 선택할 기회가 주어진다면, 선생님은 천국에 가기를 포기하시겠군요. EM의 경우처럼 만약 선생님에게 불로장생의 영약을 마실 기회가 있다면, 선생님께서는 어떤 결정을 하시겠습니까?

후평 — 나 같으면 EM과 반대의 결정을 할 것입니다. 건강을 위해 비싼 돈을 들여 보약도 먹는데, 왜 건강하고 젊게 영원히 살 수 있는 기회를 포기하겠습니까?

중관 — 불로장생의 영약을 드시겠다고요? 어째 지금까지 전개한 영생에 대한 선생님의 말씀과 일치하지 않는 것 같습니다. 영생은 영생하는 당사자에게 새로운 것을 추구할 욕구를 상실하게 하고, 주위에서 발생하는 모든 일에 무관심하게 만들어 영생하는 사람의 삶은 식물의 삶과 유사할 것이라고 하셨잖습니까. 혹시 연금술사인 EM의 아버지가 발명한 영약이 단지 300년이라는 한정된 삶을 보장한다는 사실 때문에 그러한 선택을 하실 것이라는 건가요?

후평 — 아닙니다. 그 영약이 영원한 삶을 보장한다고 해도 저는 그 약을 주저없이 마실 겁니다. 우리는 EM과 같이 영생하는 인간에 대해 암묵적인 가정을 하고 있는 셈인데 그 가정은 잘못된 가정입니다.

중관 — 무슨 말씀인지 이해가 되지 않습니다.

후평 — 방금 했던 이야기에서 우리는 영생하는 인간은 성취하고자 하는 일, 관심사, 성향과 성격 등 한 사람을 규정짓는 심리 상태가 근본적으로 변하지 않고 그 상태로 유지될 것이라 가정하고 있던 셈입니다. 또한 우리는 영생하는 인간은 자신이 행한 일과 자신의 주변에서 발생한 일을 모두 기억하고, 자신이 영원히 살 것이라는 사실을 확실히 인지하고 있다고 가정하고 있었던 것입니다. 이러한 가정 없이는 영생하는 사람의 삶은 식물의 삶과 유사할 것이고 영생하는 당사자에게 무의미할 것이라는 결론이 추론되지 않을 것입니다.

    그러나 이러한 가정들은 잘못된 것입니다. 한 사람이 달성하고자 하는 목표나 관심사, 성격 등 심리 상태가 극단적으로 변한 경우를 주위에서 흔히 볼 수 있습니다. 이전의 심리 상태가 영향을 끼치겠지만 어찌 보면 인간의 심리 상태는 저 흐르는 강물처럼 끊임없이 변한다고 할 수 있습니다. 여자 피겨스케이팅 금메달리스트인 김연아 양이 몇 년 후 체력 관리 삼아 권투를 배우다 이에 흥미와 재능을 보여 여자 프로 권투 챔피언이 되겠다는 목표를 세우는 것도 있을 수 있는 일입니다.

    자, 이제 영생하는 인간이 원하는 일과 관심사, 성향 등 심리 상태가 극단적으로 변했다 합시다. 이 사람의 경우 열정을 가지고 새로운 목표를 향해 매진할 수 있을 것이고, 반복해서 발생하는 근본적으로 동일한 사건들에도 관심을 가질 수 있을 것입니다. 심리 상태가 근본적으로 바뀐 그에게는 근본적으로 동일한 사건도 다른 모습으로 다가올 테니까요.

    중관 ─ 조금 전에 선생님께서는 성취하고자 하는 목표와 관심사, 성향 등이 한 인간을 그 인간으로 규정짓는 근본적 심리 상태라고 하셨습니다.[4] 그런데 만약 이러한 심리 상태가 근본적으로 변했다면 그 인간을 이전과 동일한 인간이라 할 수 있겠습니까?

후평 — 심리 상태가 극단적으로 변한 경우 동일한 사람이라고 하는 데 의문을 제기하는 철학자도 있습니다. 그러나 개인적으로 나는 철학 이론이든 무엇이든 일반적으로 받아들여지는 상식이나 객관적 현실을 무시해서는 안 될 것이라 생각합니다. 이전과 심리 상태가 극단적으로 달라졌다고 해도 그것이 이전의 심리 상태에 연결되어 있고 그 결과로 나타난 결과인 한, 그 사람이 이전의 사람과 동일한 사람이라는 것을 누구도 부정하지 못할 것입니다. 어려서 양순했던 소년이 커서 극악무도한 살인자로 변했어도 그는 양순했던 소년과 동일한 사람입니다.

이 문제는 시공 속에서 끊임없이 변하는 인간을 어떻게 동일한 한 인간이라 할 수 있는가 하는 개인 동일성과 연관된 문제입니다. 어떤 개인 동일성의 이론이든 심리 상태가 극단적으로 변한 경우 동일한 인간이 아닐 것이라 주장하는 이론은 옳은 이론이 아닐 것입니다.

중관 — 영생으로 심리 상태가 극단적으로 변한 사람의 경우, 처음에는 새로운 목표를 성취하기 위해 노력할 것이고 주변에서 벌어지는 일에도 새로운 관심을 보일 수 있을 것 같습니다. 그러나 그는 영생을 보장받은 사람입니다. 그의 새로운 목표는 그의 능력 범위 안에 있는 한 언젠가는 이루어질 것이고 그렇지 않으면 이루어지지 않을 것입니다. 또한 새로이 관심을 갖게 된 주변의 사건도 근본적으로 동일한 사건이 끊임없이 발생하는 것이므로 결국 그는 EM과 마찬가지로 무언가를 추구할 의욕을 잃고 모든 일에 무관심해지지 않을까요?

후평 — 우리가 이곳 카페에서 보고 있는 것은 북한강입니다. 겉보기에는 언제 보든 같은 모습이지만, 강을 구성하는 핵심 요소인 강물은 끊임없이 변하고 있습니다. 우리들 인간은 잡다한 일들을 겪으며 하루하루를 살아가고 있습니다. 그리고 그 결과 우리의 심리 상태도 북한강을 구성하는 강물처럼 끊임없이 변하고 있습니다. 따라서 우리가 성취하고자 원하는 것이나 관심사도 끊임없이 변할 수 있습니다.

또한 영생하는 인간이 자신의 삶이 영원하리라고 아는 것은 불가능합니다. 영원히 살지라도 그는 우리처럼 순간순간을 살아야 하므로, 자신의 영생에 대해 확신할 수 있을지는 몰라도, 그가 존재하는 그 순간에 자신의 영생을 알고 있다고 할 수는 없을 것입니다. 따라서 그가 현존하는 그 순간에 자신이 가진 관심사나 성취하고자 하는 일이 그의 당면 과제입니다. 그리고 만약 영생하는 사람이 어떤 순간에 성취하고자 욕구하는 일이 있다면 그는 그 일의 성취를 갈구하며 노력할 것입니다.

더구나 인간은 망각의 동물입니다. 인간은 과거의 일을

기억하는 능력이 있지만, 잊어버리는 능력도 가지고 있습니다. 인상 깊었던 과거의 일에 대한 기억도 세월이 지남에 따라 퇴색되고 결국에는 뇌리에서 사라질 수 있습니다. 따라서 영생하는 인간에게 본질적으로 동일한 사건이 반복해서 발생할지라도 예전의 기억이 퇴색되거나 잊혀졌다면, 그 사건은 관심을 가질 만한 새로운 사건으로 보일 수 있을 것입니다.

나 정도 나이 든 사람이 중학교나 고등학교 동창을 만나면, 같은 술집에서 익숙한 안주를 앞에 놓고 학창 시절 이야기를 반복해서 나누다 얼큰히 취해서 헤어지게 되는 경우가 대부분일 것입니다. 같은 동창과의 계속되는 만남은 근본적으로 동일한 사건으로 간주될 수 있을 것입니다. 그러나 동창들과의 만남이 너무 자주 발생하지 않는다면 지루하고 무관심할 수밖에 없는 사건이 아니라 즐겁고 의미 있는 사건일 수 있습니다.

이런 점을 감안하면 영생하는 인간이 성취하기를 원하는 일들을 포함해 관심사를 조화롭게 혼합하며 매 순간순간을 살아간다면 그러한 삶은 바람직하고 의미 있는 삶일 수 있을 것입니다.[5] 개인적으로 나는 영원한 삶 속에서 매 순간 변화하는 세상의 모습을 지켜보고 앞으로 어떻게 전개될 것인가를 생각하며 살 수 있다는 것만으로도 영생은 매력적이라 생각합니다.[6]

중관 — 어쩐지 결국 원점으로 돌아온 느낌입니다. 처음에 저는 영생을 옹호하는 입장이었고, 선생님은 그 반대의 입장이었습니다. 그러나 지금 선생님께서는 영원한 삶에 대해 긍정적인 태도를 보이고 계십니다.

후평 — 피상적으로 볼 때 이 선생의 말이 옳습니다. 그러나 처음에 내가 의심했던 영생의 모습은 EM의 경우처럼 현실에서 원하는 것들이 성취되고, 세상사에 무관심하게 되어 식물과 같은 삶을 유지하는 영원한 삶이었습니다. 많은 종교인은 물질적 풍요처럼 현실에서 갈구하는 것들이 해결되고 바라는 것이 이루어지는 세계로, 천국과 같은 곳으로 영생하는 사람들이 사는 세계를 묘사하고 있습니다. 자신의 종교를 믿지 않으면 천국이 아닌 지옥에 떨어져 영원히 고통을 겪을 것이라고 선량한 사람을 협박하는 것도 드물지 않게 볼 수 있는 일부 제도권 종교인의 작태입니다.

내가 문제시했던 영생은 일부 종교인의 이러한 영생관입니다. 흔히 신은 "전지전능한 완전자"라고 불립니다. 그러나 나에게는 '전지전능'과 '완전자'라는 것이 이해할 수 없는 개념입니다.[7] 구체적인 맥락과 상대적인 의미를 벗어나 '완전하다'는 말이 도대체 어떤 의미를 가질 수 있겠습니까? 또한 한 존재가 모든 것을 알고 모든 것을 할 능력이 있다면, 그는 무엇인가를 할 필요도 이유도 없을 것입니다.

이 선생의 말처럼 원점으로 돌아온 우리의 대화는 우리의 삶과 영원한 삶의 모습이 어떠해야 할지에 대해 시사하는 바가 있다고 봅니다. 영생하는 사람이나 현재 대화를 나누고 있는 우리는 모두 순간순간을 살아가야 하는 존재일 테니까요. 내가 바라는 영생의 모습은 왕성한 의식 활동을 할 수 있고, 그 결과로 의식의 범위가 확장되며 주변에서 발생하는 일들을 애정 어린 관심으로 대할 수 있는 삶입니다.

새로운 대화

인다라망의 우주 속에서 영생이나 환생의 주체로서의 나는 무엇인가

후평 — 두 번째 대화에서 우리는 《마크로풀로스 사건》의 주인공인 EM의 경우를 통해 영생의 다양한 형태와 어떤 형태의 영생이 바람직한가에 대해 다루었습니다. 오늘은 영생이나 이와 관련된 주제에 대해 추가로 토론해보겠습니다.

중관 — 우선 두 번째 대화에서 다루어진 내용과 관련해 두 가지를 지적하고 싶습니다.

첫 번째로 여기서 다루는 영생은 육체적 죽음 없이 육체 자체가 그대로 살아남는 영생에 국한되어 있다는 것입니다. 진시황이 불로불사의 영약을 구하기 위해 애썼다는 이야기나 불로장생한다는 신선(神仙) 사상이 있지만 합리적으로 사고할 수 있는 거의 모든 인간들은 육체적으로 죽지 않는 영생의 가능성을 받아들이지 않을 것입니다. 일부에서 신체를 구성하는 세포의 노화를 방지하려는 시도인 인체 냉동이 시행되고 있지만 이는 주로 현재 앓고 있는 불치의 병을 미래에 치유할 목적일 것입니다. 따라서 많은 사람들이 갈구하거나 관심을 가지고 있는 영생은 육체적 죽음 이후 천국이나 극락 같은 사후 세계에서의 영생일 것입니다.

두 번째는 EM과 같은 영생에 대한 논의가 의미 있기 위해서는 영생하는 주체에 대한 질문, 즉 "나는 무엇인가?"라는 질문에 대한 심도 있는 논의가 선행되어야 할 것이라는 점입니다. 영생하는 사람의 경우 현재의 그 사람이 영생하는 미래의 그 사람과 동일한 사람이 아니라면 그는 영생하는 것이 아닐 것이고, 동일한 사람인지에 대한 판단은 전적으로 "영생하는 당사자인 나는 무엇인가?"라는 질문과 연관되어 있을 것이기 때문입니다.

후평 — 말씀하신 두 가지 지적은 모두 합당하다고 생각합니다. 우선 첫 번째 지적에 대해 생각해보겠습니다.

아메바와 같은 원생동물의 경우 죽음이라는 개념의 적용이 애매할 것 같습니다. 단세포동물인 아메바는 어느 정도의 크기로 자라면 자신을 둘로 분할합니다. 더 이상 존속이 가능할 수 없게 하는 외부의 영향이 없는 한 이러한 분할 과정은 계속됩니다. 분할 후의 아메바를 분할 전의 아메바와 동일한 개체로 간주한다면, 아메바는 외부의 근본적인 영향이 없을 때 죽음 없이 영생할 수 있는 조건을 갖추고 있다고 할 수 있을 것입니다.

그러나 아메바와 달리 인간은 셀 수 없을 정도로 많은 수의 세포로 구성되어 있습니다. 인간을 구성하는 세포들은 신체의 일정 부위에서 제 기능을 수행하며 증감하고, 늙어감에 따라 수가 줄어들고 해체되다 결국에는 종말을 고하게 됩니다. 인간에게 육체적 죽음이란 누구도 피할 수 없는 사건입니다. 따라서 이 선생의 지적처럼 우리들이 관심을 가질 수 있는 의미 있는 영생이란 육체적 죽음 이후 사후 세계에서의 영생일 것입니다.

그러나 한편으로 그 지적은 고려되어야 할 요소가 있는 것 같습니다. 육체적 죽음 이후의 삶의 무대인 사후 세계를 천국이나 극락처럼 현실에서 접근 불가능한 초월적인 믿음의 세계에만 국한시킬 필요는 없으니까요.

미국 버지니아대학 교수이자 정신과 의사였던 이안 스티븐슨(Ian Stevenson)과 같은 전생 연구자들에 의해 육체적 죽음 이후 지상에 다시 태어나는 많은 환생(還生)의 사례들이 보고되었습니다. 만약 이러한 사례들이 사실이라면, 육체적 죽음 이후에 지상에 다시 환생한 사람의 경우 죽기 전의 그에게 사후 세계는 우리가 살고 있는 현실 세계 자체입니다. 따라서 한 사람이 자신이 현재 우리가 살고 있는 세상에 환생했다고 주장할 경우 환생 전의 그와 후의 그가 동일한 사람인지 여부를 확인할 수 있는 최소한의 가능성이 있습니다. 실제로 퇴행 최면이나, 전생 기억에 대한 현지 조사 등을 통한 전생 사례들에 대한 연구가 진행되고 있고, 일부의 과학자들을 포함하여 이 분야에 관심을 가진 진지한 학자들이 환생의 가능성을 주장하고 있습니다. 반면에 천국이나 극락과 같은 사후 세계는 이것이 불가능합니다. 천국이나 극락 등은 근본적으로 우리의 인식 체계를 초월한 믿음의 세계에 불과하기 때문입니다.

힌두교, 자이나교, 불교와 같이 윤회(輪廻)를 주장하는 종교들은 대체로 환생을 받아들이는 것으로 보입니다. 불교의 경전인《본생경(本生經, Jataka)》에는 부처님의 전생 이야기들이 실려 있습니다. 특히 밀교(密敎)의 일종인 티베트 불교는 라마의 환생에 대한 주장이나《티베트 사자의 서》에서 볼 수 있듯이 환생을 받아들이고 있습니다.

중관 — 우선 티베트 고유의 민속신앙의 영향을 크게 받은 티베트 불교를 불교로 분류할 수 있는지에 대해 근본적인 의문이 든다는 점을 말해두고 싶습니다.

불교 전반에 대해 보다 근본적인 주장을 할 필요가 있을 것 같습니다. 출가 후 제 수행 과정을 통한 경험으로 볼 때 불교는 종교라기보다는 자기 스스로 하는 공부이자 노력이며 자신에게 절실하게 다가오는 무언가를 알기 위한 몸부림입니다. 종교학자 루돌프 오토(Rudolf Otto)의 말처럼 만약 종교가 '매혹적이고 신비스럽고 엄청난' 어떤 것에 대한 믿음을 요구한다면 불교는 적어도 저에게 있어서 종교가 아닙니다.[8]

후평 — 기독교에 성경이 있듯이 불교에는 불교 경전인 불경이 있습니다. 이 경전들은 "죽음은 모든 것과의 단절인가?"와 같은 궁극적이고 절실한 물음에 대해 일정한 답변을 제공할 의도로 쓰인 것입니다. 종교를 믿는 독실한 신자들은 경전을 읽고 암송하며 경전의 가르침에 따라 살아가려 노력할 것입니다. 신실한 종교 신자들이 보이는 이러한 모습이 종교의 특징이자 두드러진 모습이 아닐까요?

불경은 부처님의 말씀인가?

중관 ─ 신약성경은 예수의 가르침을, 코란은 천사 가브리엘을 통해 무함마드에게 내려진 알라의 계시를, 불경은 석가모니(釋迦牟尼) 부처의 가르침을 수록한 것으로 알려져 있습니다. 성경이나 코란의 경우도 예외는 아니겠지만 과연 불경이 각자(覺者)인 부처님의 말씀을 수록한 것일까요?

불교를 창시한 것으로 알려진 석가모니의 생전 이름은 가우타마 싯다르타(Gautama Siddhārtha)입니다. 기원전 563년에 탄생했다는 이설이 있지만, 우리나라도 받아들이고 있는 세계불교도대회에서의 결정에 따르면 그는 기원전 624년에 태어났습니다. 이후 29세에 출가하여 35세 때 깨달음을 얻고 부처[Buddha, 佛陀]가 됩니다. 깨달음을 얻은 이후 부처는 80세에 입멸(入滅)할 때까지 45년간 인도 각지를 떠돌며 자신을 따르는 제자들을 포함한 대중들을 대상으로 자신이 깨달은 내용을 전파하려 설법하셨습니다.

위대한 선각자라 할 수 있는 예수나 소크라테스처럼 그는 자신이 깨달은 내용을 문자화하지 않았습니다. 부처의 가르침의 올바른 내용을 후대에 남길 필요성 때문에, 부처가 설법한 내용을 명확히 정리하고 문서화하기 위한 시도로 네 번의 결집(結集)이 이루어집니다. 부처의 제자인 마하가섭(摩訶迦葉)의 주도로 500여 명의 비구들이 모인 1차 결집에서는 다문제일(多聞第一)로 알려진 아난(阿難) 등이 부처의 실제 설법 내용을 정리하려 시도했으나 그 가르침을 문서화하려는 시도는 부처의 입멸 후 약 200년이 지난 시기에 열린 3차 결집에서 이루어집니다.[9] 불교를 중시했던 아소카왕의 명에 의해 이루어진 3차 결집에서 비로소 부처의 가르침이 마른 나뭇잎에 기록되었고 이후 경(經), 율(律), 논(論)의 삼장(三藏)으로 분류되었습니다. 3차 결집 때 부처의 말씀을 기록하기 위해 사용된 언어는 당시 서인도의 방언인 팔리어였고, 기원후 320년경 굽타왕조 때에 팔리어로 쓰인 불경이 브라만과 같은 당시 상류층의 언어인 산스크리트어로 번역되기 시작했습니다.

  결국 부처의 말씀이 문자화된 것은 빨리 잡아도 불멸(佛滅) 후 200년이 지난 후이고 그동안은 입에서 입으로, 말로 전해진 것이라 할 수 있습니다. 구전되는 이야기는 전하는 사람의 의도나 경험 그리고 그가 속한 문화에 필연적으로 영향을 받을 수밖에 없을 것입니다. 우리나라로 볼 때 지금으로부터 200여 년 전이면 대략 조선 순조 때입니다. 순조 때 인구에 회자된 이야기가 변질이나 왜곡 없이 현재까지 그대로 전해 내려오기는 불가능할 것입니다. 따라서 초기 경전인 '니까야(Nikāya, 스리랑카나 미얀마와 같은 동남아 불교에서 사용되는 팔리어로 쓰인 불경)'도 부처가 깨달은 내용을 그대로 전달하는 문서라 할 수는 없을 것입니다. 따라서 니까야나 《아함경(阿含經, 산스크리트어 Āgama를 음역한 것으로 '전해 내려온 가르침'을 의미함)》도 부처의 말씀 자체를 그대로 서술한 것이라 할 수는 없을 것입니다. 그러나 최소한 이러한 초기 경전들은 부처의 깨달음의 내용을 가감 없이 전달하려는 의도로 쓰였다고 할 수 있습니다.

후평 ─ 니까야나 《아함경》 등은 소위 소승 경전에 속하고 우리가 흔히 알고 있는 불경들은 《화엄경(華嚴經)》이나 《법화경(法華經)》과 같은 대승 경전들입니다. 대승 경전의 경우에도 동일한 판단이 가능하지 않을까요? 대승 경전도 부처님이 깨달으신 내용을 전달하려는 의도로 쓰이지 않았을까요?

중관 ─ 우선 '소승'이라는 표현은 대승 쪽에서 소승을 폄하하려는 의도로 사용하는 용어라는 것을 지적해야 할 것 같습니다.

정확한 것은 아니지만 전문가들은 기원후에야 《화엄경》과 같은 대승 경전들이 출현한 것으로 판단하고 있습니다. 이들의 진단에 따르면 대승 경전은 대략 불멸 후 500에서 700년 사이에 출현했고 이는 소승 경전이 작성된 지 300에서 500년 후의 일입니다. 현재 우리에게 친숙한 《화엄경》《금강경(金剛經)》《법화경》과 같은 대승 경전들은 구마라집(鳩摩羅什)이나 현장(玄奘) 같은 승려에 의해 5세기 이후에야 비로소 산스크리트어나 팔리

어로부터 한문으로 번역됩니다.[10]

　　대승 경전이 출현한 시기를 현재라고 하면, 부처님이 설법하신 시기는 대략 고려 말이나 조선 초에 해당합니다. 고려 말 요승인 신돈이 공민왕과 나누었던 요설이 현재까지 구전으로 그대로 전해지는 것이 가능하겠습니까? 또한 우리들이 접하는 한문으로 된 대승 경전의 대부분은 인도와 전혀 다른 문화에서 표의문자인 한자로, 허장성세와 과장을 좋아하는 중국이라는 풍토에서 번역되었습니다. 이런 점들을 고려하면 대승 경전들의 내용이 부처님의 말씀 그대로를 전달한 것이라 할 수는 없을 것입니다.[11]

　　조금 전 제가 소승 경전들은 최소한 부처님의 말씀 그대로는 아니지만 그분의 설법 내용을 가감 없이 전달하려는 의도로 쓰였을 것이라 말했습니다. 이러한 판단이 대승 경전에는 적용되지 않을 것 같습니다. 경전의 성립 시기에서의 차이만이 아니라 다른 여러 면에서도 대승 경전과 소승 경전은 차이점을 드러냅니다. 이 중 몇 가지만 언급하겠습니다.

　　우선 《아함경》과 같은 소승 경전의 경우 새로운 법문은 거의 예외 없이 "나는 이렇게 들었다"라는 의미인 "여시아문(如是我聞)"이라는 문장으로 시작합니다. 이에 반해 대승 경전에서는 소승 경전에서 볼 수 있는 이러한 패턴이 잘 지켜지지 않습니다. 또한 "깨달은 자들은 영원히 존속하며 그들의 입멸은 환영에 지나지 않는다"라는 《법화경》의 구절에서 볼 수 있듯이 대승 경전에서는 모든 깨달은 자는 이적을 행할 수 있는 능력을 갖춘 영속하는 초월자로 간주되고, 일반 대중의 숭배의 대상이 됩니다.

'보살(菩薩)'은 '보리살타(菩提薩埵)'를 줄인 말로서 깨달음을 뜻하는 'bodhi'와 중생(衆生)을 의미하는 'sattva'의 합성어입니다. 따라서 '보살'의 원래 의미는 '깨달음을 구하는 중생'이라 할 수 있습니다. 그러나 대승 경전에서의 '보살'은 깨달을 것이 예정된 유정(有情, 살아 있는 중생)이나 득도하여 초월자가 된 존재인 보살마하살(菩薩摩訶薩)을 의미합니다. 대승 경전에는 관세음보살(觀世音菩薩), 보현보살(普賢菩薩), 지장보살(地藏菩薩) 등 다양한 보살(보살마하살)들이 등장하는데 이들은 모두 신비하고 다양한 초능력을 가진 영속하는 초월자들입니다. 따라서 대승에서 이들 보살은 우리 같은 일반 대중들이 믿고 의지하며 무엇인가를 갈구하는 신앙의 대상이 됩니다.

반면 소승 경전에서는 영속하는 초월자인 다양한 보살들이 언급되지 않습니다. 소승 경전인 《아함경》의 "상응부(相應部)"에는 다음과 같은 부처님의 말씀이 나옵니다.

> 자신과 자유(깨달음)를 얻은 제자들 사이에 어떠한 차이도 없다. 오직 자신은 그러한 자유로 통하는 길을 인도한 스승일 뿐이다.

이 말씀은 당시의 불교는 신비하고 초월적인 어떤 것을 무조건 믿고 따르는 종교가 아니었고, 부처란 먼저 깨달은 자로서, 궁극적인 진실을 갈구하는 고뇌하는 자들에게 구도의 출발

점을 제시하고 인도하는 선지식에 불과하다는 점을 강조했다는 것을 알 수 있습니다. 불멸 후 200년경부터 시작된 부파불교(部派佛敎)에서는 부처님이 깨달은 내용에 대한 해석을 둘러싸고 치열하고 다양한 논쟁이 벌어졌습니다. 이 사실은 최소한 부처님 당시의 불교는 종교라기보다는 궁극적인 진실을 추구하는 학문적 성격이 강했다는 것을 드러낸다고 할 수 있습니다. 어찌 보면 석가모니의 생존 당시 그의 제자들을 비롯해 부처를 따르는 무리들은 종교 집단이었다기보다는 궁극적인 진리를 추구하는 철학자들의 모임이었으리라고 할 수도 있을 것 같습니다.

후평 ― 많은 불자들은 오시교판(五時敎判)을 믿고 있는 것으로 알고 있습니다. 오시교판에 따르면 부처님이 깨달음을 얻은 직후 최초로 행한 설법의 내용은 대승 경전인 《화엄경》이었으나 대중들이 이를 이해하지 못하므로 《아함경》 등을 설하셨다 합니다. 오시교판의 설명에 따른다면 부처님은 깨달음을 얻은 직후 대승 경전을 직접 설하신 것이라 할 수 있지 않나요?

중관 ― 오시교판이란 천태종(天台宗)의 3대 교주이자 《법화경》 연구의 대가였던 지의(智顗, 538~597) 스님이 석가모니 생존 시의 설법 시기를 순차적으로 화엄시(華嚴時), 녹원시(鹿苑時), 방등시(方等時), 반야시(般若時), 법화열반시(法華涅槃時)의 다섯으로 구분한 것입니다. 오시교판에 따르면 부처는 35세에 깨달음을 얻은 뒤 처음 21일간인 화엄시에 《화엄경》을 설했고 이후 12년 동안의 기간인 녹원시에는 녹야원 등에서《아함경》을, 녹원시 이후 8년간의 방등시에는《유마경(維摩經)》과《승만경(勝鬘經)》등을, 이어서 22년간의 반야시에는《반야경(般若經)》을, 끝으로 8년 동안의 법화열반시에는《법화경》을, 그리고 열반에 들기 전 하루 동안《열반경(涅槃經)》을 설하셨다 합니다.

오시교판의 설명에 따르면 부처님의 설법 기간 중 녹원시에 해당하는 12년 동안만 소승 경전을 설하고 나머지 시기에는 대승 경전의 내용을 설하신 셈이 됩니다. 앞에서 언급했듯이 불멸 후 최소한 500년에서 600년이 지난 후에야 대승 경전이 출현했다는 것을 감안하면 오시교판에 따른 이러한 주장은 정당화되기 힘듭니다.

오시교판을 주장한 지의는 중국 남북조 시대 남조(南朝)인 양(梁)나라 사람으로 최소한 불멸 후 1,000년 후의 사람입니다. 부처가 설한 내용과 시기에 대한 기록이 남아 있지 않은데, 1,000년 후의 사람이 자신의 믿음에 맞추어 주장한 것을 신뢰할 필요가 있겠습니까?

오시교판의 주장은 부처의 생애와 관련해 널리 받아들여지는 사실과도 명백하게 어긋납니다. 오시교판의 오시를 모두 합하면(12+8+22+8=50) 부처가 설법한 기간은 총 50년이 됩니다. 그러나 앞에서 언급했듯이 부처님은 출가 후 6년간의 치열한 수행을 통해 35세에 깨달음을 얻고 이후 열반에 들 때까지 자신의 깨달음을 전달하기 위해 45년 동안 설법을 하셨습니다. 오시교판의 주장은 부처님의 설법 기간과 관련된 명백한 사실에 어긋납니다.

　　대승 경전인 《화엄경》의 "여래성기품(如來性起品)"에 "해가 나면 먼저 높은 산, 다음에 골짜기, 평지 순으로 비춘다"라는 말에 따라, 고산(高山), 유곡(幽谷), 식시(食時), 우중(禺中), 정중(正中)의 다섯 시기를 나누는데 오시교판의 오시는 이를 따른 것에 불과해 보입니다.

　　후평 — 이 선생은 10년 이상 누구보다 치열하게 구도의 길을 걸어온 불자라 생각합니다. 이 선생의 수행은 참선 수행과 불경 공부가 병행되었다 할 수 있을 것이고, 불경 공부는 아마도 《화엄경》이나 《법화경》 같은 대승 경전에 대한 연구가 주였을 것입니다. 동남아와 달리 일본이나 한국 같은 극동의 불교는 대승불교입니다. 그러나 이 선생은 대승 경전들이 석가모니 부처의 말씀 자체가 아님은 물론 부처님이 깨달으신 내용과 별 관련이 없다는 취지로 말하는 것 같습니다. 이것은 불자로서의 자신의 수행 자체를 부정하는 것 아닐까요?

　　중관 — 제 입장을 명확히 밝힐 필요가 있겠네요. 대승 경전들은 물론 소승 경전도 부처님의 말씀 그대로를 서술한 것은 아닐 것입니다. 또한 소승 경전과 달리 대승 경전은 부처님이 깨달으신 내용을 가감 없이 충실히 전달하겠다는 시도라기보다는 집필자 자신의 생각이나 믿음 혹은 부처님의 깨달음의 내용을 해석한 자신의 의견을 나타내기 위한 목적으로 집필된 것이라 생각합니다. 같은 맥락에서 석가모니 부처의 전생 이야기를 기록한 《본생경》도 실제 부처님의 말씀을 기록한 것이 아니라 당시 인도에서 전해 내려오는 이야기나 설화 등을 수집하고 정리하여 수록한 것이라 보는 것이 타당할 것입니다.

그러나 제가 대승 경전은 석가모니의 깨달음과 별 관련이 없다고 주장했다고 보신다면, 그건 확실히 아니라고 말씀드려야겠습니다. 석가모니는 생명이 있는 모든 중생은 관심을 가져야만 할 궁극적 문제인, 생명을 가진 유정(有情)들의 삶과 죽음에 대해 본격적으로 고민한 분입니다. 또한 소승이냐 대승이냐 여부를 떠나 이러한 본질적 문제에 관심을 가진 불자들에게 석가모니 부처는 수행의 목적과 믿음의 근거를 제공하신 분입니다. 따라서 대승 경전의 내용이 부처님의 깨달음의 내용을 제대로 전달하지는 못할지라도 석가모니 부처가 깨달은 내용에 크게 영향을 받았을 것임은 분명하며, 그렇지 않았다면 불자들이 가장 선호하는 《금강경》이나 《화엄경》 같은 대승 경전은 쓰이지 못했을 것입니다.

수행 중 제게 가장 큰 영향을 준 불서(佛書)는 《중론》입니다. 남인도에서는 제2의 부처로 중국, 한국, 일본 등에서는 대승 팔종(八宗)의 종주로 추앙받는 용수(龍樹, Nāgārjuna)의 저작인 《중론》은 공(空, śūnyatā) 사상의 핵심을 드러낸 걸작으로 알려져 있습니다. 《아함경》 같은 초기 경전에 따르면 부처님 설법의 핵심 내용은 제행무상, 제법무아와 같은 삼법인과 사성제(四聖諦) 그리고 연기설(緣起說)이라 할 수 있습니다. 모든 것은 인연

(因緣)에 따라 이합집산(離合集散)하다는 연기설은 공 사상의 이론적 근거라 할 수 있고 제행무상과 제법무아는 공에 대한 하나의 설명이라 할 수 있습니다. 따라서 용수의《중론》도 석가모니 부처의 깨달음에 크게 영향을 받았고 만약 석가모니가 존재하지 않았다면 아마도 세상에 나오지 못했을 것입니다.

    제 말의 요지는 일정한 이론이나 주장이 부처님의 말씀인지, 또한 부처님의 깨달음에 부합하는지 여부를 논하는 훈고학적인 논란은, 삶과 죽음과 같은 본질적인 문제와 관련된 궁극적 진실을 추구하는 구도자에게는 근본적으로 도움이 되지 않을 것이라는 점입니다. 따라서 우리에게 무엇보다 중요한 것은 훈고학적인 노력보다는 문제가 되는 이론이나 주장의 핵심적 내용을 파악하고 숙고하는 것입니다.

    후평 — 나의 학문적 전공은 분석철학입니다. 분석철학의 주된 특징은 주제 중심 철학이라는 것입니다. 즉, 일정한 주제에 대한 이론이나 명제가 누가 한 주장인지를 밝히는 것보다는 주제와 관련된 다양한 주장들의 타당성을 평가하며 해결책을 모색하는 것입니다. 이렇게 보면 깨달음을 얻기 위한 이 선생의 노력은 분석철학자들의 연구와 일맥상통하는 점이 있는 것 같습니다.

    불경과 관련된 이야기가 길어진 것 같습니다. 이번 만남의 주된 주제인 영생의 문제로 돌아갑시다. 앞에서 우리는 영생의 가능성을 보여주는 사례들은 우리가 현재 존재하고 있는 이 세상에 환생하는 경우일 것이라는 점에는 동의한 것 같네요.

환생하는 주체인 나는 무엇인가?

중관 — 천국이나 지옥, 극락 같은 곳은 생사고락을 함께하며 이 세상에 살고 있는 인간들의 직접적인 관찰이나 과학적인 조사에 의한 검증이 근본적으로 불가능한 세계라는 선생님의 판단에 동의합니다. 그러나 만약 한 사람이 현실 세계에 다시 환생했고 전생의 기억을 가지고 있다면 최소한 그 기억의 내용이 진실인가를 확인하기 위해 전생에 살았던 곳에서 탐문 조사를 해볼 수 있을 것입니다. 따라서 현실 세계에서 다시 환생했다는 사례들이 사실이라면, 이는 천국이나 극락 같은 사후 세계에서의 영생이나 윤회가 가능하다는 것을 보이는 사례로 간주될 수 있을 것입니다.

관찰이나 검증을 중시하는 과학적 방법으로 현실 세계에서의 환생 사례들을 연구한 대표적인 과학자는 이안 스티븐슨입니다. 미국 버지니아대학의 정신의학과 교수였던 그는 '지각 연구부(Division of Perceptual Studies)'라는 연구 부서를 만들어 2002년에 84세로 은퇴할 때까지 40여 년간이나 환생의 사례들을 연구했습니다. 스티븐슨이 은퇴한 후에는 제자 짐 터커(Jim B. Tucker)가 그를 계승해 환생에 대한 연구를 수행했습니다.

후평 — 이 선생의 말처럼 이안 스티븐슨은 철저하고 치밀한 분석을 중시하는 과학적 자세로 전생에 대한 연구에 평생을 바친 과학자입니다. 개인적인 관심 때문에 그의 책을 몇 권 읽어보았는데 어느 곳에서도 고의적인 허위나 기만을 발견할 수 없었습니다. 그의 전생 연구는 주로 인도, 스리랑카, 태국, 미얀마와 같은 동남아시아 지역에서 이루어졌습니다. 그의 연구는 크게 두 가지로 요약될 수 있을 것 같습니다. 첫째는 현실 세계에 환생했다는 사례들을 수집하고 환생했다고 주장하는 사람들이 전생에 존재했다고 주장하는 곳에서 현지 조사를 통해 주장의 신뢰성을 검증하는 것입니다. 둘째는 전생에서의 치명적인 사고에 의한 상처가 현생에서 모반(母斑, birthmark)이나 선천적 장애로 나타난 사례를 수집하여 분석하는 것입니다. 2000년에 출간한 그의 책《전생을 기억하는 아이들(Children Who Remember Previous Lives)》은 이 두 연구를 종합한 결과물이라 할 수 있습니다. 스티븐슨에 따르면 현실 세계에 환생했다는 해석 외에는 설명이 되지 않는 많은 환생의 사례들이 존재합니다. 스티븐슨이 환생의 대표적인 사례로 간주하는 경우를 소개하겠습니다.

    1950년 4월에 인도의 '코시 칼란'이란 도시에서 '니르말'이라는 10세 소년이 병으로 죽었습니다. 이후 1951년 8월에 코시 칼란에서 6마일 떨어진 '차타'라는 도시에서 '프라카슈'라는 이름의 사내아이가 태어났는데 그가 네 살 반쯤 됐을 때부터 프라카슈는 자신이 니르말이라고 주장하며 자신의 전생에 대해서 언급하기 시작했습니다. 1956년과 1961년에 프라카슈는 전생에 살았던 코시 칼란을 방문했는데 그는 니르말의 가족과 친척들 그리고 친구들을 기억해냈다고 합니다.

    교묘한 속임수가 개입하지 않았다면 프라카슈의 사례는 현실 세계에서의 환생을 강력히 시사하는 경우라 할 수 있을 것입니다. 죽음학이나 환생에 대해 긍정적인 학자들에 따르면 스티븐슨과 그의 제자 터커는 3,000여 건의 사례들을 수집했고 이 중 적어도 20여 사례는 프라카슈의 사례처럼 어떠한 기만이나 속임수도 발견할 수 없는 환생의 사례들입니다.

    그러나 내 생각으로는 고의적인 속임수나 왜곡은 없을지라도 스티븐슨의 환생 연구는 근본적인 한계나 문제점들을 가지고 있는 것으로 보입니다. 우선 그의 연구는 환생했다고 주장하는 아이의 기억이나 환생한 아이의 가족과 친척, 친구들의 증언에 근거하고 있습니다. 연구의 대상이 된 아이들은 프라카슈의 사례처럼 3세에서 10세 사이의 어린이들인데 이 연령대에는 조리 있게 체계적으로 자신의 생각을 표현하기 어렵고, 이들은 어느 정도 나이가 되면 전생에 대한 기억을 상실한다고 합니다. 따라서 환생 사례에 대한 연구는 주로 환생한 아이의 부모나 주위 사람들의 증언에 의존했다고 할 수 있습니다. 또한 티베트 불교에서 환생했다는 역대 달라이 라마들이 모두 티베트 출신인 것처럼, 프라카슈의 사례를 포함하여 스티븐슨의 환생 연구에서 거론된 대부분 사례에서는 전생에서 살았던 장소와 환생한 장소가 지리적으로 인접해 있고 문화적으로 유사합니다. 환생의 많은 사례가 수집된 인도나 스리랑카 등은 윤회 사상을 받아들이는 문화에 속한 국가들입니다. 따라서 환생한 아이의 가족들이 전생에서의 가족들과 사전에 접촉했을 가능성이 열려 있고, 윤회를 믿는 그곳의 문화나 가족을 포함한 주위 사람들 그리고 대중매체 등을 통해 전해 들은 이야기들에 영향을 받아 전생에 대한 일종의 잠재의식이 형성되었을 수 있습니다. 게다가 환생했다고 주장하는 아이들의 전생 기억은 윤회 과정을 통해 겪었을 다양한 전생이 아닌 바로 직전의 전생에 국한되어 있습니다.

중관 — 서양의 한 노학자에 의해 행해진 연구를, 환생을 보이는 근거로 사용하는 것이 타당한지 여부와 관련된 논란에 한몫하고 싶은 생각은 없습니다. 어차피 그의 연구는 신뢰할 수 없는 어린아이의 기억이나 주위 사람들의 증언에 의존하고 있고 환생의 문제와 관련된 가장 핵심적인 사안을 고려하지 않고 있으니까요.

환생이 성립하기 위해서는 환생 후의 사람과 전생에서의 그 사람이 동일한 한 사람이어야 합니다. 다시 말해서 내가 환생했을 경우 전생의 나는 환생 후의 나와 동일한 하나의 개체여야 합니다.

후평 — 환생은 우리들이 죽음에 대한 대화를 나누며 자주 다루었던 개인 동일성의 문제와 밀접히 연관되어 있을 것 같습니다. 시간이 경과함에 따라 인간의 육체와 의식의 내용은 끊임없이 변화합니다. 따라서 한 인간이 환생했을 경우 전생에서의 그와 환생 후에서의 그는 육체적 모습과 구성 성분만이 아니라 의식의 내용도 다를 것이므로, 환생했다는 그의 주장이 성립하려면 환생 전과 환생 후의 그가 동일한 하나의 사람이라는 근거와 이에 대한 설명이 필요할 것입니다.

중관 ― 선생님의 말씀처럼 환생은 시간 속에서 끊임없이 변하는 인간을 어떻게 동일한 하나의 인간이라 할 수 있느냐는 개인 동일성의 문제와 연관되어 있을 수밖에 없습니다. 그러나 환생을 다룰 때 개인 동일성의 문제는 부차적인 문제이고 우선적으로 반드시 고려되어야 할 핵심적인 사안은 이것입니다. "내가 환생할 경우 환생하는 개체인 나는 무엇인가?" 전생에서의 기억이 환생의 증거로 취급될 수 있으려면 전생의 기억을 가지고 있는 주체인 나는 무엇인가에 대한 최소한의 합리적인 설명이 필요할 것이기 때문입니다. 불교 용어로 말하자면 "나와 나 아닌 것 사이에 경계가 존재하는가?" 하는 문제입니다. 즉, 시간 속에서 계속해서 변화하는 내가 무엇인가 하는 문제가 아니라, 시간의 경과를 인정하지 않는 한순간에서조차 환생의 주체로서의 나를 합리적으로 이해할 수 있느냐를 묻는 것입니다.
선생님은 시간적 경과 없는 한순간에서 환생의 주체인 인간으로서의 나를 어떻게 이해하고 계십니까?

후평 ― 글쎄요. 어려운 질문이군요.
유신론적 종교를 믿는 많은 사람들은 우리들의 믿음이나 인식을 주관하는 정신 또는 영혼이 환생의 주체인 나라고 할 것 같습니다. 그러나 과학과 상식을 중시하는 나의 대답은 아마도 "과거의 경험을 통한 기억과 외부 세계에 대한 인식 그리고 사유 등의 정신적 행위를 할 수 있는 물질로 구성된 이 육체이다"일 것입니다.

일정한 주제에 대한 우리들의 믿음이나 판단은 기존에 가지고 있던 기억이나 믿음 그리고 그가 속한 문화나 자신이 가진 관심사 등에 크게 영향을 받을 것이라 생각합니다.

박목월의 〈나그네〉라는 시에는 "구름에 달 가듯이 가는 나그네"라는 구절이 나옵니다. 어두운 밤에 구름이 달을 스쳐 지나갈 경우 우리가 달에 초점을 맞추면 구름이 서쪽으로 지나가고 있는 것으로 보일 것이고, 만약 우리의 관심사가 구름의 형태에 있어서 초점을 구름에 맞춘다면 달이 동쪽으로 지나가고 있는 것처럼 느낄 것입니다. 그러나 우리는 달이 실제로 동쪽으로 가고 있다고 판단하지 않습니다. 지구가 자전하기 때문에 달이 동쪽에서 떠서 서쪽으로 진다는 사실을 알고 있으니까요.

미국의 과학철학자 애킨스타인(Peter Achinstein)의 '모든 관찰은 기존의 기억이나 지식 등에 영향을 받을 수밖에 없다'는 '관찰의 이론 의존성'을 설명하는 한 예가 생각납니다.[12] 계단 문화가 없는 아메리카 원주민들에게 단순화한 계단의 그림을 보여주자 이들은 이 계단 그림을 3차원적으로 이해하지 못했다 합니다.

중관 — 표충사(表忠寺)에서 무자(無字) 화두를 되뇌며 열반하신 효봉(曉峰) 선사의 오도송에도 달이 등장합니다.

海底燕巢鹿抱卵: 바다 밑 제비집에 사슴이 알을 품고
火中蛛室魚煎茶: 불 속 거미집에 물고기가 차를 달이네
此家消息誰能識: 이 집안 소식을 누가 알까
白雲西飛月東走: 하얀 구름은 서쪽으로 날고 달은 동쪽으로 달리네

이 오도송의 네 번째 구절은 캄캄한 한밤에 목격한 하얀 구름이 서쪽으로 둥근 달을 스쳐 지나가는 광경을 묘사하고 있습니다. 나무나 산 같은 주위의 다른 것들을 고려하지 않고 이 광경을 목도한다면 하얀 구름은 달을 지나 서쪽으로, 둥근 달은 구름을 지나 동쪽으로 가고 있는 것으로 보일 것입니다. 효봉 스님이 깨달음을 얻으신 후 자신이 가진 기존 지식이나 믿음 등을 벗어나, 보이는 모습 그 자체를 시로 나타낸 것이 아닐까 생각합니다.

그러나 누구나 알다시피 "하얀 구름은 서쪽으로 날고 달은 동쪽으로 달린다"라는 명제는 사실과 어긋나는 거짓의 명제입니다. 지구 자전의 결과로 달은 항상 동쪽에서 떠서 서쪽으로 집니다. 따라서 "달도 구름도 서쪽으로 가고 있다"라는 것이 올바른 판단일 것입니다. 엄격하게 말하면 이 판단도 거짓입니다. 달이 동에서 서로 진행하는 것처럼 보이는 것은 달의 움직임 때

문이 아니라 자전이라는 지구의 움직임 때문입니다. 중학교만 졸업했다면 누구나 지구는 태양을 중심으로 1년 주기로 공전하고 하루에 한 번씩 자전하며 달은 지구를 중심으로 한 달 주기로 공전과 자전을 한다는 것을 알 것입니다. 이러한 과학적 지식은 달이 동쪽에서 떠서 서쪽으로 지는 현상과 한 달을 주기로 초승달, 보름달 그리고 그믐달로 그 모습이 변하는 현상들을 설명해 줍니다.

제 말의 핵심은 구름이나 달과 같은 물리적 대상에 대한 직접적인 관찰의 내용도 경험을 통해 갖게 된 믿음이나 관심에 따라 사람마다 달라질 수 있다는 것입니다. 더구나 마음이나 영혼은 관찰 불가능한 비물리적 대상입니다. 따라서 최소한의 관찰이나 경험을 통한 확인이 불가능할 수밖에 없는 영혼과 같은 비물리적 대상을 환생의 주체인 나와 동일시하려는 시도는 근본적인 문제점을 가질 수밖에 없습니다. 영혼이나 정신 등은 물리적 대상이 아니므로 최소한의 관찰도 불가능하고 이들에 대해 갖는 우리들의 관념은 직접적인 관찰을 통해 얻어진 것이 아닙니다. 그 관념은 종교적이고 무조건적인 신앙들을 포함하여, 전적으로 기존의 믿음이나 관심사에 근거한 것일 겁니다. 우리는 다른 사람의 마음을 직접 확인할 수 없고 따라서 영혼이나 정신과 그를 동일시하게 된 믿음의 내용도 확인할 길이 없습니다. 따라서 과장해서 말하면, 영혼이나 정신이 환생의 주체인 나라고 주장할 경우 이러한 주장을 하는 사람의 수만큼 영혼과 환생의 주체인 나를 연결하는 다양하고 양립할 수 없는 생각들이 있을 수 있겠죠.

선생님은 "일정한 순간에서의 나는 영혼이나 정신이 아니라 정신 행위를 할 수 있는 육체이다"라고 말씀하셨습니다. 육체는 최소한 관찰이나 과학적인 검증의 대상이 될 수 있는 물질로 구성되어 있습니다. 따라서 "일정한 순간에서 환생의 주체인 나는 바로 육체이다"라는 입장에 대해서는 막연한 믿음에 입각한 억지 주장이 아닌 생산적인 토론이 가능할 것 같습니다.

후평 — 방금 함께 이야기했듯이, 달과 구름 같은 직접적인 관찰이 가능한 물리적 대상의 경우에도 관찰자의 믿음 체계나 관심사에 따라 동일한 광경을 관찰한 내용이 달라질 수 있습니다. 또한 달을 스쳐 서쪽으로 지나가는 구름의 경우 달과 관련된 다양한 현상들에 대한 합리적이고 설득력 있는 설명은 우리가 가지고 있는 믿음 체계 중 과학의 믿음 체계가 제공한다는 것 또한 확인했습니다. 따라서 "일정한 순간에서 환생의 주체인 나는 바로 이 육체이다"라는 내 주장의 타당성 여부는 인체생리학이나 생물학과 같은 과학의 설명에 따라 판단하는 것이 합리적일 것 같습니다.

중관 — 생물학과 같은 과학도 우리가 받아들이는 믿음 체계의 소산이고 설명력 높은 다른 이론이나 패러다임이 주도하게 되면 언제라도 폐기될 수 있습니다. 그러나 선생님의 말씀처럼 물리적 대상들에 대한 과학에서의 설명이 현재 우리에게 허용된 가장 설득력 있고 사회적인 동의가 가능한 설명이라는 것을 부인할 수는 없을 것 같습니다.

후평 — 이원론자(二元論者)인 데카르트(Rene Descartes)에 따르면 물질의 특징은 연장성(延長性)입니다. 쉽게 말해, '연장성'이란 시공간의 일부를 점유하고 있다는 성질이라 할 수 있습니다. 하나의 인간인 나의 육체도 물질이므로 연장성을 가지고 있습니다. 우리들은 자신의 몸을 관찰할 수도 감각적으로 느낄 수도 있습니다. 경험적 관찰을 통해 우리는 흔히 나의 키는 몇 cm, 몸무게는 몇 kg 하는 식으로 내 육체의 특징을 계량화해서 표현하기도 합니다. 이처럼 경험적 관찰과 확인이 가능하므로 우리는 육체로서의 나에 대해서는 매우 잘 이해하고 있다고 생각하는 경향이 있습니다. 그러나 구체적으로 살펴보면 육체에 대한 우리의 이러한 생각은 그 근거가 매우 희박합니다.

이 선생이나 나는 성인들입니다. 과학자들에 따르면 성인의 육체를 구성하는 세포의 수는 대략 30조에서 60조 개입니다. 30조라고 해도 상상하기 힘들 정도로 많은 수의 세포로 구성된 현재의 우리 육체는 정자와 난자가 결합하여 시작한 수정체인 하나의 세포가 계속해서 분할하여 이루어진 것입니다.

원생동물이자 단세포생물인 아메바는 대체로 자신을 둘로 나누는 이분법으로 증식합니다. 둘로 나뉜 아메바를 우리는 하나의 개체로 취급하지 않습니다. 만약 하나의 아메바가 분열을 계속하여 그 수가 30조 개가 되어 인간의 육체처럼 한곳에 군집하여 있다면 30조 개의 세포로 이루어진 그 군집은 하나의 아메바입니까?

이 질문에 대해 누구나 "아니오"라고 답변할 것입니다. 하나의 아메바 세포는 포식과 생식 등 스스로 자체의 행동을 할 수 있는 단세포생물인 반면 인간의 육체를 구성하는 각각의 세포들은 인간 육체의 일정 부위에 위치해서 일정한 기능을 수행하는 역할을 해야 하기 때문입니다.

다른 예를 들어보겠습니다. 이 선생도 한 번쯤은 바다의 아름다운 산호초를 보신 경험이 있을 겁니다. 바다 오염이 심하지 않았던 수십 년 전에는 우리나라에서도 홍도와 같은 섬의 바위에 군락하는 붉은색의 산호초를 볼 수 있었습니다. 18세기까지는 식물이나 광물로 취급되었지만 산호초는 유전자적으로 동질인 수많은 폴립(polyp) 형태의 동물들이 군집해 있는 군락입니다. 각각의 폴립들은 직경은 수 mm, 길이는 수 cm가 되는 군체동물로, 이들은 기저 부분에 외골격을 형성하여 한곳에 군집해서 생활하게 됩니다.

그렇다면 수많은 폴립이 군집해 있는 산호초는 하나의 동물입니까?

산호의 경우 아메바의 경우와 달리 "아니오"라는 답변에 의문이 제기될 수 있습니다. 하나의 산호초를 형성하는 수많은 각각의 폴립은 산호초라 불리는 하나의 군락을 형성하는 데 일정한 기여를 합니다. 또한 다른 폴립들이 없었다면 외골격이 형성될 수 없으므로 자신도 존재할 수 없을 것입니다. 그렇지만 각각의 폴립들은 자체로 포식과 번식을 합니다.

　　내 말의 핵심은 "이것은 하나의 생명체이다"와 같은 표현이 가능키 위해 요구되는 '개체화 작업'이 우리의 상식적인 생각보다 숙고해야 할 요소가 많다는 것입니다.

　　논의를 이 선생이나 나와 같은 인간들에 국한하여 진행해 보겠습니다. 앞에서 언급했듯이 우리와 같은 성인들은 적게 잡아 30조 개의 세포들로 구성되어 있습니다. 인간을 구성하는 기본 단위라 할 수 있는 각각의 세포들은 세포막으로 둘러싸인 세포질로 구성되어 있습니다. 대부분 액체 상태라 할 수 있는 세포질은 핵막으로 둘러싸인 핵과 미토콘드리아처럼 막으로 둘러싸인 세포소기관들을 포함하고 있습니다. 유전을 책임지는 DNA와 RNA를 가진 핵 외에 세포의 생존에 가장 중요한 역할을 하는 것이 미토콘드리아입니다. 미토콘드리아는 세포에 유입된 유기물질을 생명 활동에 필요한 에너지 공급원인 ATP(adenosine triphosphate, 아데노신삼인산)로 변환시키는 세포의 발전소라 할 수 있기 때문입니다. 미토콘드리아는 대략 세포질의 25%를 차지하고 있고, 세포의 종류에 따라 차이가 나지만 세포당 수백에서 수천의 미토콘드리아가 존재합니다. 세포의 존속에 가장 필수적인 역할을 하는 미토콘드리아는 세포질의 유전에 관여하는 자체의 DNA와 RNA를 가지고 있습니다. 미토콘드리아는 박테리아나 세균과 같은 단세포동물처럼 세포소기관을 포함하고 있지 않고 자신이 속한 세포와 관계없이 자체의 필요에 따라 분열을 통해 증식하거나 사멸합니다. 자체적인 증식과 사멸이 생명체의 기본

조건이라면, 나의 육체를 구성하는 세포 수보다 수백에서 수천 배 많은 생명체들이 나와 함께 살고 있는 셈입니다. 내 몸에 있는 미토콘드리아는 나를 구성하는 세포들 속에 존재한다는 것을 제외하면 박테리아와 같은 단세포동물들과 근본적 차이가 없는 것으로 보이기 때문입니다. 육체로서의 나라는 존재는 나를 구성하는 세포들의 총합이고 각각의 세포에는 세포 수의 수백 배에서 수천 배에 이르는, 독립된 생명체처럼 행동하는 미토콘드리아가 존재합니다. 그렇다면 나라는 하나의 인간은 산호초처럼 수많은 생명체가 모여서 함께 존재하는 군체라고 할 수도 있을 것입니다. 그러나 앞에서 보았듯이 우리는 산호초를 구성하는 각각의 폴립을 하나의 생명체로 인정하지, 폴립들의 군락인 산호초를 하나의 독립적인 생명체로 간주하지 않습니다.

중관 — 그러나 나의 육체를 구성하는 세포의 수보다 수백에서 수천 배까지 많은 천문학적인 수의 미토콘드리아들은 나라는 육체 속에 존재합니다. 또한 하나의 생명체인 유기체로서의 내가 존재하지 않게 되면 그들도 더 이상 존속할 수 없을 것입니다. 따라서 개체화의 문제는 여전히 남아 있겠지만 독립된 생명체처럼 행동하는 미토콘드리아들을 포함하고 있는, 살아 있는 유기체인 나의 몸을 구성하는 세포들의 총합을 나로 간주할 수 있지 않을까요?

후평 — 글쎄요. 이 선생의 생각처럼 나의 육체를 구성하는 세포들의 총합을 나로 간주해도 나라는 개체를 특정하는 데는 여전히 근본적인 어려움이 있을 것 같습니다.

우리들 인간은 살아 있는 유기체입니다. 인간을 포함하여 모든 생명이 있는 유기체의 가장 큰 특징은 생사(生死)의 과정을 겪는다는 것입니다. 살아 있다고 하기 위해서는 태어나야 하고 살아 있는 모든 것은 결국에는 죽을 테니까요.

외적인 모습이 같고 유사한 행동 습관을 보이는 많은 쌍둥이들이 존재합니다. 일곱이나 여덟 쌍둥이까지도 있는 것으로 알고 있습니다. 외적인 모습이 같고 유사한 행동을 보인다면 그들은 일란성 쌍생아들이고 정자와 난자가 결합하여 수정된 수정체인 하나의 세포 분열 과정 중 초기에 둘로 분리되어 각각 자궁에 안착한 것이라 할 수 있습니다. 일란성 쌍생아들의 탄생은 인위적으로 행해질 수 있습니다. 수정체의 분열 과정 초기에 세포들을 인위적으로 분리하여 대리모의 자궁에 이식하거나 인공 배양 시설에서 키울 수 있을 것이기 때문입니다. 만약 현재의 나를 있게 한 수정체가 8개의 세포로 분할됐을 때 이들 각각을 분리하여 아기로 태어나게 했다면 서로 다른 8개의 생명체가 생겨난 셈입니다. 이들 8명의 인간은 독립적으로 자신의 삶을 살아갈 유기체로서 8개의 다른 개체들입니다. 이렇게 보면 나라는 육체는 많은 수의 독립적인 개체로 성장할 수 있는 세포들로 구성된 것이라 할 수 있습니다.

몇 년 전 저명한 과학 잡지《디스커버(Discover)》에 실린 특집 기사를 소개할 필요가 있을 것 같습니다. 인간과 미생물 사이의 관계를 다룬 이 특집 기사의 일부는 2022년에 수행된 인간 두뇌 조직과 관련된 연구 결과를 소개하고 있습니다. 이 연구 결과에 따르면 예상과 달리 인간이 죽은 후 죽은 사람의 두뇌 조직에서 많은 수의 유전자들이 활성화된다는 사실이 관찰되었습니다. 특히 이 연구의 책임자인 일리노이주립대학의 러브(Jeffrey A. Loeb)에 따르면 두뇌 세포 중 가장 많은 것이 신경아교세포(神經阿膠細胞, Glia cell)인데 이중 소염(消炎) 기능을 담당하는 소염아교세포가 인간이 죽은 후에 매우 활성화되었을 뿐 아니라 커다란 촉수들을 새로이 만들어냈습니다.[13]

    앞에서 언급했듯이, 생명이 있는 유기체의 가장 큰 특징은 생사의 과정을 겪는다는 것입니다. 나나 이 선생은 박테리아 같은 단세포동물이나 광합성을 하는 식물, 사자와 같은 동물처럼 생명을 가진 하나의 유기체입니다. 따라서 우리를 포함해 어떤 인간이든 태어나고 생명을 유지하다가 결국에는 죽습니다. 인간의 경우 심장과 뇌가 회생 불가능하게 되면 죽은 것입니다. 그러나 현대 생물학에 따르면 한 인간이 죽은 후에도 그 인간을 구성하고 있는 세포들은 필요한 영양분이 남아 있는 한 자신의 기능을 계속 수행합니다. 또한 위에 소개된 러브의 연구로 알 수 있는 것은 일부 세포들은 모체가 죽은 후에 오히려 활성화된다는 것입니다. 내가 강조하고 싶은 것은 유기체를 특징짓는 핵심 요소인 태어남과 죽음의 구분이 한 인간과 그 인간을 구성하는 세포 단계에서 일치하지 않는다는 것입니다.

    이 특집 기사의 핵심적 내용은 인간의 몸과 미생물 사이의 관계를 다루고 있습니다. 생물학자들의 최근 연구에 따르면 한 인간의 몸에는 적게 잡아 대략 39조 개의 미생물이 존재합니다. 인간을 구성하는 세포 수를 약 30조라 하면, 숫자만으로 비교하면 인간은 인간 세포보다는 미생물 세포로 구성되어 있는 셈입니다. 이들 각각의 미생물들은 박테리아 같은 살아 있는 유기체입니다. 이들은 우리 몸에 존재하지만, 단지 기생하고 있는 것이 아닙니다. 이들은 인간 세포가 할 수 없는 핵심적인 기능을 수행합니다. 39조라는 엄청난 수의 미생물이 인간의 육체에 존재하지 않는다면 이러한 핵심적인 기능이 수행되지 않을 것이고 인간은 생존할 수 없습니다. 예를 들어 장이나 위 같은 소화기관에는 단백질을 구성하는 기본 단위라 할 수 있는 아미노산(amino-acid)을 생성하는 미생물들이 존재합니다. 미생물들이 만들어낸 아미노산은 육체에 흡수되어 단백질을 형성하고 이들 단백질이 모여 육체 조직을 형성합니다. 또한 소화기관에 존재하는 미생물들은 우리의 생존에 필수적으로 요구되는 효소들을 생성해내고, 우리의 몸에 해를 끼칠 수 있는 박테리아들이 군집하는 것을 막는 역할을 하여 면역에도 결정적 역할을 합니다. 박테리아 같은 단세포동물인 미생물만이 우리의 몸에 존재하는 것이 아닙니다. 숙주를 벗어나서는 생존할 수 없는 회충이나 편충 같은 다세포동물인 수많은 기생충들도 우리 몸에 존재합니다. 이들 기생충들은 핵을 가지고 있는 진핵생물로 고도의 진화 과정을 거친 생명체입니다.[14]

  우리는 생활하며 주위에서 접하는 인간을 '길동이'와 같은 하나의 이름을 사용해 지칭하며 살아 있는 하나의 개체로 취급합니다. 그러나 앞에서 보았듯이, '길동이'라 불리는 한 인간은 단세포동물처럼 행동하는 미토콘드리아가 핵심 구성 요소인 세포들과, 그 세포들보다 많은 수의 미생물들이 밀접하게 서로 얽혀 있는 군락이라 할 수 있습니다. 앞에서 언급했듯이 미토콘드리아나 미생물들이 길동이의 생존에 필수적인 역할을 하며 이들이 길동이의 몸에 존재하지 않았다면 인간 길동이는 존재할 수 없습니다. 또한 길동이의 몸에 존재하는 39조에 이르는 미생물들과 기생충들 각각은 살아 있는 하나의 유기체입니다.

중관 — 지구에 80억 명이 넘는 인간이 살고 있습니다. 우리는 이들 각각을 생명이 있는 유기체로서 하나의 개체로 취급합니다. 함께 살펴본 특집 기사 내용을 포함해 선생님이 앞에서 거론하신 내용들은 하나의 인간을 하나의 개체로 취급하는 우리들의 상식적인 견해가 가진 근본적인 문제점을 보여주고 있습니다. 하나의 인간은 생명을 가진 하나의 개체라기보다는 천문학적인 수의 생명체들의 군집입니다. 또한 이 군집을 구성하는 미생물들은 각기 고유의 생사 과정을 거치는 생명을 가진 유기체이며 따라서 이들 각각은 하나의 개체라 할 수 있습니다.

우리는 앞에서 구름이 달을 스쳐 지나가는 현상이 우리가 가진 기억 체계와 관심에 따라 다르게 보인다는 것을 보았습니다. 동일한 이야기가 인간의 육체에도 적용될 수 있을 것 같습니다. 내 육체는 내 뱃속의 미생물에게는 자신의 존속을 가능하게 하는 세계이고, 내 육체에 기생하는 미생물들은 나의 육체를 터전 삼아 포식과 생식 활동을 하며 살아가는 개체들입니다.

앞에서의 논의를 고려하면 한 인간의 육체는 천문학적인 숫자의 미생물들과, 핵심 성분인 미토콘드리아가 생명체처럼 행동하는 인간 세포들의 총합이라 할 수 있습니다. 각각의 미생물과 인간 세포들은 고립된 섬들이 아닙니다. 이들은 서로 의존하고 밀접한 관계들을 유지합니다. 이들이 균형을 잃거나 일부가 심하게 훼손되면 이들의 모임인 인간의 육체도 더 이상 존속하지 못할 것입니다. 우리의 육체는 이들의 삶의 터전입니다. 어찌 보면 우리가 존재하고 있는 지구처럼 내 육체 속에 존재하는 미생물들이나 인간 세포들에게 내 육체는 서로 밀접하게 연결되어 있는 생태계이자 우주라고 할 수 있습니다.

지금의 논의는 인간의 육체 내부만이 아니라 외부에까지 확장될 수 있을 것 같습니다. 수년 전 전자현미경으로 인간의 피부를 관찰한 다큐멘터리를 보았습니다. 전자현미경에 포착된 인간 피부는 흡사 기괴한 야수들이 우글거리는 열대림 같더군요.

'청정(淸淨)'이라는 법명을 가진 도반이 있습니다. 그는 법명과 달리, 목욕은커녕 세수하는 모습조차 본 적이 없을 정도로 매우 불결한 스님이었습니다. 그의 피부를 전자현미경으로 관찰했다면 아마도 지저분한 물이 흐르는 밀림 속에 기괴한 온갖 야수와 벌레들이 우글거리는 광경이 보였을 겁니다. 청정의 피부에 기생하는 생물체들은 비록 그의 피부를 더럽게 하지만 동시에 그의 피부를 보호하는 역할도 할 것입니다. 그렇다면 청정의 육체 속에 존재하는 생명체처럼 피부에 기생하는 이 생명체들도 그의 육체를 구성하는 일부로 취급되어야 하지 않을까요?

인간이 살기 위해서는 음식을 섭취해야 합니다. 영양분이 흡수되고 난 음식의 잔여분은 대변의 형태로 인간의 장에 남아 있다 결국에는 체외로 배출될 것입니다. 또한 대변 속에는 인간의 생존을 위해 필수적으로 요구되는 미생물들이 존재합니다. 청정의 몸속에 남아 있는 대변도 청정을 구성하는 일부로 취급되어야 하지 않을까요?

인간을 포함한 대부분의 고등동물들이 생존하기 위해서는 끊임없이 호흡해야 하고, 호흡하기 위해서는 산소를 포함하고 있는 대기가 있어야 합니다. 지구가 존재하지 않았다면 인간들이 호흡하고 접촉하고 있는 대기도 존재하지 않을 것입니다. 이러한 관계는 전체 우주까지 확장될 수 있습니다.

존재하는 모든 물질들은 원자로 구성되어 있습니다. 원자들은 쿼크나 힉스, 전자와 같은 미립자들로 구성되어 있습니다. 따라서 유사한 논의는 미립자들이 있는 아원자 세계까지 소급될 수 있을 겁니다. 제 말의 핵심은 존재하는 모든 것들은 밀접하게 연결되어 서로 의존하고 있으며, 그 어느 것도 이러한 의존관계를 벗어나 존재할 수는 없다는 것입니다. 따라서 이러한 관계들을 도외시하고 하나의 개체를 자신이 속해 있는 주위와 독립적으로 존재하는 대상으로 취급할 수 없다는 것입니다.

고대 인도 신화에 인다라망(因陀羅網)에 관한 이야기가 있습니다. 인다라망이란 번개와 비와 같은 날씨와 전쟁을 관장하는, 천신의 왕인 인드라(Indra, 제석천帝釋天, 불법을 수호하는 신)가 자신이 사는 선견성(善見城) 위의 하늘에 끝없이 펼쳐놓은 그물입니다.[15] 그물이 사방으로 팽팽하게 당겨져 있으면 그물 어느 부분에서의 작은 움직임도 그물의 다른 부분에 영향을 끼칠 것이고 움직임을 야기할 것입니다. 또한 인다라망의 그물코에는 서로가 서로를 반사하는 보배 구슬이 달려 있어서 각각의 보배 구슬은 다른 모든 보배 구슬을 비추고 있다고 합니다.

인다라망은 '존재하는 모든 것은 다른 것들과 밀접하게 연결되어 상호 의존하고 있고 이러한 의존관계에 독립적으로 존재하는 어떤 것도 있을 수 없다'는 것을 비유한 표현이라 생각합니다. 인다라망에 대한 설명의 '모든 것'이나 '다른 것'과 같은 표현에서의 '것'은 구체적인 개체를 의미하는 것으로 해석해서는 안 될 것입니다. 앞에서 논의했듯이 일정한 개념 체계나 믿음 체계를 가정하지 않고는 '하나의 개체'라는 표현이 이해될 수 없을 테니까요.

지금까지의 논의는 불교적으로 다시 말하면 "나와 나 아닌 것 사이의 경계를 지우는 것이 가능한가?"라는 질문으로 요약될 수 있을 것 같습니다. 많은 선지식들이 우리가 품었던 것과 유사한 의문을 가진 것으로 보입니다. 한 예로 우리나라 선불교의 맥을 지킨 대표적인 선사 경허(鏡虛) 스님의 열반송(涅槃頌)에서도 이러한 흔적을 발견할 수 있습니다.[16]

心月孤圓: 마음의 달이 홀로 둥그니

光吞萬象: 빛이 만물의 모습을 삼키는구나

光境俱亡: 빛과 경계가 함께 사라지니

復是何物: 다시 이것은 무슨 물건인가

후평 ― 지금의 논의를 정리할 필요가 있을 것 같습니다.

"내가 환생했다"라는 말이 성립하기 위해서는 전생에서의 내가 환생해야 합니다. 또한 우리는 "나는 사고 등의 정신적 행위를 하는 물질로서의 육체이다"라는 주장은 시간 속에서의 변화가 허용되지 않는 한순간에서조차 개체화와 관련하여 문제점을 가지고 있다는 것을 보았습니다. 우선 나라는 육체는 하나의 생명을 가진 하나의 개체라기보다는 무수한 다양한 생명체들이 군집해 있는 일종의 생태계입니다. 또한 인다라망의 비유에서 보았듯이 존재하는 모든 것은 다른 모든 것과 밀접히 연결되어 있으므로 어떤 것도 이러한 의존관계를 벗어나 독립적으로 존재할 수 없습니다.

이러한 우리들의 판단은 단지 인간만이 아닌 존재하는 모든 것에 적용될 수 있습니다. 또한 개체화와 관련된 어려움은 단지 환생의 문제만이 아니라 일상 언어나 논리와 같은 다른 다양한 분야에서도 함축하는 바가 매우 크다고 생각합니다. 한 예로 가장 기본적인 명제의 형태는 "길동이는 생물이다"와 같은 형태의 단칭명제입니다.[17] 한 명제에 대응하는 실제 사태가 있다면 그 명제는 참이라는 진리 대응설에 따르면, "길동이는 생물이다"라는 명제의 진위 여부를 확인하기 위해서는 '길동이'라는 고유명사에 해당하는 개체가 생명체인지 여부를 확인해야 합니다.[18] 그러나 개체화가 불가능하다면 이 명제의 진위 여부에 대한 대응설에 입각한 설명은 성립할 수 없습니다.

"내가 존재한다"라는 믿음은 우리의 삶과 생존을 위해 필수적인 요소입니다. 이러한 믿음이 없었다면 나와 이 선생과의 대화조차 가능하지 않을 겁니다. 우리의 판단이 옳다면 '나의 육체'는 "나는 무엇인가?"라는 질문에 대한 답변이 될 수 없습니다. 그렇다면 "나는 무엇인가?"라는 물음에 대한 답변은 영혼과 같은 다른 것에서 찾아야 합니다. 육체는 관찰이나 과학적인 검증이 가능한 물질입니다. 반면에 영혼은 관찰이나 과학적 확인이 근본적으로 불가능한 비물질입니다. 따라서 "나는 보고 듣는 지각 행위를 포함한 모든 정신 행위를 주관하는 비물질로서의 영혼이다"라는 식의 주장에 대한 판단은 근본적으로 과학적인 검증이나 확인에 의존할 수 없고, 오직 이러한 주장이 얼마나 설득력이 있고 합리적이냐에 달려 있을 것입니다. 많은 저명한 철학자들과 수행에 평생을 바친 선사들도 이러한 주장을 하고 있습니다. 치열하게 수행을 해온 이 선생은 이러한 주장에 대해 어떤 입장을 가지고 있는지요.

중관 — 그러한 주장은 근본적으로 성립할 수 없고 부처님의 견해도 아니라고 봅니다. 어쨌든 장시간에 걸친 치열한 토론이 요구되는 문제인 것은 확실하네요.

죽음 그리고 에피쿠로스

3장

세 번째 대화

죽음은 죽는 당사자에게 나쁜 것인가

후평 — 비가 올 것처럼 구름이 잔뜩 끼었군요. 그래 이 선생 친구는 어떤 상태입니까?

중관 — 며칠 전 결국 세상을 떠났습니다. 장지까지 다녀왔는데 부인과 아이들이 슬퍼하는 모습을 보며 새삼스레 산다는 게 참 허무해지더군요.

후평 — 이 선생 친구의 부인처럼 죽는 당사자와 밀접한 관계에 있는 사람에게 그의 죽음은 정신적인 충격이자 커다란 변화를 의미합니다. 이 선생과 남은 사람들이 그 변화를 슬기롭게 잘 헤쳐나가길 바랍니다.

중관 — 가장 안됐고 불행한 사람은 죽은 당사자인 제 친구 아닐까요? 건강하고 아름답던 몸은 오래지 않아 한 줌의 흙으로 돌아갈 것이고, 죽음은 모든 것과의 단절이니 살아 있을 때 사랑했던 사람들과 아끼고 소유했던 모든 것을 상실하게 될 테니까요.

후평 — 이 선생이나 친구분의 믿음처럼 죽음은 모든 것과의 단절이고 무로 돌아가는 것이라면, 죽음이라는 사건은 죽는 당사자에게는 좋은 일도 나쁜 일도 아닐 것입니다.

중관 — 어째서요? 조금 전에 말씀드렸듯이 죽음은 사랑하고 아끼던 모든 것을 앗아갑니다. 또한 죽은 후의 몸은 온갖 벌레들의 밥이 되고 결국에는 한 줌의 흙으로 변할 테고요. 예전에 선생님께서 주신 죽음에 대한 수업 자료 중 죽은 후 겪게 될 육체의 변화에 대해 쓴 글을 읽고 한동안 참담한 생각을 지울 수 없었던 기억이 납니다. 죽으면 자신의 모든 것을 상실하고 처참한 모습으로 변할 텐데, 어떻게 죽음이 죽는 당사자에게 나쁜 일이 아닐 수 있습니까?

후평 — 다음은 윤회와 전생에 대해 관심을 가지고 있는 일본 작가 이소노가미 겐이치로(石上玄一浪)의 책 《윤회와 전생》(1987)에서 발췌한 내용입니다.

입술, 손톱, 구강 점막 등에 담자색의 치아노제(cyanosis)가 나타나고 각막의 변화가 없으며 뇌파가 사라진다. 동공은 열린 채로 멍하게 되며 서너 시간 지나면 생기를 잃고 흐릿해지다 백탁(白濁)한다.

죽은 사람의 체온은 외기의 온도에 맞춰 식어간다. 겨울이라면 매시 섭씨 1도, 여름이라면 0.5도의 비율로 저하된다. 그에 따라 한두 시간 지나면 사후경직이 시작된다. 경직은 심장근, 횡격막근에 가장 먼저 오고 이어서 턱, 목덜미, 어깨, 가슴, 배 등에 오며 마지막에는 상지(上肢)와 하지(下肢)에 온다. 손발의 관절이 굳어져 쉽사리 구부러지지 않게 되고, 죽은 사람이 물건 같은 것을 쥐고 있을 때에는 비틀어 떼기가 어렵다. 경직은 외기의 온도에 비례해 빠르게 일어나며, 생전에 강건했던 사람일수록 억세며 아이들이나 쇠약자들은 경미하다.

한편 사체에 일어나는 혈액의 저류(貯溜)는 신체 표면에 자적색(紫赤色)의 반점을 확대시킨다. 이것은 중력의 작용으로 인체 사체의 아래 부분의 피부에 나타나며 12시간이 지나면 전신으로 퍼진다. 경직은 기온과의 관계 때문에 36시간 내지 이삼일 만에 풀리지만 그와 동시에 부패가 시작된다.

부패는 체내의 효소로 인한 자가 융해와 세균류로 인한 분해로 구분된다. 하복부의 피부는 청람색을 나타내고 부패 수포가 스며 나오며 체내 가스의 발생 때문에 부풀어 오른 사체는 이른바 '거인의 모습'을 나타낸다.《고사기(古事記)》의 서술자는 이렇게 사체가 손괴되어 가는 양상을 상징적이면서도 귀기가 넘치는 말로 서술하고 있다.

"불 하나를 밝히고 살펴보려고 들어가니 (이자나미의 사체에서는) 구더기가 꿈틀거리고 윙윙대는데, 머리에는 대뇌(大雷)가 있고, 가슴에는 화뇌(火雷)가 있으며, 배에는 흑뇌(黑雷)가 있고, 생식기에는 절뇌(折雷)가 있으며, 왼손에는 약뇌(若雷)가 있고, 오른손에는 토뇌(土雷)가 있으며, 왼발에는 명뇌(鳴雷)가 있고 오른발에는 복뇌(伏雷)가 있어 모두 합해 여덟 명의 뇌신(雷神)이 있었다."[1]

이와 같은 썩은 시체의 뒤처리를 떠맡는 것이 새, 짐승, 벌레 등 크고 작은 동물들이다. 독수리, 까마귀, 들개, 하이에나, 웅묘, 갑충, 파리, 개미, 우은충(羽隱蟲), 매장충(埋葬蟲), 염마충(閻麽蟲), 가다랭이포충 등 이들 동물은 여러 나라에서 '장의사' 또는 '청소부'라고 불리고 있으며 개중에 어떤 것은 신성시되기도 한다.

우선 가장 먼저 찾아오는 조문객은 그 가운데서도 쇠파리, 흑파리 등의 파리 등속이다. 이들 파리 등속은 언제 어떤 장소에서건 재빨리 나타나 사체에 알을 깐다. 알은 당장에 부화되고 구더기가 되어 사체 위를 돌아다닌다. 일주일쯤 성장한 구더기는 사체를 떠나 땅속으로 들어가 번데기가 된다. 번데기는 일주일쯤 지나면 땅속에서 나와 파리가 되어 다시 사체에 몰려든다.

이와 같은 더러운 순환에 의해서 사체는 원형을 잃고 꿈틀대는 구더기의 덩어리가 된다. 그러나 그뿐인가. 여러 가지 소동물들이 내습하기 때문에 사체가 지상에 방치된 때에는 반년도 지나지 않아 백골화된다. 흙 속에 매장된 사체가 백골이 되는 데 삼사 년이 걸리는데, 그 백골도 마침내 썩어서 골질(骨質)이 부스러져 수년이 지나면 형해도 남지 않는다. 즉 이것이 객체로서 포착된 생사의 현장이다.

중관 — 여기 묘사되었듯이 아무리 아름답고 건강한 신체를 소유한 사람일지라도 일단 죽고 나면, 온갖 벌레들의 밥이 되고 꿈틀대는 구더기의 덩어리가 되었다가 결국 한 줌의 흙으로 변합니다. 사람이 죽으면 누구나 이처럼 처참한 모습으로 변할 것이고, 이러한 처참한 변화를 겪는 것은 죽는 당사자일 텐데 어떻게 죽는 당사자에게 죽음이 나쁜 것이 아닐 수 있겠습니까?

후평 — 이 글은 죽은 후 인간의 신체가 겪게 될 변화를 객관적으로 묘사했습니다. 확실히 죽은 후에 겪게 될 인간 신체의 변화는 이 글에 드러나는 것처럼 그리 유쾌하지는 않지요. 그런데 이 글에서처럼 죽은 후 인간 신체의 변화를 관찰할 수 있는 자는 누구일까요?

중관 — 왜 그런 질문을 하시는지 모르겠군요. 죽은 후 우리 인간의 육체는 화장과 같은 인위적 처리가 없다면 이 글에서 묘사된 것처럼 처참한 모습으로 변하리라는 것은 누구나 알고 있는 상식적인 사실에 불과합니다. 이 글은 이러한 상식적인 사실을 정리했을 뿐입니다.

후평 — 이 선생의 말처럼 죽은 후 인간의 육체는 결코 아름답다고 할 수 없는 모습으로 변합니다. 그건 누구도 피할 수 없고 누구나 알고 있는 사실입니다. 이 선생이 죽은 후에도 이 선생의 육체는 이 글에서 묘사된 것처럼 추한 모습으로 변할 것입니다. 그러나 이 선생 자신은 죽은 후 추하게 변한 육체의 모습을 관찰할 수도, 추하게 변한 자신의 육체에 대해 참담한 느낌을 가질 수도 없을 것입니다. 이 선생이 죽은 후에는 관찰할 수 있고 느낄 수 있는 당사자인 이 선생 자신이 존재하지 않을 테니까요.

내 질문의 요점은 이 선생이나 나처럼 육체적 죽음을 초월하는 영혼의 존재와 같은 것을 인정하지 않는다면, 죽은 후 변화된 육체의 모습을 관찰하고 이에 대해 참담한 느낌을 느낄 수 있는 주체가 죽은 당사자일 수는 없다는 것입니다. 죽은 후 인간의 모든 감각기관은 제 기능을 발휘하지 못함은 물론 의식도 없을 테니까요.

이 선생은 이소노가미의 책에서 발췌한 글이 참담하다고 했습니다. 그러나 이 선생이 느낀 참담함은 이 선생 스스로 관찰할 수도, 느낄 수도 없는, 죽은 후 자신의 육체 변화를 예상한 결과에 지나지 않을 것입니다.

중관 — 선생님의 말씀처럼 저 자신은 죽은 후의 제 모습을 관찰할 수 없습니다. 죽는 순간 우리는 모두 무로 돌아갈 테니까요. 그러나 한 사람이 죽은 후 그 육체가 처참한 모습으로 변한다는 것은 생명이 있는 유기체라면 누구에게나 닥칠 냉엄하고 객관적인 사실입니다. 따라서 제가 죽은 후의 모습을 스스로 관찰할 수 없을지라도 이러한 변화가 제게 반드시 찾아오리라 예상하고 참담함을 느끼는 것은 지극히 당연한 일일 것입니다.

그런 처참한 모습을 미리 알 수 있는데 어떻게 죽음이 나쁜 것이 아닐 수 있겠습니까?

후평 ― 죽고 난 후 인간이 변화된 모습을 처참하다고 표현하는 것이 옳은지 모르겠습니다. 어쨌든 이 선생의 논지를 "한 사람의 죽음은 그가 아끼던 모든 것을 앗아가고 그의 육체를 처참한 모습으로 변하게 할 것이므로 죽는 당사자에게 나쁜 것이다"로 정리해도 되겠습니까?

중관 ― 그렇습니다. 죽음은 정신적으로나 물질적으로나 아끼던 모든 것을 상실하게 할 것이고 아름답고 건강했던 육체를 썩어가는 모습으로 바꾸어 놓을 것입니다. 며칠 전에 저세상으로 간 제 친구에게 바로 그 일이 일어났죠. 선생님도 아시다시피 생전에 제 친구는 자신이 곧 죽는다는 사실에 대해 매우 괴로워하며 극단적으로 행동했습니다. 만약 그가 죽음이 자신에게 나쁜 것이 아니라고 생각했다면 죽기 전에 그런 모습도 보이지 않았을 것입니다.

후평 — 이 선생 친구는 자신이 곧 죽을 것을 알고 있었고, 죽음이 가져올 변화를 미리 예상하며 괴로워했던 것입니다. 얼마 지나지 않아 사랑하고 아끼고 익숙했던 모든 것과 단절되어 무생물의 상태로 변하게 될 것이라 예상한다면 당연히 두렵고 괴로울 테지요.

　　그러나 이러한 두려움과 괴로움은 죽음 자체가 아니라 죽음이 끼칠 변화를 예상한 결과일 뿐입니다. 앞에서 말했듯이 내가 문제 삼았던 것은 죽음에 대한 예상이 아니라 죽음 자체가 죽는 당사자에게 나쁜 것인가 하는 것이었습니다. 따라서 이 선생 친구의 경우는 이 문제에 대한 적절한 예가 아닐 것입니다. 새로운 예를 하나 들어보겠습니다. 사랑하는 사람과 결혼을 앞두고 있는 미스코리아 출신의 유명한 가수가 수면 중 심장마비로 죽었다고 가정합시다. 이 가수의 죽음은 돌연사이므로 그녀는 자신이 곧 죽을 것을 모르는 경우입니다.

　　자, 이제 다시 묻겠습니다. 이 경우 죽음은 그녀 당사자에게 나쁜 것입니까?

　　중관 — 물론 그럴 것입니다. 그녀가 생을 포기할 만큼 괴로움에 시달리고 있었던 경우가 아니라면 당연히 그녀의 죽음은 그녀에게 발생한 나쁜 사건이겠죠. 제 친구의 경우처럼, 자신의 돌연한 죽음 때문에 그녀는 가수로서의 명예와 경제적 풍요함은 물론 결혼을 약속한 사랑하는 사람을 잃을 것입니다. 또한 미스코리아 출신으로 아름답고 젊은 그녀의 몸도 얼마 지나지 않아 누구나 혐오할 모습으로 변할 것입니다.

후평 — 그녀가 자신이 아끼고 사랑했던 것을 상실하고 그녀의 모습이 변한 것은 언제 발생한 일인가요?

중관 — 죽음 후, 아니 죽음과 동시에 시작된 것 아닌가요?

후평 — 죽음은 살아 있음과 살아 있지 않음을 나누는 순간에 불과하므로, 그녀가 아끼고 사랑했던 것을 상실하고 그 모습이 변하는 것은 살아 있는 동안에 발생했거나 그녀가 죽은 후에 발생했을 것입니다. 당연히 그녀가 생존해 있는 동안은 아닐 것입니다. 죽음이 찾아오지 않는 한 그녀는 아름답고 건강한 몸을 유지했을 것이고, 자신이 아끼는 것들을 상실하지 않은 상태일 테니까요. 받아들이기 어려울지 모르지만 그녀가 죽은 후도 아닐 것입니다. 우리가 받아들이고 있는 전제에 따르면 죽은 후 우리는 모두 무로 돌아갑니다. 따라서 그녀가 죽은 후 그녀는 더 이상 존재하지 않습니다. 무언가를 상실하고 일정한 변화가 가능하려면 상실하고 변한 주체가 있어야 합니다. 그러나 그녀가 죽은 후에는 아끼던 것을 상실하고 추한 모습으로 변한 당사자인 그녀는 존재하지 않습니다.

죽음이 죽는 당사자에게 나쁜 것이라면 죽음이 끼친 해악을 경험할 수 있어야 하고, 해악이 발생했을 때 그 해악을 당한 당사자로서의 주체가 존재해야 합니다. 그러나 죽기 전에는 죽음의 해악이 발생하지 않았고, 죽은 후에는 죽음의 해악을 경험하고 당한 주체가 존재하지 않습니다. 따라서 죽기 전 살아 있을 때의 고통이나 죽음에 대한 예상에 의한 것을 감안하지 않고 죽음 자체만을 고려한다면 죽음은 죽는 당사자에게는 나쁜 것이 아닙니다.

중관 — 지금 선생님의 말씀은 저 개인적으로는 도저히 받아들이기 힘든 주장입니다. 그러나 논리적으로 반박할 적당한 생각이 떠오르지 않는군요. 조금 더 자세히 선생님의 논지를 설명해주시겠습니까?

후평 — 일정한 사건이 한 사람에게 영향을 주려면, 그는 그 사건을 경험할 수 있어야 하고 그 사건이 발생할 때 존재해야 합니다. 한 사람이 심한 감기로 고통을 겪고 있다고 합시다. 이 경우 그가 심한 감기로 고통을 겪고 있다는 것이 성립하기 위해서는 고통을 경험하는 당사자인 그가 존재해야만 합니다. 감기로 고통을 받던 그 사람이 죽었을 경우 동일한 표현은 성립하지 않습니다. 감기로 인한 고통을 겪는 당사자인 그가 더 이상 존재하지 않으니까요.

죽음이 죽는 당사자에게 나쁜 것이라면 죽는 당사자가 죽음을 직접 경험할 수 있거나 죽음의 해악이 발생할 때 그 해악을 당한 당사자가 존재해야만 합니다. 그러나 이미 이야기했듯이 살아 있는 동안 죽음은 발생하지 않았고, 죽은 후에는 죽음의 해악을 직접 경험할 당사자가 존재하지 않으므로 이러한 해악을 경험할 수도 당할 수도 없습니다.

　　죽음에 대해 이러한 견해를 최초로 개진한 사람은 기원전 4세기와 3세기에 걸쳐 활동했던 그리스의 철학자 에피쿠로스(Epicouros)입니다.[2] 에피쿠로스 외에도 여러 사람이 '죽음은 죽는 당사자에게 나쁘지 않다'는 견해를 지지했습니다. 로마 시대의 시인이자 철학자인 루크레티우스(Titus Lucretius Carus)가 유사한 견해를 견지했고, 현대에는 로젠바움(Stephen E. Rosenbaum) 등이 죽음에 대한 이러한 견해를 지지한 대표적인 철학자입니다.

　　쾌락주의자로 알려진 에피쿠로스는 생존 당시 '가든(Garden)'이라는 공동체를 이끄는 등 비교적 활발히 활동을 했다고 알려져 있으나 그의 사상을 파악할 수 있는 저술은 거의 남아 있지 않습니다. '에피큐리언 견해'라고 불리는 죽음에 대한 그의 생각을 〈메노이케우스에게 보내는 편지〉라는 글에서 찾아볼 수 있습니다.

> "우리에게 가장 두려운 것으로 여겨지는 죽음은 실은 우리에게 아무것도 아닙니다. 우리가 존재하는 한 죽음은 우리와 함께 있는 것이 아니고, 죽음이 왔을 때는 우리는 더 이상 존재하지 않을 것이기 때문입니다. 죽음 자체는 산 자와 죽은 자 모두에게 아무런 관련이 없습니다. 산 자에게는 죽음이 없고, 죽은 자는 더 이상 존재하지 않을 것이기 때문입니다."[3]

에피큐리언 견해는 이렇게 정리될 수 있을 것 같습니다. 죽음이 죽는 당사자에게 나쁜 것이라면 죽는 당사자가 죽음의 해악을 경험하거나 그 해악으로 인한 피해를 입어야 합니다. 그런데 죽음의 해악을 경험하거나 해악을 당하는 일은 죽는 당사자가 살아 있는 동안이나 죽은 후에 발생해야 합니다. 그러나 살아 있는 동안에는 죽음이 찾아오지 않았으므로 죽음의 해악을 경험할 수도 해악을 당할 수도 없습니다. 또한 죽은 후에는 인식 주체가 존재하지 않으므로 죽음의 해악을 경험할 수도 그 해악을 당할 수도 없습니다. 따라서 죽음은 죽는 당사자에게 나쁜 것이 아닙니다.

중관 — 결국 '에피큐리언 견해'는 죽음이 나쁜 것이라면 죽음의 해악을 경험할 수 있어야 한다는 경험 조건과 죽음의 해악을 입을 당사자가 존재해야 한다는 존재 조건이 만족되어야 하는데 죽음은 이 두 조건을 모두 만족시킬 수 없으므로 죽음은 나쁘지 않다고 하는 것이라 정리될 수 있겠군요.[4]

후평 — 그렇게 정리할 수도 있겠습니다. 그러나 경험 조건은 존재 조건에 의존적인 조건입니다. 인식 주체가 존재하지 않는다면 경험은 불가능할 테니까요.

중관 — 지금 우리가 나누는 대화와 본질적으로 연결된 것인지 모르겠지만 한 가지 의문이 듭니다. 선생님께서는 죽음의 해악이 발생할 수 있는 시간을 살아 있는 동안과 죽은 후, 이렇게 둘로 나누고 있습니다. 그러나 그 중간 시점인 죽는 동안에 죽음의 해악이 발생했다고 할 수도 있지 않겠습니까?

후평 — '죽음'이란 용어는 살아 있음과 살아 있지 않음의 경계를 나타내는 표식어에 지나지 않습니다. 한 사람이 죽은 상태가 아니라면 그는 살아 있는 것입니다. 따라서 "죽는 동안"이라는 말은 근본적으로 성립하지 않을 것 같습니다. 한 사람이 죽음에 아무리 근접한 상태라도 그는 살아 있는 것이지 죽은 것은 아닙니다. 따라서 한 사람이 죽기 전에 단말마의 고통에 시달릴지라도 그 고통은 그 사람이 살았을 때의 고통인 것입니다.

설혹 죽음을 살아 있음과 죽어 있는 상태 사이에 시간의 경과가 요구되는 과정이라는 것을 받아들여도 죽음은 나쁜 것이 아닐 것입니다. 죽음의 과정에 있는 인간은 의식이 없을 것이고, 있다고 해도 자신과 주위의 변화를 인지할 수 없는 상태일 테니까요. 만약 죽음의 과정에 있는 한 사람이 그러한 변화를 지각할 수 있다면 그는 살아 있는 것이지 죽음의 과정에 있는 것은 아닐 것입니다.

죽음의 과정을 인정하고 그 과정이 고통스럽고 괴로운 과정이라 가정해서, 죽는 과정이 나쁜 것이므로 죽음은 나쁜 것이라고 주장할 경우 그 주장은 우리가 문제 삼고 있는 "죽음은 나쁜 것인가?"라는 문제와 무관할 것입니다. 우리의 논의에서 핵심적인 문제는 죽어서 무로 돌아가는 것이 죽는 당사자에게 나쁜 것인가 하는 것이지 죽음에 이르기까지의 고통이나 괴로움과 관련된 것은 아니기 때문입니다.

중관 ─ 선생님의 말씀처럼 죽는 동안에 죽음의 해악이 발생한다는 제 생각은 성립하지 않을 것 같습니다. 죽음이 시간의 경과가 요구되는 과정이라고 한다면, 극단적으로 말해서 태어나서 죽을 때까지의 기간도 죽음의 과정이라 간주될 수 있을 테니까요.

또한 죽음은 죽는 당사자에게 나쁜 것이 아니라는 에피큐리언 견해는 엄밀하고 명료한 논리적 추론 과정으로부터 도출된 귀결이라는 사실도 부인할 수 없을 것 같습니다. 그러나 저는 여전히 죽음은 죽는 당사자에게 해악을 끼치는 사건이라는 상식적이고 건전한 직관을 버릴 수 없습니다. 철학 이론이 옳고 실용적이기 위해서는 우리가 가진 상식적이고 건전한 직관을 설명해 줄 수 있어야 합니다. 에피큐리언 견해는 우리의 상식적이고 건전한 직관과 모순됩니다.

후평 ─ 이 선생은 죽음이 죽는 당사자에게 나쁜 것이라는 생각을 가지고 있지요. 그 생각을 상식적이고 건전한 직관이라고 간주했고요. 그러나 내 생각으로는 이 선생이 가진 직관은 상식적일지는 몰라도 건전하지는 않을 것 같습니다.[5] 직관의 내용이 참이 아니라면 그 직관은 건전하지 못할 것입니다. 이 선생의 직관과 근본적으로 모순되는 에피큐리언 견해는 실제로 참인 전제들로부터 타당한 추론 과정을 거쳐 도출된 참인 결론입니다. 따라서 에피큐리언 견해와 모순 관계에 있는 '죽음은 죽는 당사자에게 나쁜 것'이라는 이 선생의 직관은 거짓일 것입니다.

 이 선생이 에피큐리언 견해를 반박하기 위해서는 에피큐리언 견해를 도출하기 위해 사용된 전제들이 거짓이라는 것을 보이든가, 에피큐리언 견해의 도출을 위해 사용된 추론 과정이 논리적으로 타당하지 않다는 것을 밝혀야 합니다.

 중관 — 저에게 에피큐리언 견해의 도출에 사용된 명쾌한 논리적 추론 과정에서의 오류를 드러낼 능력이 있을 것 같지는 않습니다. 저는 선생님께 역으로 제안하고 싶습니다. 나름대로 저의 직관을 합리적으로 설명해보겠습니다. 만약 제 설명에 논리적 오류를 포함하여 문제점이 있다면 지적해주십시오.

 후평 — 좋습니다. 시작해보십시오.

 중관 — 저는 오랫동안 문명의 발원지를 포함하여 지구 곳곳을 여행하고자 하는 개인적인 바람을 가지고 있었고, 이를 위해 매달 일정액을 저축하고 있습니다.[6] 또한 저는 빈부의 격차가 줄어들고 지위의 고하를 떠나 누구나 즐겁게 나름대로의 행복을 누릴 수 있는 사회가 된 우리나라를 보기 원하는 초개인적인 바람을 가지고 있습니다. 제가 현재 가지고 있는 이러한 개인적인 욕망이나 초개인적인 바람은 현재까지 실현되지 않았습니다. 따라서 저는 이들을 경험할 수도 느낄 수도 없고 단지 바라고 있을 뿐입니다.

그러나 현재 이러한 개인적인 혹은 초개인적인 욕망을 가지고 있다는 것은 부인할 수 없는 사실입니다. 제가 죽는다면 제가 소유한 욕망은 실현될 수 없을 것이고 따라서 좌절될 것입니다.

후평 ― 나도 지금 소유하고 있는 조그마한 땅을 푸성귀와 나무를 키우며 편히 쉴 수 있는 편안하고 아름다운 농장으로 만들려는 개인적인 욕망을 갖고 있습니다. 또한 나는 우리가 사는 이 사회가 논리와 합리적 사고가 중시되고 상습적으로 거짓말을 일삼는 자들이 득세할 수 없는 사회가 되기를 원하는 초개인적 바람을 가지고 있습니다. 이러한 나의 욕망이나 바람은 현재까지 현실화되지 않았습니다. 대부분의 사람들은 나나 이 선생처럼 개인적인 혹은 초개인적인 욕망을 갖고 있습니다.

한 사람이 죽으면 그가 소유한 이러한 욕망은 그에게 실현되지 않을 것이고, 그가 가진 욕망들은 좌절될 것입니다. 따라서 이 선생의 주장은 "죽음은 죽는 당사자가 소유했던 욕망들을 좌절시킬 것이므로 죽는 당사자에게 나쁜 것이다"라는 말로 정리될 수 있을 것입니다. 이 선생의 주장을 반박하기 위해 조금 전에 사용했던 논리 전개 방식을 사용할 수밖에 없을 것 같습니다. 죽음은 욕망을 좌절시킬 것이고 한 사람의 욕망이나 바람이 좌절된 것은 그 당사자에게 나쁜 일일 것입니다. 그러나 욕망이 좌절된 것은 언제입니까?

이 선생이 생존해 있는 동안에는 이 선생이 살아 있으므로 이 선생이 가진 욕망이나 바람이 좌절된 것이 아닙니다.[7] 또한 이 선생이 죽고 난 후도 아닐 것입니다. 이 선생이 죽고 난 후에는 좌절을 겪을 당사자가 존재하지 않으니까요.

중관 — 에피큐리언 견해를 옹호하기 위해 선생님께서 사용하신 추론에서 결정적인 역할을 하는 것은, 어떤 사건이 한 사람에게 영향을 끼치려면 그 사람이 그 사건을 경험해야 한다는 경험 조건과 그 사건을 경험하는 당사자가 존재해야 한다는 존재 조건입니다. 그러나 저에게는 경험 조건과 존재 조건이 지나치게 강조된 것으로 보입니다.

실제로 한 사람이 일정한 사건이 발생한 장소에 있을 수 없고 따라서 그 사건을 경험할 수 없어도 그 사람에게 나쁜 사건이라고 할 수 있는 경우가 있지 않을까요?[8]

예를 하나 들어보겠습니다. 저는 신혼여행을 제주도로 갔습니다. 첫날밤을 서귀포 해안가에 위치한 한 호텔에서 보냈습니다. 그런데 제가 묵은 호텔의 침실에 카메라가 설치되어 있어서 첫날밤에 치러진 저와 제 아내의 적나라한 성행위 모습이 불법 촬영되었고, 모종의 경로를 통해 인도양의 작은 섬의 주민들에게 유포되었다고 가정하겠습니다. 또한 이러한 사실이 저와 제 주변 사람들은 물론 저에게 이 사실을 알릴 가능성이 있는 어느 누구에게도 알려지지 않았습니다.

저는 그곳에서 이러한 일이 벌어지고 있는지 모르므로 그 이름 없는 섬을 방문할 계획도, 여비를 충당할 의향도 없습니다. 따라서 그 조그만 섬에서 제 성행위 장면이 포르노로 상영되고 있다는 사실을 경험할 수도, 그 사실이 벌어지고 있는 현장에 있을 수도 없습니다. 그러나 이 경우 인도양의 조그만 섬나라에서 저의 성행위 모습을 담은 필름이 유포되고 있다는 사실은 현재 이곳에 살고 있는 저에게 용인될 수 없는 일입니다. 따라서 일정한 사건이 한 사람에게 나쁜 일인가를 판단하는 데 경험 조건과 존재 조건이 필수적으로 요구되지는 않을 것입니다. 경험 조건과 존재 조건이 한 사건이 당사자에게 나쁜 것인가를 결정하는 데 필수적으로 요구되는 것이 아니라면 죽음은 죽는 당사자에게 나쁜 것이라는 저의 직관이 옹호될 수 있을 것 같습니다.

    제 직관이 옳다는 것을 다시 한번 설득해보겠습니다. 선생님도 아시다시피 저에게는 장성한 두 딸이 있습니다. 이들은 큰 말썽 없이 자라서 교양 있는 아름다운 숙녀로 성장했습니다. 남편과 딸을 위해 헌신하는 아내와 제 두 딸은 저에게 기쁨과 행복을 주는 원천입니다. 저는 제가 누리고 있는 행복이 미래에도 계속되기를 원합니다. 아마도 얼마 지나지 않아 저의 두 딸은 결혼할 것이고 저에게 손자들을 안겨주겠지요. 손자들은 저에게 새로운 기쁨과 행복을 줄 것입니다. 만약 제가 지금 죽는다면 미래에 제가 누릴 수 있는 이러한 행복들은 박탈될 것입니다. 물론 제가 지금 죽는다면 저는 미래에 제가 누릴 행복이 박탈되는 것을 경험할 수도 행복의 박탈을 당할 수도 없습니다. 죽기 전까지는 미래에 누릴 행복이 박탈된 것이 아니고 죽고 난 후에는 행복의 박탈을 당한 주체인 저 자신이 존재하지 않을 테니까요. 그러나 제 죽음은 죽지 않았으면 누렸을 저의 행복을 앗아갑니다. 경험 조건과 존재 조건의 성립 여부를 떠나, 죽지 않았으면 누렸을 저의 행복이 박탈되는 것은 나쁜 일이 아닐까요?[9]

후평 — 자신의 직관을 옹호하기 위한 이 선생의 시도를 검토하기 전에, 우선 한 사건이 경험 조건과 존재 조건을 만족시키지 않지만 당사자에게 나쁠 수 있다는 것을 보이기 위해 이 선생이 제시한 예에 대해 이야기하고 싶습니다.

이 선생은 자신의 성행위 장면이 녹화된 필름이 이름 없는 조그만 섬에서 유포되고 있다는 사실은 이 선생 자신에게 나쁘다고 주장했습니다. 그러나 만약 내가 이 선생이 묘사한 상황에 처해 있어서 그 조그만 섬에서 나의 성행위 장면을 담은 포르노가 유통되고 있더라도 내가 죽기 전까지 나와 나에게 영향을 줄 수 있는 사람들에게 그러한 사실이 알려지지 않는다면 나는 개의치 않을 것 같습니다. 내가 살아 있는 동안에는 인도양의 조그만 섬에서 그런 일이 진행되고 있다는 사실을 나와 나에게 영향을 끼칠 수 있는 사람들은 모를 것이고, 따라서 나에게 그 사건이 어떠한 영향도 끼칠 수 없을 테니까요.

또한 이 선생이 제시한 예와 죽음의 경우는 핵심적인 성격이 근본적으로 다릅니다. 이 선생의 예에서 인도양의 조그만 섬에서 이 선생의 성행위 장면을 담은 포르노가 유포되고 있는 순간에 이 선생 자신은 살아 있습니다. 따라서 이 선생에게 그 사건이 알려질 최소한의 가능성은 항상 열려 있습니다. 예를 들자면, 가능성은 희박하겠지만, 이 선생이 주인공인 포르노를 본 그 섬의 주민이 한국을 방문하여 이 선생을 우연히 만나게 될 수 있습니다. 그러나 죽음의 경우에는 이러한 최소한의 가능성도 열려 있지 않습니다. 이 선생이 살아 있는 동안에는 죽음의 해악이 발생하지 않았고 이 선생이 죽은 후에는 죽음의 해악을 당할 당사자인 이 선생 자신이 존재하지 않으니까요.

이 선생은 자신의 직관을 옹호하기 위해 죽음은 죽지 않았으면 누렸을 행복을 박탈하니까, 죽음이 나쁘다고 주장하고 있습니다. 그러나 죽지 않았으면 누렸을 행복의 박탈이 언제 발생했습니까?

이 선생이 살아 있는 동안은 아닙니다. 죽음이 발생하지 않았으니까요. 이 선생이 죽은 후도 아닙니다. 이 선생이 죽고 나면 행복의 박탈을 경험하고 당한 주체인 이 선생 자신은 존재하지 않을 테니까요.

이 선생의 주장대로라면 자신이 생존하기 시작한 탄생의 순간도 나쁜 것이어야 합니다.[10] 이 선생이 원래 태어난 시간보다 일찍 태어났으면 누렸을 행복을 누리지 못했으니까요. 그러나 우리는 누구도 자신이 원래보다 일찍 태어나지 못한 것이 일찍 태어났으면 누렸을 수 있었던 행복이 박탈된 것이니까 나쁜 것이라 생각하지 않습니다.

인간은 누구나 잠을 잡니다. 우리가 숙면을 취했을 경우 흔히 죽은 듯이 잘 잤다고 말하곤 합니다. 일체의 꿈도 꾸지 않고 중간에 깨는 일이 없이 곯아떨어졌다가 깼을 경우 숙면에 있었던 동안이 완전한 공백으로 느껴질 경우가 있습니다. 죽는 순간 완전한 무의 상태로 돌아간다면 죽음은 영원히 깨지 않는 숙면의 경우와 유사할 것이라 생각합니다. 우리는 잠에 드는 것을 두려워하지 않습니다. 오히려 불면증에 시달리는 사람들의 경우 숙면을 위해 수면제를 복용하기도 합니다.

한 사람이 숙면 도중 일체의 고통 없이 죽었다고 가정합시다. 이 사람의 경우 자신의 죽음을 예상하지 못했을 것입니다. 이 경우 이 사람 자신에게 죽음이 나쁜 것일까요?

중관 — 에피큐리언 견해를 옹호하기 위한 선생님의 논변은 설득력이 있고 논리적입니다. 또한 선생님의 말씀에서 어떠한 논리적 결함도 찾을 수 있을 것 같지 않습니다. 그러나 선생님이 옹호하는 에피큐리언 견해는 사회적으로 좋지 않은 영향을 끼칠 것이라 생각합니다. 이것이 제가 죽음이 죽는 당사자에게 나쁜 것이 아니라는 에피큐리언 견해를 쉽게 수용하지 못하는 이유인 것 같습니다.

후평 — 에피큐리언 견해가 사회에 좋지 못한 영향을 끼칠 거라고요? 왜 그렇게 생각하게 됐나요?

중관 — 에피큐리언 견해는 자살을 정당화할 수 있는 이론적 근거를 제공하는 역할을 할 것입니다. 죽음이 죽는 당사자에게 나쁜 것이 아니라면 동일한 논리로 자살하는 당사자에게 자살은 나쁜 것이 아닐 테니까요.

후평 — 우선 이 선생의 주장에 대해, 진실을 추구하는 것이 우리가 좇아야 할 최고의 가치라는 말을 하고 싶군요. 진실이 외면당하면 우리의 사고와 행동은 의지할 기초를 상실할 테니까요.

이 선생이 제기한 자살의 문제를 다시 한번 살펴봅시다. 자살은 자살하려는 사람에게 사전에 계획된 행동입니다. 따라서 자살하려는 자는 자살로 인한 자신의 죽음이 끼칠 변화를 예상할 수 있습니다. 한 사람이 자신의 목숨을 끊으면 그를 사랑했던 사람은 슬픔을 느낄 것입니다. 또한 그가 아끼고 돌보던 대상들은 그의 죽음으로 인해 고통을 받거나 피해를 입을 것이고, 그가 계획하고 바라던 것들은 모두 좌절될 것입니다. 자살을 하려는 사람은 자살을 계획할 때 자신의 죽음으로 인한 변화를 예상할 수 있습니다. 이러한 변화가 발생하는 것은 자살하려는 당사자에게 나쁜 것입니다. 따라서 자살에 의한 죽음 자체는 당사자에게 나쁜 것이 아니지만, 자살은 자살하려는 당사자에게 나쁜 것이라 할 수 있습니다. 자살하려는 사람은 자신의 죽음에 따른 이러한 변화를 예상할 테니까요.

자살하려는 사람을 아끼고 사랑하는 사람의 수와 그가 아끼고 보살피는 대상의 수가 많고 그의 애정이 깊을수록, 또한 진지하게 추구하고 계획하는 일이 많을수록 그를 사랑하는 사람들의 슬픔과 그가 사랑하는 대상들의 고통 그리고 좌절의 정도는 클 것입니다.

나는 죽음에 대한 에피큐리언 견해가 우리가 어떻게 살아야 할 것인가에 대해 중요한 점을 시사하고 있다고 생각합니다.

개인적 이익만을 추구하는 삶은 결코 우리의 삶을 행복하고 보람되게 할 수 없을 것으로 보입니다. 개인적이고 이기적인 동기에서 얻어진 모든 것은 시간이 경과함에 따라 퇴색되고 허망하게 사라지거나, 이반 일리치의 경우에서 보았듯이 죽음 앞에서는 어떠한 가치도 없을 것이기 때문입니다.

어린 자녀를 둔 많은 학부모가 주위에 대한 관심 없이, 아니 남에게 피해를 주더라도 수단과 방법을 가리지 않고 개인적인 이익을 추구하도록 자신의 자녀를 가르치고 있습니다. 그러나 이러한 부모의 행동은 자식을 불행하고 연약하게 만드는 일입니다. 이기적인 동기에서 얻어진 모든 것은 언제든지 상실될 수 있을 것이고, 이 경우 당사자에게는 그가 아끼는 모든 것이 상실된 것일 수도 있을 테니까요.

이 선생도 인정하겠지만 죽음이 죽는 당사자에게 나쁜 것이 아니라는 에피큐리언 견해는 기본적으로 전제하고 있는 것이 있고, 이러한 전제하에서만 가능한 견해입니다. 그 기본적인 전제는 죽음은 모든 것과의 단절로서 완전한 무로 돌아간다는 것입니다. 우리의 육체적인 죽음 후에도 의식 활동을 하는 무엇인가가 남는다면 에피큐리언 견해를 추론하는 데 핵심적 역할을 하는 경험 조건과 존재 조건이 죽은 후에도 만족될 수 있을 테니까요.

얼마 전 인식론 강의에서 정신 현상과 두뇌 사이의 관계에 대해 강의하고 난 후 학생들에게 육체적인 죽음 후에도 살아남는 영혼의 존재를 믿느냐고 물었던 적이 있습니다. 학생들의 절반 이상이 영혼의 존재를 믿고 있었습니다. 만약 죽은 후에도 인식 활동을 할 수 있는 영혼이 존재한다면 죽음은 죽는 당사자의 영혼에게 좋은 측면이든 나쁜 측면이든 영향을 미칠 것이고 에피큐리언의 견해는 성립하지 않을 것입니다.

중관 ― 저는 육체가 죽은 후에도 존재하며 의식 활동을 할 수 있는 영혼의 존재를 믿지 않습니다. 그러나 제가 믿느냐의 여부를 떠나 육체적인 죽음을 초월한 영혼은 존재할 수도 있습니다.

제가 살아 있는 동안에는 죽은 후의 모습이나 변화를 경험할 수 없습니다. 근본적으로 사후 세계는 미지의 세계입니다. 따라서 우리의 육체적인 죽음 이후에 우리가 완전한 무로 돌아가는 것이 가능한 것처럼, 의식 활동을 하는 실체인 영혼이 존재하는 것도 논리적으로는 가능한 일입니다.

에피큐리언 견해를 옹호하는 선생님의 논리에 설득되어 가면서 삶이 허무하다는 생각을 지울 수가 없었습니다.

에피큐리언 견해처럼 죽는 순간 우리는 모든 것과의 단절인 무로 돌아가며, 따라서 죽음이 죽는 당사자에게 아무것도 아니라면 저 자신만을 위한 장기적인 계획은 모두 헛되고 부질없는 일일 것입니다. 아마도 이것이 고대 시대로부터 많은 사람들이 영혼의 존재를 믿어왔던 이유일 것입니다. 어찌 보면 육체적 죽음을 초월하여 살아남을 수 있는 영혼의 존재는 인간 삶의 허무함을 극복하기 위해 요청되는 요소일지도 모르겠습니다.

후평 — 나도 죽고 난 후에도 인식 활동과 의식 행위를 할 수 있는 영혼이 존재하기를 바랍니다. 육체적인 죽음 이후에 어떠한 변화가 있을 것인가를 알 수 있을 것이고, 영혼이 영원히 존재할 수 있다면 톨스토이나 에피쿠로스도 만날 수 있을 테니까요.

논리적인 측면으로만 볼 때 육체적 죽음을 초월한 영혼의 존재는 가능할 것으로 보입니다. 영혼의 존재를 인정하는 것 자체가 논리적 모순을 야기할 것으로 보이지는 않으니까요. 그러나 물리적으로 봤을 때는 육체가 죽고 난 후에도 살아남는 영혼이 존재할 가능성은 없을 것이고, 형이상학적으로도 불가할 것으로 보이는, 도저히 받아들일 수 없는 가능성입니다.

영혼에 대해 이야기할 때 떠오르는 생각 중 하나는 어렸을 때 재미있게 읽었던 만화에 등장하는 로봇입니다. 이 선생은 혹시 어린아이가 거대한 로봇의 눈 부분에서 로봇을 조종하는 만화를 기억합니까?

중관 — 저도 그 만화를 즐겨 보았습니다. 그 로봇은 마징가제트이고, 그 로봇을 조종하는 어린이의 이름은 '쇠돌이' 아니면 '철이'일 것입니다.

　　후평 ─ 이 선생의 기억이 정확한 것 같습니다. 편의상 마징가제트를 조종하는 아이의 이름이 '쇠돌이'라고 합시다. 만화에서 쇠돌이는 로봇을 조종하며 지구의 평화를 위협하는 악의 무리를 처단합니다. 마징가제트와 같은 로봇의 출현은 물리적으로 가능할 뿐 아니라 우리들의 의지와 실용성만 있다면 얼마든지 현실화시킬 수 있는 가능성입니다.
　　마징가제트가 악의 무리와 싸우다가 수리가 불가능할 정도로 크게 부서졌지만, 다행히 마징가제트를 조종한 쇠돌이는 무사했다고 가정해봅시다. 이 경우 쇠돌이는 제 기능을 못하게 된 마징가제트를 보며 안타까워했겠지만 결국 마징가제트를 조종하던 곳에서 벗어나서 자신이 해야 할 다른 일을 하게 될 것입니다. 만약 육체적 죽음을 초월할 수 있는 영혼의 존재를 인정하면 로봇인 마징가제트는 인간과 유사한 측면이 있습니다.
　　얼마 전에 세상을 떠난 이 선생 친구를 예로 들어봅시다. 그가 살아 있는 동안 쇠돌이가 마징가제트의 눈에 해당하는 부분에서 조종을 했듯이 그의 영혼은 그의 몸 안에서 그를 조종했습니다. 또한 그가 죽고 난 후 쇠돌이가 파괴된 마징가제트의 몸에서 벗어나듯이 그의 영혼은 자신이 머물렀던 몸을 떠났을 것입니다. 조금 전에 말했듯이 마징가제트의 경우는 쉽게 상상할 수 있고, 언제라도 현실화될 수 있는 가능성입니다. 어찌 보면 마징가제트는 첨단화된 전투기에 불과하고 쇠돌이는 살아 있는

인간이니까요.[11]

　　이 선생 친구의 경우는 어떨까요? 생존 당시 그의 영혼은 그의 몸 안에 있었습니다. 따라서 그가 살아 있는 동안 그의 영혼은 물질로 이루어진 다른 개체들처럼 4차원 세계의 일정한 부분에 위치하고 있었던 것입니다. 그렇다면 이 선생 친구의 영혼은 물질로 구성된 실체인가요?

　　영혼이 물질일 수는 없을 것 같습니다. 만약 영혼이 물질이라면 인간은 두 종류의 물질이 밀접하게 결합되어 있다가 한 종류의 물질이 죽는 순간 해체되어 홀로 존재할 수 있는 물질이어야 합니다. 또한 영혼이 물질로 구성되어 있다면 영혼도 우리가 살고 있는 물리적 세계의 법칙에 종속될 수밖에 없을 것입니다. 마징가제트를 조종하던 쇠돌이는 결국에는 죽을 것입니다. 쇠돌이는 물질로 구성된 인간이니까요. 마찬가지로 영혼이 물질이라면 영혼도 우리가 살고 있는 우주의 자연법칙에 따라 변화를 거듭하고 결국에는 제 기능을 상실하고 사라질 것입니다.

　　중관 ─ 영혼이 물질일 수는 없을 것입니다. 현대 과학에 의하면 정신 현상을 관장하는 몸의 부분은 뇌입니다. 몸의 다른 부분으로부터 분리되면 뇌는 더 이상 살아남을 수 없습니다. 정신 현상을 관장하는 영혼이 물질로 구성되었다면 영혼은 뇌와 유사한 운명을 맞을 것입니다. 또한 영혼이 물질이라면 영혼도 자연과학의 탐구 대상이 되어야 할 것입니다.

　　데카르트는 개인적으로 영혼의 존재를 믿지 않으면서도

영혼에 대해 비교적 구체적으로 설명하려 시도했던 대표적 철학자일 것입니다. 공자 앞에서 문자 쓰는 격이 될지 모르지만 데카르트는 이원론자입니다. 그에 의하면 인간은 영혼과 육체라는 전혀 다른 두 개의 실체로 구성된 존재입니다. 육체는 물질인 반면 영혼은 물리적 세계의 지배를 벗어난 비물질로서 육체를 벗어나서도 영원히 존재하는 실체입니다.

후평 — 데카르트에 의하면 영혼은 연장성(공간 속에 위치하고 그것의 일정한 부분을 차지하는 성질)이 없습니다. 따라서 모양도 형체도 없으므로 시공간의 일부를 점유할 수 없습니다. 그러나 인간이 살아 있는 동안 영혼이 인간을 조종하기 위해서는 연장성이 없는 영혼은 4차원 우주 속의 일정한 곳에 위치하고 있는 물질로서의 육체에 존재하거나 최소한 그러한 육체와 밀접한 관계를 갖고 상호작용 해야 합니다. 한 인간의 육체가 죽고 난 후에 영혼은 물질인 육체에서 분리되어 어딘가에서 존재해야 합니다. 도대체 비물질인 영혼은 어디에 존재할 수 있을까요? 개인적으로 사람이 죽고 난 후 영생하며 인식 활동과 의식 행위를 하는 영혼의 존재를 믿는 것은 화성의 지하에 우리와 같은 인간들이 살고 있는 지하 왕국이 있다고 믿는 것보다 불합리한 것으로 보입니다.

영혼의 존재를 인정한다고 해도, 영혼에 대한 지식은 인간에게 근본적으로 차단되어 있습니다.[12] 영혼은 연장성이 없는 비물질이므로 우리는 영혼을 볼 수도, 만질 수도, 냄새를 맡을 수도, 맛을 볼 수도 없기 때문입니다. 즉, 영혼은 관찰의 대상도, 확인의 대상도 될 수 없는 근본적인 불가지의 대상입니다.

우리는 과학 문명의 시대에 살고 있습니다. 최근 과학의 발전은 경이로울 정도입니다. 정신 현상과 뇌 사이의 관계가 밝혀지기 시작했고 인간의 유전자 지도가 그려지고 있습니다. 그러나 이러한 과학 문명의 시대에도 영혼과 사후 세계에 대한 불합리하고 반이성적인 일들이 성행하고 있습니다. 전생을 알기 위해 퇴행 최면을 한다거나 지성의 전당인 대학가에 사주 카페가 늘어서 있다거나 인터넷을 통해 운명을 점치는 일 말이지요. 나는 이러한 일은 대부분의 경우 인간의 허약함을 이용한 사기극에 불과하다고 생각합니다. 영혼이나 천당과 같은 사후 세계가 존재한다고 해도, 그것들은 인간의 인식 한계를 벗어난 불가지의 대상일 테니까요.

어찌 보면 영혼과 사후 세계에 대한 믿음은 인류의 역사와 함께 시작되었다고 볼 수 있을 것 같습니다. 종교는 삶의 허무함을 극복하기를 바라는 인간의 요구를 충족시키기 위한 시도라 할 수 있을 것입니다. 대부분의 종교는 육체적 죽음을 초월하는 영혼의 존재와 천당 같은 사후 세계를 믿고 받아들입니다. 앞에서 말했듯이 영혼이나 사후 세계는 근본적으로 산 자에게는 알려질 수 없는 미지의 대상입니다. 어떤 종교를 믿건 종교인들이 가진 신앙은 지식이 아니라 그가 속한 사회와 문화 속에서 형성된 단순한 믿음에 불과합니다. 따라서 종교인은 영혼이나 사후 세계에 대한 자신의 무지를 인정하고 겸손할 줄 알아야 합니다. 특히 다른 사람의 믿음이나 신앙을 자신의 신앙처럼 존중해야 하고 자신의 행동이 다른 사람에게 해가 되지 않도록 행동해야 할 것입니다.

중관 — 선생님의 말씀처럼 과학 문명의 시대에 부조리하고 비합리적인 일들이 성행하는 것은 아이러니하면서도 개탄스러운 일입니다.

이렇게 이야기를 나누다 보니 문득 얼마 전에 읽었던 이야기가 떠오르는군요. 핵심만을 요약하면 영혼과 사후 세계에 대한 믿음은 설혹 영혼과 사후 세계가 존재하지 않는다 해도 믿는 당사자에게 손해가 될 수 없으므로, 믿져야 본전이니까 이들의 존재를 믿는 것이 현명한 선택이라는 것입니다.

선생님의 말씀처럼 영혼이나 사후 세계는 산 사람에게는 알려질 수 없는 미지의 대상입니다. 따라서 육체적 죽음은 모든 것과의 단절이고 완전한 무로 돌아가는 것이라는 저나 선생님의 생각이 가능한 것처럼, 죽음을 초월할 수 있는 영혼과 사후 세계가 존재하는 것도 논리적으로 가능합니다. 삶의 허무함을 느끼는 사람들이 영혼이나 사후 세계를 믿게 되면 위안을 받을 수 있을 것입니다. 따라서 제가 읽었던 책에서의 주장처럼 비록 영혼과 사후 세계에 대해 알 수 없을지라도 이들의 존재를 믿는 것이 현명한 선택이 아닐까요?

후평 — 다시 한번, 진실의 추구를 포기할 경우 우리의 사고나 행동은 키를 잃은 배처럼 의지할 기반을 잃게 될 것이라고 말해두고 싶네요.

종교는 많은 긍정적인 측면을 가지고 있습니다. 대부분의 종교에서 인정하는 죽음을 초월할 수 있는 영혼에 대한 믿음과 천당이나 극락과 같은 사후 세계에 대한 믿음은 현실의 고통과 죽음의 두려움에 시달리는 사람들에게 위안을 줄 수 있을 것입니다. 또한 건전한 종교는 이웃에 대한 사랑을 가르치거나 실천하기도 합니다. 그러나 종교적인 믿음은 자신이 속한 사회와 문화로부터 자연스럽게 생겨난 소박한 신앙이어야 합니다.

이 선생이 읽은 책의 주장처럼, 한 사람이 밑져야 본전이라는 생각에서 한 종교를 선택하여 믿기로 했다고 합시다. 그의 신앙의 기반은 취약할 수밖에 없을 것입니다. 그가 선택한 종교에 대한 그의 믿음은 종교적인 깨달음이 아니라 장사꾼과 같은 이해타산에 따른 결과이기 때문입니다. 그는 자신의 선택을 계속 유지하기 위해 그 취약한 신앙 기반을 보완해줄 방법을 강구할 것이고, 결국 그 종교 안에서의 세 불리기나 편 가르기가 수반된 맹목적인 믿음으로 귀결될 공산이 큽니다.

종교가 건전하고 합리적인 자기반성 없이 맹신에 의지할 경우 인류 사회에 해악을 끼칠 가능성이 높습니다. 수많은 인간의 생명을 앗아간 십자군 전쟁이나 중동전쟁, 9.11 사태 같은 것들이 그 대표적인 예입니다.

맹목적인 신앙을 가진 사람들이 두드러지게 보이는 모습 중 하나는 자신이 가진 신앙은 중시하는 반면, 다른 신앙을 무시하거나 심지어는 증오의 대상으로 삼는다는 것입니다. 수십 명의 신도밖에 없는 종교 집단이 자신의 세를 과시하기 위해 수천 명이 운집해도 여유 있을 만큼 큰 궁전 같은 건물을 건축하거나, 다른 종교들의 시설물을 방화하거나 파괴하기도 합니다.

종교적인 맹신과 관련된 사례를 하나 들어보겠습니다. 1954년 미국에서 실제로 발생한 사건입니다. 비행접시를 타고 우주를 여행하는 외계인의 존재를 믿는 미국의 한 사이비 종교의 지도자 메리언 키치(Marian Keech)는 12월 20일에 지구가 멸망할 것이고, 자신을 따르는 신도들은 지구의 멸망 직전에 외계인이 비행접시로 대피시킬 것이라 예언합니다. 종말이 예정된 순간 그녀를 믿는 신도들은 가족을 포함하여 자신이 소유한 모든 것을 포기하고 한자리에 모여 비행접시를 기다렸습니다. 그러나 약속된 시간이 한참 지나도 지구의 종말이 시작되지도 비행접시가 나타나지 않았고, 그녀를 맹신하는 신도들은 혼란과 불안에 휩싸이게 되었습니다. 이때 메리언 키치는 신이 신도들의 신심에 감복해 지구를 멸하지 않기로 했다는 새로운 계시를 내리고 신도들은 다시 그녀의 말을 믿게 됩니다.

합리적이고 고뇌에 찬 자기반성이 없는 맹목적인 신앙은 집단 최면과 그리 다르지 않을 것 같습니다. 맹신은 논리적이고 합리적으로 사고하는 지성의 눈을 멀게 하고 그 결과 야만적인 행동이 나타나게 합니다.

평생을 가난하고 핍박받는 사람들을 헌신적으로 돌보며 살았던 테레사 수녀도 자신의 신앙에 회의를 느껴 고뇌에 찬 말년을 보낸 것으로 알려져 있습니다. 이것이 바람직한 종교인의 모습일 것입니다.

중관 — 저도 선생님처럼 영혼과 사후 세계의 존재를 믿지 않습니다. 제가 이들의 존재를 믿지 않는 이유는 제가 가진 건전한 상식에 어긋나고, 인간을 과학적 탐구와 이해가 불가능한 신비스러운 존재로 만들기 때문입니다.

그러나 과학적으로 설명되지 않는 심적 현상이 있는 것은 엄연한 사실로 보입니다. 일부의 종교인과 심령 현상을 탐구하는 일부의 학자는 이러한 현상을 영혼과 사후 세계의 존재를 보이는 증거라 간주하고 있습니다.

후평 — 영혼과 사후 세계의 존재를 보이는 증거로 간주되는 현상들이 어떤 것입니까?

중관 — 아마존 정글에서 선교 활동을 한 퍼시 콜렛(Percy Collett)과 같은 지성을 갖춘 종교인이 자신이 체험한 사후 세계에 대해 기록하고 있습니다.[13] 퍼시 콜렛은 아마존 정글에서 선교 활동과 의료봉사로 평생을 헌신한 의사입니다.《티베트 사자의 서》나《이집트 사자의 서》와 같은 책들은 육체적 죽음 이후의 사후 세계를 다룬 고전입니다. 또한 퇴행 최면을 통한 전생 체험과 빙의 현상, 그리고 죽었다 살아난 사람들의 사후 세계에 대한 보고와 같은 것들이 그러한 예일 것입니다.

후평 — 일부 종교인이나 소위 심령 과학자라 불리는 사이비 학자들이 영혼과 사후 세계가 존재한다는 증거로 제시하는 예들에 대해 개인적으로 할 말이 많습니다. 그러나 이 자리에서 그러한 혼란되고 부조리한 예들과 관련된 논란에 개입하고 싶지 않습니다. 이 선생과 한참 대화를 했더니 피곤하기도 하네요.

이 문제와 관련해서는 한마디만 하겠습니다. 조작이나 사기극이 아니라 해도 이러한 예들은 모두 인간이 살아 있는 동안에 체험한 내용이 살아 있는 사람의 입을 통해 보고되고 기록된 것이라는 점입니다. 한 사람이 유니콘과 대화하는 꿈을 꾸었다 합시다. 이 사람이 자신의 꿈을 이야기한 것이 말하는 유니콘의 존재를 입증하는 증거로 간주될 수 있을까요?

밤이 깊었습니다. 서울로 가는 막차를 타려면 서둘러야 할 것 같습니다.

새로운 대화

관찰자 상대적인 시간 속에서도
에피큐리언 견해는 성립하는가

후평 — 오늘은 세 번째 대화에서 다루고 있는, 죽음은 죽는 당사자에게 좋은 것도 나쁜 것도 아니라는 에피큐리언 견해를 좀 더 살펴보겠습니다.

먼저 이 선생에게 한 가지 질문을 하겠습니다. 10년 전 이 주제에 대한 토론을 시작할 때 이 선생은 죽으면 죽은 당사자의 모습은 처참하게 변할 것이고 이것은 죽음이 당사자에게 나쁜 것으로 취급되야 하는 이유 중 하나라는 의견을 견지했습니다. 아직도 같은 의견을 고수하고 있는지요?

연기(緣機)란 무엇인가?

중관 — '아름답다'거나 '더럽고 추하다'는 등의 느낌은 일정한 문화 속에서 경험을 쌓아가며 살면서 자연스럽게 얻어진 것이라 생각합니다. 10여 년간 출가 생활을 하면서 겪은 온갖 험한 경험들은 이전에 제가 가지고 있던 미추의 판단 기준에 많은 영향을 끼쳤을 것입니다. 또한 지금 저는 한 인간이 태어나서 죽는 것은 인연에 따라 뭉친 것이 다시 흩어진 것에 불과하다는 연기설(緣起說)을 받아들이고 있는 출가자입니다. 한 인간이 죽은 후에 부패해가는 모습이 그리 유쾌하지 않다는 생각은 여전합니다. 그러나 이제 제게 죽은 후에 변해가는 모습이 처참하다는 느낌은 이전처럼 강렬할 것 같지는 않습니다. 그리고 염습사가 아닌 이상 대부분의 사람들은 죽은 후 변해가는 사체의 모습을 지켜볼 일도 없고 특별히 보기를 원하지도 않을 테지요. 저도 그렇고요.

  매장이나 화장처럼 죽은 후의 사체를 다루는 다양한 장례법이 있습니다. 시신을 땅속에 묻는 매장과 불로 태우는 화장이 가장 대표적인 장법일 것입니다. 우리나라에서는 얼마 전만 해도 매장이 주류였으나 현재는 열에 아홉은 화장을 선호한다 합니다. 유교식으로 매장을 중시했던 한민족의 장법이 이렇게 바뀐 것은 다른 이유도 있겠지만 최근 우리 사회의 분위기가 고유한 전통을 지키는 데는 소홀한 쪽으로 흐르기 때문이지 않나 싶습니다.

  매장과 화장 외에도 풍장(風葬), 수장(水葬), 조장(鳥葬) 등이 현재도 시행되고 있는 장법들입니다.

  후평 — 다른 장법들은 들은 적이 있는 장법이지만 풍장과 수장은 낯설군요. 어떤 것들이죠?

중관 — 풍장이란 죽은 사체를 지상의 바위나 나무 위에 안치하고 비바람을 맞으며 자연스럽게 부패해 사체가 소멸되게 하는 장법입니다. 일부 아메리카 원주민의 전통적 장법으로 알려져 있고, 우리나라에서도 풍장과 유사한 장법이 시행되었던 것으로 알려져 있습니다. 남해와 서해의 도서 지방에서는 초분(草墳)이라는 장례 풍습이 행해졌는데 사체를 돌 축대나 평상 등에 올려놓고 이엉으로 덮어놓은 지 2, 3년 후 유골을 수습하여 다시 매장하는 장법입니다.

수장은 죽은 사체나 화장 후의 뼛가루를 물속에 넣는 장법입니다. 사체를 처리하는 가장 간단한 방법 중 하나이고 남태평양의 마셜제도나 폴리네시아, 인도와 티베트 등 다양한 곳에서 행해졌던 것으로 알려져 있습니다.

풍장은 죽은 시신을 그대로 방치하는 것과 같습니다. 따라서 풍장의 경우 이소노가미의 책《윤회와 전생》에서의 죽은 후 사체의 변화하는 모습에 대한 처참한 묘사가 그대로 적용될 수 있을 것입니다. 매장의 경우 까마귀와 같은 날짐승들과 쥐와 같은 들짐승들로부터 사체의 훼손을 막을 수 있다는 것을 제외하면 풍장처럼 장시간에 걸쳐 그리고 자연스럽게 사체가 소멸되게 하는 장법입니다. 수장의 경우도 사체의 분해를 담당하는 것이 물에 사는 생물이라는 차이 외에는 장시간에 걸쳐 자연스럽게 사체가 변화된다는 점에서는 풍장이나 매장과 흡사합니다.

풍장과 대비되는 차이점은 매장과 수장의 경우 시간의 경과에 따라 변하는 사체의 모습을 직접 관찰할 수 없다는 것입니다. 개인적으로 매장과 수장은 죽은 자보다는 산 자를 우선적으로 고려한 장법이 아닌가 생각됩니다.

사체를 불로 태우는 화장과 사체의 처리를 새들에게 맡기는 조장은 짧은 시간에 사체를 소멸시키는 장법입니다. 화장은 힌두교와 불교 문화권에서, 조장은 조로아스터(Zoroaster)에 의해 창시된 조로아스터교(배화교拜火敎)를 믿는 서인도 지방 신자들과 일부 티베트 불교에서 행해지던 장법입니다. 다양한 장법 중 일반 사람들에게 가장 처참하게 보일 장법은 조장일 것입니다. 네팔의 북서 지방에 사는 티베트인들은 사람이 죽으면 사체를 높은 산 중턱까지 운반하여 발가벗긴 후 사체의 머리를 서쪽으로 향하게 안치합니다. 승려들이 향을 피우고 불경을 낭송하기 시작하면 집도자인 라마승은 새들을 불러 모으기 위해 사체의 늑골 아래 부위를 자르고 손으로 꺼낸 내장을 주위에 뿌립니다. 이어서 큰 돌로 두개골을 부수고 새들이 쉽게 먹을 수 있도록 사체를 칼이나 도끼로 토막 내 해체합니다. 이러한 의식이 끝나면 조장에 참여했던 사람들은 산에서 내려오고 독수리와 까마귀 같은 새들이 사체를 뜯어 먹기 시작합니다.

뼈와 살을 토막 내서 새의 먹이로 주는 이러한 장례 의식의 모습이 우리와 같은 외부인에게는 처참하고 야만적으로 비칠 수 있습니다. 그러나 하늘을 신성시하고 새들이 하늘과 가장 가까운 존재라 생각하여 새의 고기나 달걀도 먹지 않는 티베트인들에게 조장은 신성하고 장엄한 장례 의식입니다. 선생님께서는 조장이라는 장례 의식에서의 모습이 처참하고 두려운 광경이라고 느끼십니까?

후평 — 오래전에 조장을 다룬 다큐멘터리 영화를 본 기억이 납니다. 유쾌하지는 않았지만 처참하거나 두려운 느낌은 없었던 것으로 생각합니다. 오히려 언젠가는 닥칠 죽음이라는 사건과 이를 어떻게 대처해야 할 것인가에 대해 다시 생각하게 하는 계기를 만들어주었던 것 같습니다.

내가 본 감명 깊었던 영화 중 하나가 콘래드(Joseph Conrad)의 소설을 영화로 만든 해양 영화 〈로드 짐(Lord Jim)〉입니다.[14] 이 영화에서 지금도 선명하게 남아 있는 장면은 머물던 부락의 추장에게 총살당해 죽은 주인공 로드 짐의 장례 의식입니다. 온갖 아름다운 꽃으로 장식된 조그만 배의 가운데에 화장을 위한 장작더미가 쌓여 있고 그 위에 로드 짐의 시신이 안치되어 있습니다. 이윽고 장작더미에 불이 붙고 로드 짐의 시신과 함께 불길에 휩싸인 배는 안개가 자욱한 수면에서 물속으로 서서히 사라집니다. 당시에 이 광경은 나에게 두려움이나 공포심보다는, 처절한 아름다움을 느끼게 해주었던 것 같습니다. 어디선가 파푸아뉴기니의 일부 부족들에게는 조상이 죽으면 그 시신을 후손들이 나누어 먹는 풍속이 있었다는 이야기를 읽었던 기억이 납니다. 허용될 수 없는 야만적인 식인 풍습이라고 치부할 수 있겠지만, 조상들의 시신을 온갖 짐승이나 벌레들에게 맡기지 않고 스스로 해결하겠다는 후손들 나름의 진지하고 숭고한 마음이 드러나는 장례 풍속이라 볼 수도 있을 것입니다.

어떠한 장례 의식이든 일정한 문화 속에서 살아가면서 형성된 풍습과 사생관이 융합된 결과로 나타난 것이라 할 수 있습니다. 따라서 일정한 문화와 믿음 체계에 입각해서, 생소하고 익숙하지 않은 다른 장례 의식을 야만적이고 잔인하다고 폄훼하거나 비난해서는 안 될 것입니다.

중관 — 한 인간의 태어남과 죽음을 포함하여 만사는 인연에 따라 뭉치고 흩어짐에 불과합니다. 《반야심경(般若心經)》에 이러한 구절이 나옵니다.

不生不滅: 생겨나지도 멸하지도 않고
不垢不淨: 더럽지도 깨끗하지도 않으며
不增不減: 늘어나거나 줄지도 않는다

육체적 죽음의 공포나 두려움을 극복했음은 물론 죽음을 희화화하기도 했던 선사들의 이야기가 전해지고 있습니다. 자신의 죽음을 예지하고 미리 준비했던 선사들이 여럿 있었고 이 중 일부는 제자들의 부탁을 받아들여 자신의 죽음을 며칠간 연기하기도 했다 합니다. 중국의 한 노승은 화장 후 수습된 사리를 중시하는 당시 불가의 전통을 비웃듯 깊은 산속에서 열반하여 짐승의 먹이가 되기를 원했고, 다른 승려는 가부좌한 채로 열반에 드는 것을 중시했던 당시 불가의 전통을 깨고 물구나무선 채로 입적했다고 합니다. 몇십 년 전이기는 하지만 그래도 비교적 최근에 한 승려의 소신공양(燒身供養)이 커다란 사회적 반향을 일으켰습니다.[15] 경기도 안성에서 칠장사 요사채를 방화하고 그곳에서 불타 죽은 자승이란 중의 이야기를 하는 것이 아닙니다. 베트남에서 당시의 독재 정권인 디엠 정권의 불교 탄압에 맞서 소신공양한 사건이 실제로 벌어졌습니다. 1963년에 무문관 수행을 마친 베트남의 노승 틱꽝득 스님이 사이공에 있는 캄보디아 대사관 앞마당에 가부좌를 틀고 앉아 머리부터 뒤집어쓴 휘발유에 스스로 불을 붙여 분신한 사건입니다. 이 모습은 사진과 영상을 통해 전 세계에 알려졌는데, 영상으로 볼 때 몸이 타들어가는 와중에도 가부좌를 풀지 않았음은 물론 고통에 따른 신음이나 얼굴의 찡그림조차 없었습니다.

불가의 일부 선승들에게 육체적 죽음을 초월했다고 해야 할 이런 행동이 가능했던 것은 생과 사가 인연에 따라 뭉치고 흩어지는 것에 불과하다는 연기법을 깨우치고 체화한 결과일 것입니다.

후평 — 사람이 죽으면 맛있는 음식을 먹고 경치 좋은 곳을 여행하고 즐거운 사람을 만나는 등 생전에 수행하던 일상적인 행위들을 더 이상 할 수 없게 됩니다. 또한 하나의 유기체로서의 기능을 수행하는 데 필요한 신진대사가 중지되어 사체는 무질서하고 흉한 모습으로 변할 것입니다. 태어나서 일정한 문화 속에서 함께 생활하는 동료 인간들과 소통하고 성장하는 우리들은 자연스럽게 하나의 인간을 이성적으로 사고하는 생명을 가진 유기체로 취급합니다. 따라서 더 이상 하나의 유기체로서 기능할 수 없고 무질서하게 변한 사체의 모습이, 연기의 진리를 깨닫지 못한 우리와 같은 일반인들에게 유쾌한 모습으로 비칠 수 없는 것은 너무나 당연할 것입니다.

그러나 원자의 측면에서 생각해보면 《반야심경》에서 인용된 세 구절의 내용은 모두 참일 것 같습니다. 지난번 대화에서 언급했듯이 인간의 육체는 대략 30조에서 60조 개에 이르는 세포들로 구성되어 있습니다. 또한 세포들은 분자들로, 분자들은 원자들로 구성됩니다. 결국 한 인간을 구성하는 기본적인 요소는 원자들입니다. 과학자들의 설명에 따르면 사람이 죽으면 세포들은 분해되고 세포들을 구성하는 분자들도 해체되는 커다란 변화를 겪지만, 인간 육체를 구성하는 기본 단위인 원자들은 그대로 존재합니다. 인간의 육체를 구성했던 원자들은 인연에 따라 다시 결합하여 새로운 분자를 형성할 것이고, 이들의 일부는 결합하여 물이 될 수도, 일부는 상추와 같은 식물이 될 수도, 나비처럼 날아다니는 곤충이 될 수도 있을 것입니다. 사후에 인간 육체의 변화하는 모습이 우리들 인간에게는 유쾌한 모습으로 보이지 않을지 몰라도, 썩어가는 사체에 기생하는 세균이나 구더기, 들쥐와 같은 동물에게는 지상 천국의 모습일지 모릅니다.

이 선생은 틱꽝득 스님과 같은 선지식들이 생사를 초월한 모습을 보인 것은 연기법을 깨우치고 깨달음을 체화했기 때문일 것이라 말했습니다. "이것이 생(生)하므로 저것이 생겨나며, 이것이 멸(滅)하므로 저것이 멸한다." 어디선가 이 구절을 읽었던 생각이 납니다. 과문한 탓인지, 이 구절이 '연기(緣起)'를 설명하는 대표적인 구절이란 생각이 듭니다.

중관 ― 초기 경전인《잡아함경(雜阿含經)》에 나오는 연기법을 설명하는 구절입니다.

此有故彼有: 이것이 있으므로 저것이 있고
此生故彼生: 이것이 생겨나므로 저것이 생겨나고
此無故彼無: 이것이 없으므로 저것이 없고
此滅故彼滅: 이것이 사라지면 저것이 사라진다

연기란 인(因: 내적인 직접적 원인)과 연(緣: 외적인 간접적 원인)에 의지하여 생겨난다는 것을 뜻하는 산스크리스트어 'pratītyasamutpāda'의 뜻을 한역한 것입니다. 한 예로 호박씨가 땅에 떨어져 호박 싹이 나왔을 경우 흔히들 호박씨가 인이고 호박씨가 묻힌 흙의 습기와 같은 조건들이 연이고 피어난 호박 싹은 이러한 인과 연에 의해 나타난 결과라고 해석하곤 합니다. 이러한 설명 방식은 중생에게 연기를 이해시키기 위한 방편으로 효과가 있을지 몰라도 전적으로 잘못된 설명이라 생각합니다. 'pratītya'의 사전적 의미는 '기대다' 혹은 '의존하다'이고 'sam'은 '함께', 'utpāda'는 '변화한다'를 의미합니다. 따라서

'pratītyasamutpāda'의 사전적 의미는 '의지하여 함께 변한다'는 것에 불과합니다.

앞에서 거론한 《잡아함경》의 연기법을 설명하는 각 구절에는 "이것"이나 "저것"이라는 표현이 등장합니다. 이러한 표현들은 다른 것으로부터 구분될 수 있는 개체들이나 개체들에 의해 행해진 사건들을 전제하고 있는 것으로 보입니다. 그러나 "환생하는 주체인 나는 무엇인가?"와 관련된 지난번 토론은, 시간에 따른 변화를 고려하지 않더라도 다른 것과 구분되는 '하나의 개체'라는 개념이 이해될 수 없거나, 적어도 다양한 개념 체계들이나 믿음 체계들에 따라 달라진다는 것을 보여줬습니다.

"차유고피유(此有故彼有)"에 대한 가장 대표적인 번역은 "이것이 있으므로 저것이 있다" 혹은 "이것이 있어서 저것이 있다"입니다. 이러한 번역은 인과(因果)를 나타내는 표현으로 해석될 여지가 충분합니다. 그러나 연기는 인과관계에 국한된 것일 수 없고, 다른 것과 구분될 수 있는 '개체'라는 개념이 이해될 수 없다면 '인과관계'라는 개념도 이해될 수 없는 개념일 것입니다. 저는 전체가 다양한 관계들로 연결되어 서로 의존하며 끊임없이 변화하는 것을 나타낸 것이라 할 수 있는 '인다라망'이나 '차진 밀가루 반죽'과 같은 표현이 연기를 설명할 수 있는 적절한 비유라 생각합니다.[16]

후평 ― '개체'란 개념은 전통적으로 철학계에서 대표적으로 난해한 개념으로 취급되어온, 한 개체를 그 개체라 할 수 있게 하는 (본질적인) 어떤 것을 의미하는 '실체(substance)' 개념과 밀접한 관계를 가지고 있습니다. 관념(觀念)으로 모든 것을 설명하려 했던 로크(John Locke)에 따르면, 무엇인지 모르지만 있어야 할 무엇으로 우리의 마음이 상정하는 것이 실체 관념입니다. 그는 인도 신화로 비유하여 이를 설명하고 있습니다. 이 신화에 따르면 우주는 코끼리의 등 위에 있고 코끼리는 거북의 등 위에 있는데 이 거북은 알 수 없는 무엇인가에 놓여 있습니다.

대부분의 분석철학자들은 '실체' 개념에 대해 부정적입니다. 그 이유는 한 개체를 그 개체라 할 수 있기 위해서는 그 개체가 가진 본질적 속성만이 아니라 본질이 있어야 하는데 본질은 근본적으로 이해될 수 없는 속성이라 생각하기 때문입니다.

> 사람의 본질적 속성(essential property): 모든 사람이 공유하는 속성
> 사람의 본질(essence): 모든 사람이 공유하고 동시에 오직 사람만이 가진 속성

'포유동물임', '숨을 쉼', '생명이 있음' 등과 같이 거의 무한한 수의 사람의 본질적 속성이 있습니다. 그러나 이들 본질적 속성 중 어떤 것도 사람만이 가진 본질이라 할 수 없습니다. 분석철학자들에 따르면 모든 사람이 공유하지만, 사람만이 가진 어떠한 속성도 있을 수 없습니다.

우리는 고유명사를 사용하여 하나의 개체를, 일반명사를

사용하여 일정한 공통점을 가진 개체들의 무리를 표현합니다. 그러나 앞에서의 논의나 분석철학자들의 판단처럼 개체화에 근본적인 문제점이 있다면 "길동이는 사람이다"와 같은 표현은 근본적인 문제점을 안고 있습니다. 따라서 언어 행위가 필수적으로 요구되는 세계의 모습에 대한 우리의 판단도 근본적인 한계를 가질 수밖에 없습니다.

선종 불교에서는 문자로는 부처님이 가르치신 진리를 설명할 수 없다는 불립문자(不立文字)를 주장합니다. 따라서 선승인 이 선생에게는 언어를 사용해서 연기를 설명하는 것이 근본적으로 불가능할지 모르겠습니다. 그렇지만 '차진 밀가루 반죽'과 같은 비유는 연기라는 개념에 대한 이해에 그리 도움이 될 것 같지 않습니다. 조금 더 구체적으로 이 선생의 연기에 대한 이해를 설명해줄 수 있겠습니까?

중관 — 선생님도 '연각(緣覺)'이란 단어를 들어보셨을 겁니다. 벽지불(辟支佛) 또는 독각(獨覺)이라고도 불리는 연각은 연기법을 깨달은 자입니다. 다시 말해 남의 도움 없이 스스로 연기와 연기법을 깨친 사람을 연각이라 합니다. 석가모니가 깨달은 내용은 연기법이고 과장해서 말하면 팔만대장경은 연기를 설명한 것이라 할 수 있습니다. 연기법이란 존재 자체의 모습과 변화를 알기 위한 시도이자 하나의 방편이라 할 수 있을 것입니다. 대승불교의 핵심 개념인 공(空)이나 중도(中道)도 연기를 나타내는 다른 표현이라 할 수도 있습니다. 따라서 몇 마디 말이나 짧은 글로 연기를 설명하려는 시도는 하나의 말장난(language game)이거나 용수의 표현대로 희론(戱論)을 추가하는 것에 불과할 것입니다.[17]

개인적인 생각으로 지금까지의 선생님과 나눈 모든 대화는 연기 자체는 아닐지라도 최소한 연기와 밀접히 관련된 내용이라 할 수 있습니다. 저의 중 노릇에 절대적 영향을 끼친《중론》에 대한 대화를 시작하면 연기에 대해 한 걸음 더 나아간 논의들이 진행될 수 있을 것이라 생각합니다. '차진 밀가루 반죽'을 언급한 것은 밀가루 반죽의 일부를 뜯어 인위적으로 분리하지 않는 한 밀가루 반죽 자체는 하나의 전체로 취급될 수밖에 없다는 것과, 밀가루 반죽의 어떤 부분에서의 변화나 움직임도 밀가루 전체에 어떤 식으로든 영향을 줄 것이라는 것을 강조하기 위해서입니다.

시간이란 무엇인가? 겁, 찰나, 순간, 화살의 패러독스

후평 —《중론》의 내용에 대한 대화가 기대됩니다. 연기라는 개념에 대한 종합적 이해는 우리가 나누는 대화의 마무리 부분에서나 가능할 것 같군요. 오늘 대화의 주제인 죽음은 죽는 당사자에게 아무것도 아니라는 에피큐리언 견해로 돌아갑시다.

에피큐리언 견해는 이렇게 요약될 수 있습니다. "일정한 사건이 한 사람에게 영향을 끼치려면 그 사건이 발생한 시간에 그가 존재해야 하는데 한 사람이 죽기 전까지는 죽음이라는 사건이 발생하지 않았고 죽은 후에는 그가 더 이상 존재하지 않으므로 죽음은 죽는 당사자에게 아무것도 아니다." 이 문장에서 보듯이 에피큐리언 견해가 성립하기 위해서는 죽기 전과 죽은 후를 나누는 기점의 역할을 하는, (시간의 경과가 허용되지 않는) 순간이라는 개념이 필요합니다. 며칠 전 《타나톨로지, 죽는다는 것》을 다시 읽으며 문득 시간의 경과가 없는 점과 같은 순간이라는 개념이 이해될 수 있는가에 대해 회의적인 생각이 들었습니다.

이 선생도 "날아가는 화살은 날지 않는다"라는 화살의 패러독스를 알고 있을 거라 생각합니다.

중관 — 선생님이 강의하신 '언어철학' 시간에 들었던 기억은 나지만, 지금도 화살의 패러독스의 핵심을 제대로 파악하고 있는지 의문이 듭니다. 패러독스의 핵심적 내용에 대한 설명이 필요할 것 같습니다.

후평 — '궁수의 패러독스'라고도 불리는 '화살의 패러독스'의 핵심적 내용을 설명해보겠습니다. 화살의 패러독스는 아래처럼 요약될 수 있습니다.[18]

> 날아가는 화살은 화살이 존재하는 각각의 장소에서 (시간의 경과 없는) 순간에 존재한다. 시간이 경과된 것은 순간이 아니므로 날아가는 화살은 각각의 순간에 움직이지 않는다. 따라서 날아가는 화살은 날지 않는다.

화살의 패러독스를 하나의 논증으로 나타내보겠습니다. 한 궁수가 화살을 쏜 지점이 a이고 화살이 낙하한 지점이 b라면, 화살의 패러독스는 아래의 논증으로 나타낼 수 있습니다. 사전적 의미로 '순간'은 '아주 짧은 동안'입니다. '아주 짧은 동안'은 짧은 시간이지만 시간이 경과되었다는 것을 의미합니다. 따라서 논증에서는 '시간점(時間點)'이라는 개념을 새로 도입하겠습니다. '시간점'이란 시간의 경과 없는 기점으로서의 시간을 의미합니다.

1. 날아가는 화살은 화살이 존재하지 않는 장소에서 움직일 수 없다.
2. 날아가는 화살은 a에서 b까지의 궤적을 이루는 각각의 장소에 오직 시간점에 존재한다.
3. 시간이 경과된 순간이나 찰나는 시간점이 아니다.
4. 한 물체가 움직였다는 것이 성립하기 위해서는 시간의 경과가 필수적으로 요구된다.

날아가는 화살은 날지 않는다.

a에서 b까지의 궤적은 무한히 분할되므로 a에서 b까지의 궤적은 화살이 존재하는 무한한 장소로 구성되어 있다고 할 수 있습니다. 전제들로부터 결론이 필수적으로 도출되므로 이 논증은 타당합니다. 시간이 경과된 것은 시간점이라 할 수 없고 움

직인다는 것은 필수적으로 시간의 경과를 수반합니다. 또한 a에서 b 사이의 화살은 지속적으로 움직이는 과정에 있으므로 "a에서 b까지의 궤적을 구성하는 각각의 장소에 화살은 오직 시간점에 존재한다"라는 전제 2도 실제로 참인 명제라 할 수 있습니다. 그러나 "날아가는 화살은 날지 않는다"라는 결론은 받아들일 수 없는 논리적 모순의 명제입니다.

타당한 추론 과정을 거쳐 실제로 참이라 할 수 있는 전제들로부터 논리적 모순이 도출되는 패러독스가 발생하는 이유는 논증에서 사용된 '시간점'이란 개념 때문일 것입니다. 시간의 경과를 인정하지 않는 시간점이라는 개념이 도입되지 않았다면 전제 2는 성립할 수 없을 것이고, 전제들로부터 결론이 연역적으로 도출되지 않을 것이기 때문입니다.

앞에서 보았던 에피큐리언 견해의 도출을 위해서는 살아 있는 시간과 그렇지 않은 시간을 나누는 기점으로서의 '시간점'과 같은 개념이 요구됩니다. 우리들이 의식하고 있을지는 모르겠으나, 일상생활에서도 우리는 흔히 '시간점'과 유사한 개념들을 사용하고 있습니다. "현재"나 "지금"과 같은 용어들이 대표적인 경우일 것입니다. 과거나 미래는 현재일 수 없습니다. 과거는 이미 지나가버린 시간이고 미래는 아직 오지 않은 시간이며 현재는 미래와 과거를 나누는 시간적인 기점이라 할 수 있습니다. 따라서 엄격히 말하면 과거는 현재라는 시간점 이전을, 미래는 현재라는 시간점 이후를 지칭하는 것에 불과합니다. 시간이 경과한 것은 현재라는 시간점이라 할 수 없습니다. 시간이 경과한 것은 아무리 작은 시간일지라도 과거라 할 수 있을 것이기 때문입니다.

우리는 시간이 과거에서부터 현재를 거쳐 미래로 끊임없이 흐른다는 1차원적인 시간관을 가지고 있습니다. 그러나 우리가 이러한 시간관을 가지고 있다는 것이 시간에 대한 우리의 이러한 믿음이 옳다는 것을 보장하는 것은 아닙니다. 미래는 아직 오지 않았으므로 현재 존재하는 것이 아닙니다. 또한 과거는 이미 가버린 것이므로 과거가 존재한다는 것은 우리의 기억에 의존할 수밖에 없습니다. '러셀의 5분 전 우주 창조설'은 과거에 대한 우리의 기억이 실제 기억이 아니라 전능한 신이 우리에게 심어준 것에 불과할 가능성을 제시하고 있습니다. '러셀의 5분 전 우주 창조설'은 논리적으로 가능한 의미 있는 명제이고, 이를 극단화한 '5초 전 우주 창조설'이나 '1초 전 우주 창조설'에도 동일한 논의가 적용될 수 있습니다. 또한 '현재'라는 개념을 이해하기 위해서는 시간의 경과 없는 '시간점'이라는 개념이 요구되는데 이 개념은 화살의 패러독스에서 본 것처럼 논리적 모순을 야기합니다.

중관 ― 높은 곳에서 낮은 곳으로 흐르는 강물처럼, 시간은 과거, 현재, 미래로 끊임없이 흐른다는 것이 우리가 가진 상식적인 시간관일 것입니다. 이러한 상식적인 시간관이 가진 근본적인 문제점을 용수도 지적하고 있습니다. 《중론》의 "관거래품(觀去來品)"에 다음과 같은 구절이 나옵니다.

已去無有去: 이미 가버린 것에는 가는 것이 없다
未去亦無去: 아직 가지 않은 것에도 가는 것이 없다
離已去未去: 이미 가버린 것과 아직 가지 않은 것을 떠나
去時亦無去: 지금 가고 있는 것에도 가는 것이 없다

불교학자 신상환은 《중론》의 티베트어 번역에 기초하여 셋째 구절과 넷째 구절에 해당하는 부분을 아래처럼 번역하고 있습니다.[19]

"가버린 것과 가지 않은 것을 배제한 지금 가고 있는 것은 이해되지 않는다."

선생님의 말씀을 적용하면 "관거래품"의 이 구절들은 아래처럼 이해될 수 있을 것 같습니다.

"과거는 이미 지나간 것이고 미래는 아직 오지 않은 것이어서 존재하지 않고 과거도 미래도 아닌 시간점으로서의 현재는 이해조차 될 수 없다."

저는 화살의 패러독스에서 결론으로 논리적 모순이 도출되는 것은 '시간점'이라는 순수하게 논리적이고 이론적인 개념을 일상적으로 관찰될 수 있고, 시간의 경과가 필수적인 움직임에 적용했기 때문이라 생각합니다.

불교에서 '시간점'에 해당하는 용어는 없는 것 같습니다. 불교에서, 아니 보다 정확하게 말해서, 힌두교에서 흔히 사용되는 시간과 관계된 용어는 '겁(劫)'과 '찰나(刹那)'입니다. 겁은 소겁(小劫), 중겁(中劫), 대겁(大劫)으로 나뉘는데 1대겁은 우주가 탄생해서 사멸할 때까지의 시간을 의미합니다. 힌두교의 주장에 따르면 1겁은 약 43억 2천만 년에 해당합니다. 흔히들 석가모니가 발심해서 부처가 되기까지 삼아승기겁(三阿僧祇劫)의 시간이 소요되었다고 합니다. '아승기(阿僧祇, asaṃkhya)'는 헤아릴 수 없이 무한한 수를 의미합니다. '영겁(永劫)'이나 '무량겁(無量劫)'은 불자들이 흔히 사용하는 용어입니다. 따라서 시간과 관련된 용어만으로 볼 때 불교는 시간이 무한히 계속된다는 시간의 무한성을 주장하고 있다고 할 수 있습니다.

겁에 반대되는, 가장 짧은 시간을 나타내는 용어가 찰나(刹那, ksana)입니다. 소승에 해당하는 설일체유부(說一切有部)의 《아비달마대비바사론(阿毗達磨大毘婆沙論)》의 설명에 따르면 120찰나가 1달찰나(一怛刹那, tat-ksana, 약 1.6초), 60달찰나가 1납박(一臘縛, lava, 약 96초), 30납박이 1모호율다(一牟呼栗多, muhūrta, 약 48분), 30모호율다가 1주야(晝夜)에 해당합니다. 따라서 1찰나는 약 1/75초에 해당합니다.[20] 찰나는 불교에서 가장 짧은 시간을 나타내는 용어이고 1찰나는 한 생각이 떠오르는 데 걸리는 시간이라고 합니다. 불교에서 가장 짧은 시간의 단위가 시간의 경과를 함축하는 찰나라는 것은 시간점과 같은 개념이 야기하는 문제점과 관련하여 시사하는 바가 있는 것 같습니다. 불교에서 시간점과 같은 용어를 찾아볼 수 없는 것은 그러한 개념을 허용할 경우 화살의 패러독스가 야기하는 문제에 봉착하게 될 것을 직시했기 때문일지도 모르겠습니다.

후평 ― 사실 우리는 과거 속에서 살고 있습니다. 우리가 밤하늘에 반짝이는 별들을 보았을 때 우리는 현재의 별의 모습을 보고 있는 것이 아닙니다. 만약 그 별이 100억 광년 떨어진 곳에 있다면, 우리는 그 별의 현재 모습이 아닌 100억 광년 전의 모습을 보고 있는 것에 불과합니다. 아마도 그 별은 지금 대폭발로 사라지고 존재하지 않을 수도 있습니다. 일상생활에서 행해지는 우리의 모든 지각 행위도 우리가 존재하는 이 시간인 현재에 행해진 것이라 할 수 없습니다. 한 예로 5m 떨어진 곳에 있는 화병을 본다고 합시다. 화병을 지각하기 위해서는 우선 화병의 정보를 담은 빛이 우리 눈에 도달해야 합니다. 광속이므로 매우 짧은 시간일지라도 화병의 모습이 우리의 눈에 도달하는 데는 일정한 시간이 요구됩니다. 또한 화병의 모습을 지각하기 위해서는 이러한 시각적 자극이 시신경을 거쳐 이를 담당하는 우리의 두뇌 부위까지 도달해야 합니다. 호사가들에 의하면 말단 세포로부터 자극을 전달하는 속도는 시간당 수백 km에 달한다고 합니다. 결국 우리가 지금 보고 있다고 생각하는 화병도 그 화병의 과거의 모습에 불과합니다.

우리의 지각은 어떠한 감각기관을 사용했든지 간에 현재가 아닌 과거의 모습에 대한 것이라 할 수 있습니다. 청각의 경우를 예로 들어보겠습니다. 10km 떨어진 곳에서 번개가 쳤을 경우 천둥소리는 번개가 치고 난 후에 들립니다. 광속이 음속보다 훨씬 빠르다는 사실로부터 오는 당연한 결과입니다. 매질에 따라 다르지만 정상적인 상태의 공기에서 소리의 속도는 시간당 약 1,235km라고 합니다. 따라서 이 경우 천둥소리는 현재가 아닌 수 초 전의 천둥소리인 것입니다.

1찰나는 한 생각이 떠오르는 데 걸리는 시간을 의미합니다. 이 선생의 설명에 따르면 1찰나는 약 1/75초에 해당합니다. 이는 우리의 생각조차 과거의 생각이라는 것을 의미합니다. 이처럼 시간에 대한 우리의 생각은 과거에 근거할 수밖에 없습니다. 또한 앞에서 말했듯이 과거에 대한 우리의 생각은 기억에 의존할 수밖에 없습니다.

"시간은 무한한 과거로부터 무한한 미래로 끊임없이 흐르고 이러한 시간의 흐름 위에 우리가 겪은 사건이나 겪을 사건들이 순차적으로 열거된다"라는 것이 우리가 가진 상식적인 시간관일 것입니다. 과거는 기억에 의존해 받아들이게 된 사건들을 열거할 필요성 때문에, 미래는 과거에서처럼 앞으로 발생할지 모를 사건들을 열거할 필요성 때문에 우리가 시간관을 이런 식으로 상정한 것일지 모릅니다.

대부분의 사람들은 시간은 과거에서 미래로 끊임없이 흐른다는 것을 의심 없이 당연한 것으로 받아들이고 있는 것으로 보입니다. 따라서 이러한 시간관은 상식적이며 대다수가 동의하고 있는 시간에 대한 우리의 생각입니다. 그러나 이러한 상식적인 시간관은 전적으로 틀린 것이거나 최소한 진지한 논의가 요구되는 문제점을 안고 있습니다. 만약 아무것도 존재하지 않거나 하나의 개체가 아무런 변화 없이 그대로 존속할 경우 위에서 본 상식적인 시간관이, 아니 도대체 시간이란 개념 자체가 필요할까요?

중관 — 빅뱅 이론에 따르면 빅뱅 이전에는 아무것도 존재하지 않았습니다. 따라서 시간의 흐름 위에 열거할 어떤 사건도 있을 수 없습니다. 따라서 빅뱅 이론이 옳다면 시간은 무한한 것이 아니고 기껏해야 우주가 시작된 빅뱅 이후에 시작된 것이라 할 수 있습니다.

모든 것은 밀접하게 연결되어 상호 의존하고 있고 그 무엇도 이러한 의존관계에서 독립적일 수 없다는 것이 우주와 연기에 대한 인다라망의 비유입니다. 인다라망의 비유에 따르면 우주는 전체로서의 인다라망이고 인다라망을 구성하는 모든 부분들은 서로 의지하며 밀접하게 연결되어 있어서 독립적으로 존재할 수 있는 어떤 개체도 있을 수 없습니다. 따라서 일정한 개념 체계들과 믿음 체계들에 대해 독립적이고, 체계 중립적인 개체화는 성립할 수 없습니다. 즉, 인다라망의 비유에 따른 우주에 대한 설명이 옳다면 상식적인 세계관은 성립할 수 없습니다. 개체화가 불가능하다면 시간의 흐름 위에 열거될 개체들이 야기하는 사건들도 있을 수 없을 것이기 때문입니다.

천태종이나 삼론종(三論宗) 등의 실상론(實相論)에 입각한 주장에 따르면 우리에게 비치는 우주의 모든 현상들은 실제 모습이 아니고, 실제로는(실상實相의 모습으로 보면) 모든 것의 생과 멸은 동시에 나타나고 따라서 시작도 없고 끝도 없는 무시무종(無始無終)입니다.[21]

후평 — 시간은 무한한 과거로부터 무한한 미래를 향해 일정한 속도로 끊임없이 진행한다는 시간관에 의하면 시간의 속도는 언제 어디서나 항상 일정하고 변할 수 없습니다. 또한 우주 속의 모든 것은 이러한 시간의 흐름에 영향을 줄 수 없고 이러한 절대적인 시간의 흐름 속에 존재하고 있습니다.

이런 견해는 시간에 대한 상식으로서 1900년대 이전까지는 누구나 보편적으로 받아들였다고 할 수 있습니다.

수학적이며 진리적인 절대 시간은 외부의 그 어떤 것과 상관없이 그것 자체로 흐른다.

'고전역학' 하면 떠오르는 당대 최고의 과학자인 뉴턴이 자신의 대표작인 《프린키피아》에서 한 말입니다. 상식적 시간관의 두드러진 특징 중 하나는 시간의 불가역성(不可逆性)입니다. 시간은 과거에서 미래로 균등한 속도로 흐를 수 있을 뿐 미래에서 과거로 흐를 수 없다는 것이 시간의 불가역성입니다. 또한 상식적 시간관에 따르면 우주 속의 물체들이 어떤 상태에 있는지와 무관하게 시간은 우주 속의 모든 존재에게 동일한 속도, 동일한 방식으로 균등하게 흐릅니다.

그러나 이러한 상식적 시간관은 1900년대 이후부터 근본적인 변화를 겪게 됩니다. 아인슈타인과 같은 저명한 물리학자들에 의해 우주 속의 존재들이나 변화에 독립적으로 흐르는 절대 시간을 받아들이는 상식적인 시간관이 근본적인 문제를 안고 있다는 것이 밝혀졌기 때문입니다.

1905년에 발표된 아인슈타인의 '특수 상대성 이론'에 따르면 움직이는 물체의 경우 그 물체의 움직이는 속도에 따라 시간이 흐르는 속도는 달라집니다. 즉, 속도가 빨라질수록 시간은 느리게 흐릅니다. 이 이론에 따르면 광속에 가까운 속도로 움직이면 시간은 정지 상태에 이르게 됩니다. 매우 빠른 속도로 날아가는 우주선을 타고 오랫동안 생활을 한 사람이 그동안 지상에서 지낸 사람보다 덜 늙는다는 것을 표현한 영화들은 특수 상대성 이론이 예측한 결과를 극화한 것이라 할 수 있습니다. 실제로 빨리 움직이는 물체에게 시간은 느리게 갈 것이라는 특수 상대성 이론에 따른 효과는 실험을 통해 증명되었습니다. 1971년에 비행기를 한 번은 동쪽 방향으로 지구를 돌게 하고 다른 한 번은 같은 속도로 서쪽으로 돌게 했는데 서쪽으로 돈 비행기의 시계는 0.000027초, 동쪽으로 돈 비행기의 시계는 0.000006초 느려진 것이 확인되었습니다.

이러한 현대 물리학의 시간에 대한 새로운 해석에 따르면 '동시(同時, 같은 시간)'는 절대적 개념이 아니고 관찰자의 이동 상태와 연관되어 있는 상대적 개념에 불과합니다. 한 사람

a가 매우 빠른 속도로 한 방향으로 이동하고 있고 일정한 시간에 a의 앞과 뒤에서 동시에 불을 켰다고 합시다. a는 그의 진행 방향의 불빛을 향해 매우 빠른 속도로 가까워지고 a의 후방 불빛으로부터는 같은 속도로 멀어지고 있습니다. 이 경우 a 후방의 불빛은 전방의 불빛보다 긴 거리를 이동해야 합니다. 광속은 299,792,458m/sec입니다. 따라서 빛의 가공할 만한 속도 때문에 미세한 차이일지라도 a는 전방의 불빛을 후방의 불빛보다 먼저 보게 될 것입니다.

또한 아인슈타인의 일반 상대성 이론에 따르면 중력은 시공간을 휘게 만들어서 중력이 큰 곳에서는 시간이 느리게 흐른다고 합니다. 심지어 중력의 크기가 극한에 이른 슈퍼 블랙홀의 주위에서는 시간의 흐름이 정지 상태에 가깝게 된다는 것이 현대 물리학계의 예측이라 할 수 있습니다.

요약하면 현대 물리학에서는 시간이 무한한 과거로부터 무한한 미래로 항상 균등하게 흐르는 절대적인 것이 아니라 관찰자가 위치한 곳의 움직임의 속도와 중력 상태에 따라 달라지는 상대적인 것에 불과합니다.

우리는 태양계에 속한 조그만 행성인 지구에 기생하고 있습니다. 지구는 1초에 약 400m의 속도로 자전하며 1년에 한 번 태양 주위를 공전하고 있습니다. 과학자들에 따르면 태양이 속한 태양계는 초당 약 230km의 속도로 은하수(Milky Way)의 중심에 위치한 블랙홀 주위로 은하수 내부를 유영하며 은하수의 중심을 향해 움직이고 있습니다. 또한 관측 가능한 우주에만약 1천 7백억 개 이상의 은하(galaxy)들이 존재하는데, 우주 팽창에 따라 이들 사이의 거리가 계속해서 빠르게 멀어지고 있다고 합니다.

　　질량이 있는 모든 물질은 중력을 지닙니다. 따라서 이렇게 보면 지구에 살고 있는 우리를 포함하여 우주 속 어느 곳의 어떤 물질도 서로 다른 시간 속에 존재하는 것입니다. 우주 속 어느 곳에 위치하든 그것들이 위치한 곳의 움직임의 속도와 중력의 크기가 서로 다를 것이기 때문입니다. 또한 우주 속의 모든 것은 서로 다른 중력을 가진 천체들의 영향을 받으며 이들 주위로 일정하지 않은 궤도로 움직일 것이므로 어떤 물질의 관점에서도 시간은 균등하게 흐를 수 없습니다. 이처럼 현대 물리학에 따르면 시간이란 절대적인 것이 아니고 관찰자가 위치한 곳의 움직임과 중력에 따라 달라지는 상대적인 것입니다.

　　상식적인 시간관은 무한한 궤도를 동일한 속력으로 달리는 '시간 열차'의 비유를 통해 설명할 수 있을 것입니다. 무한한 과거로부터 끝을 알 수 없는 미래로 무한히 뻗은 기차선로 위로 시간 열차 한 대가 동일한 속도로 진행하고 있다고 합시다. 이 열차의 속도는 항상 일정합니다. 즉, 이 열차는 무한한 과거로부터 무한한 미래로 고정된 속도로 진행하고 있고 존재하는 모든 것은 이 열차 안에 있어야 하고 기차의 속도에 영향을 줄 수 없습니다. 시간 열차 안의 모든 것의 변화는 균등하게 움직이는 이 열차 안에서 이루어져야 합니다. 에피큐리언 견해는 이 시간 열차가 달리고 있는 궤도의 일정 지점을 정하고, 그 지점 이전과 이후를 나누어 고려한 것이라 할 수 있습니다. 그러나 현대 과학에 따르면 무한 궤도를 동일한 속도로 끊임없이 달리는 시간 열차는 성립할 수 없는 불가능한 현상입니다.

에피큐리언 견해는 극복될 수 있는가?

중관 — 선생님의 말씀처럼 우리들이 보편적으로 받아들이는 상식적 시간관은 타당한 시간관일 수 없을 것 같습니다.

空中無色: 공 가운데는 색(현상계의 물질)이 없다

《반야심경》의 한 구절입니다. 저는 이 구절을 "공의 측면에서 보면 현상계에 물질이라고 할 수 있는 것은 없다"라는 의미로 이해합니다. 공 사상과 연기를 중시하는 출가자인 저는 상식적 시간관을 받아들이지 않습니다. 그러나 현대 물리학의 상대적 시간관도 일정한 이론이나 방법론들을 공유하는 과학자들이 받아들이는 개념 체계를 적용한 결과일 것이라는 점을 지적하고 싶습니다.

후평 — 과학철학자 토머스 쿤에 따르면 한 정상 과학 시대에 과학자들이 받아들이는 과학 이론들은 사태들을 설명하기 위한 가설에 불과합니다. 이들 과학 이론들은 설명력에 한계를 보이거나 설명되지 않는 사례들이 계속해서 발생하여 위기에 봉착하게 되면 새로운 이론으로 대체될 것입니다.

　　과학의 변화를 설명하는《과학혁명의 구조(The Structure of Scientific Revolution)》에서 개진된 쿤의 이론을 전적으로 받아들이는 것은 아니지만, 시간을 관찰자 상대적인 것으로 보는 현대 물리학의 시간관은 근본적으로 빅뱅 이론이나 상대성 이론 등과 같은, 대체될 여지가 항상 열려 있는 물리학 이론에 의존해 있다는 것을 인정할 수밖에 없을 것 같습니다.[22]

　　중관 ― 제 생각으로는 관찰자 상대적이라는 현대 과학의 시간관을 받아들여도 에피큐리언 견해는 성립할 것 같습니다. 죽음은 죽는 당사자에게 아무것도 아니라는 에피큐리언 견해는 죽는 당사자에게만 적용될 수 있는 견해입니다. 사랑하고 아끼는 사람이 죽는 것을 주위에서 목격하는 것은 당사자에게 즐거운 일이 아닐 테니까요.

　　에피큐리언 견해의 핵심은 "죽기 전에는 죽음이 죽는 당사자에게 아직 발생하지 않았고 죽은 후에는 죽는 당사자가 존재하지 않으므로, 죽기 전에도 후에도 당사자는 죽음을 접할 수도, 경험할 수도 없으므로 죽음은 죽는 당사자에게 나쁜 것이 아니다"로 요약될 수 있을 것입니다. 상식적인 시간관을 잘못된 것으로 간주하여 배제하고 상대적 시간관을 적용해보겠습니다. 따라서 시간은 무한한 과거로부터 균등하게 흐르지도 않고, 관찰자가 움직이는 속도와 어느 곳에 위치해 있는지에 따라 변하는 다양한 시간의 흐름들이 있다고 하겠습니다. 물질들이 어느 상황에 있는가에 따라 다양한 시간의 흐름들이 있겠지만 죽는 당사자에게는 오직 하나의 시간의 흐름이 적용되어야 합니다. 죽는 당사자는 일정한 중력과 일정한 속도로 움직이는 곳들에 존재하는 하나의 개체로 취급되어야 할 것이기 때문입니다. 그의 시간은 무한한 과거를 가지고 있지 않을 것입니다. 또한 그가 있는 곳의 움직임의 속도나 중력도 고정되어 있지 않을 것이므로 그에게서 시간은 동일한 속도로 흐르지 않을 것입니다. 그러나 이러한 상대적 시간 속에서도 죽음이라는 사건이 탄생이라는 사건보다 앞에 열거되는 가역성은 허용될 수 없을 것입니다. 물리 세계에서 우리가 경험할 수 있는 것은 '태어난 후 죽는 것'이지 '죽은 후 태어나는 것'은 아닐 것이기 때문입니다.

이처럼 '태어남'과 '죽음'이 불가역적 사건들이면 에피큐리언 견해는 성립할 수 있을 것입니다. 시간의 경과 없는 순간으로서의 시간점이 인정될 수 없으므로 '죽기 전'과 '죽은 후'라는 시간이 정확하게 구분될 수는 없더라도, '밥을 먹음'이나 '사체의 경직'처럼 이들 시간이 적용될 수 있는 예들을 열거할 수 있을 것이므로 이들은 이해될 수 있는 개념일 것이기 때문입니다.

후평 — 이 선생의 말처럼 시간의 경과가 허용되지 않는 시간점을 인정하지 않고 현대 물리학의 상대적 시간관을 받아들여도 에피큐리언 견해는 합리적이고 타당한 견해로 인정돼야 할 것입니다. 에피큐리언 견해는 한 인식 주체에게 그의 죽음이 나쁜 것인지 여부를 묻는 것이므로 그에게는 오직 하나의 상대적 시간이 적용되어야 할 것입니다. 그에게 적용되는 시간은 상대적이므로 시간은 무한하지도 않고 동일하고 균등하게 흐르지 않을 것입니다. 그러나 앞에서 보았듯이 그의 시간은 불가역적이어야 할 것입니다. 그의 시간이 불가역적이면 죽은 이후와 이전을 정확하게 나누는 기점으로서의 시간점을 받아들이지 않더라도, 그에게 '밥을 먹음'과 같은 죽기 전의 사건들과 '호흡이 끊김'과 같이 죽은 후 일어날 것이라 예측되는 사건들은 구별될 수 있을 것입니다.

따라서 상대적인 시간관을 받아들여도 에피큐리언 견해는 아래처럼 재구성될 수 있을 것입니다.

> 한 사람 a가 죽기 전의 사건이라 할 수 있는 어느 시간에도 (죽지 않았으므로) a의 죽음이라는 사건은 존재하지 않고, a가 죽은 후의 사건이라 할 수 있는 어느 시간에도 (이미 죽었으므로) a의 죽음이라는 사건은 존재하지 않으므로, 죽음은 죽는 당사자인 a에게 해로운 것이 아니다.

에피큐리언 견해는 '마음'이나 '영혼' 같은 개념과 밀접한 관계가 있다고 생각합니다. 죽는 당사자에게 죽는 것은 남이 아닌 '나'라는 것을 의식할 수 있는 마음이나 영혼이 존재하지 않는다면 "죽음이 죽는 당사자에게 해로운 것이냐?"라는 물음조차 성립하지 않을 테니까요. 하나의 인간이 인연에 따라 뭉쳐진 원자들의 모임에 불과하다면 그 인간의 죽음은 뭉쳤던 원자들이 인연에 따라 다시 흩어지는 것에 불과합니다. 따라서 이러한 변화에 대해 주관적인 가치를 부여하는 '좋다'나 '나쁘다'와 같은 판단이 개입될 여지가 없습니다. 따라서 인간이 원자들의 모임인 물질에 불과하다면 죽음은 죽는 당사자에게 아무것도 아니라는 에피큐리언 견해는 타당할 수밖에 없습니다.

그러나 기쁨과 슬픔을 느끼고 그러한 느낌을 갖는 당사자가 남이 아닌 자기 자신이라는 자아의식을 가진 존재가 인간이라면 사정은 달라질 수 있습니다. 만약 죽은 후에도 지각과 기억 등 온갖 사고 행위를 주관하는 영혼을 인정할 경우 에피큐리언 견해는 극복될 수 있습니다. 육체적 죽음을 극복하는 영혼이 존재한다면 그 영혼은 자신의 죽음을 함께하며 경험할 수 있을 테니까요.

중관 — 대승불교에 따르면 인간의 마음은 여덟 가지 식(識)으로 구성되어 있습니다. 이 중 7식인 말나식(末那識)은 '나의 느낌', '나의 기억', '나의 생각' 등과 같이 자아의식이 일어나게 하는 마음이라 할 수 있습니다. 개인적으로 부정적인 의견을 가지고 있지만, 불가에서는 말나식을 포함하여 아뢰야식(阿賴耶識)과 같은 의식이 육체적 죽음 이후에도 존속할 수 있는가에 대해 논란이 있습니다. 기독교에서처럼 영원히 살아남는 영혼의 존재를 인정하지 않더라도, 육체적으로 죽은 이후에도 과거의 기억을 가진 의식이나 마음의 존재를 받아들인다면 그 경우에도 에피큐리언 견해로부터 자유로울 수 있을 것입니다.

후평 — 예전에 나누었던 네 번째 대화에서는 주로 영혼과 마음 그리고 사후 세계 등에 대해 논의했었습니다. 지금의 논의는 다음 토론에서 조금 더 자세히 본격적으로 다루어질 수 있을 것 같습니다.

4장

영혼을 둘러싼 질문들

네 번째 대화

영혼은 존재하는가

중관 — 오늘은 며칠 전 전화상으로 말씀드렸던 친구와 함께 왔습니다. 제 막역한 고향 친구인 개심 선생은 마음 수련을 목적으로 하는 한 비영리 단체에서 핵심적인 역할을 맡고 있습니다.

후평 — 환영합니다. 하시는 일이나 모습으로 보아 범상치 않은 분인 것 같습니다. 오늘의 대화는 개심 선생님 덕분에 활기를 띨 것 같습니다.

개심 — 지난번 중관과 만났을 때 선생님과의 대화에 대해 듣게 되었습니다. 다루는 내용이 제 관심사여서 실례를 무릅쓰고 같이 오게 됐습니다. 중관의 말에 따르면 선생님은 사후 세계와 영혼의 존재를 부정하는 반종교적 입장입니다. 그러나 저는 사후 세계와 영혼이 존재한다는 것을 확신하고 있습니다. 저와 선생님은 사후 세계와 영혼의 존재와 관련해 정반대의 입장에 서 있는 것으로 보입니다.

후평 ― 오해의 소지를 없애기 위해서 내 입장을 명확히 할 필요가 있을 것 같습니다. 끊임없이 반성하고 고뇌하며, 자신의 종교적 믿음에 대해 겸손한 태도를 가진 소박한 신앙을 가꾸는 것이라면 종교를 갖는 데 반대하지 않습니다. 건전한 종교 생활은 인간의 삶에 긍정적인 역할을 한다고 봅니다. 제가 반대하는 것은 자신이 믿는 것을 광신하고 맹신하며, 다른 사람의 믿음에 대해 적대적이고 오만한 태도를 보이는 일부 종교인의 작태입니다.

이 선생에게 이미 이야기했듯이 영혼이나 사후 세계와 같은 종교적 대상에 대한 신앙이 아무리 확고하다 해도 그것은 하나의 믿음일 뿐 지식이 될 수 없습니다. 영혼이나 사후 세계가 비물질로 간주되는 한 4차원의 세계인 우주 속에 존재할 수 없으므로 근본적으로 불가지의 영역에 속할 것이기 때문입니다.

질문을 하나 하겠습니다. 만약 내가 안드로메다 성운에 속해 있는 한 행성에 눈이 50개이고 다리가 100개인, 문어와 흡사한 모습으로 하늘을 초고속으로 나는 생명체가 있다고 하면 내 말을 믿으시겠습니까?

중관 ― 안드로메다 성운에 행성들이 있다 해도 그 안에 있는 것들을 관찰하는 것은 현대 과학의 수준으로는 불가능합니다. 또한 선생님은 어떠한 근거나 설명도 없이 안드로메다 성운의 괴생명체를 언급하고 계십니다.

후평 — 안드로메다 성운의 한 행성에서 하늘을 나는 괴생명체는 생각나는 대로 멋대로 상상한 것에 불과합니다. 이 선생처럼 나도 그러한 생명체의 존재를 인정하지 않습니다. 만약 한 사람이 내 말을 신뢰하여 안드로메다 성운에 하늘을 나는 괴생명체가 있다고 주장한다면, 우리는 그 사람을 비이성적이고 비합리적인 사람으로 취급할 것입니다.

그러나 논리적인 측면에서 고려하면 그러한 생명체가 존재할 가능성은 있습니다. 안드로메다에 존재하는 문어를 닮은 생명체의 존재를 인정하는 것이 명백한 논리적 모순을 야기할 것 같지는 않으니까요. 또한 안드로메다 성운에는 그러한 생명체가 존재하지 않는다는 것을 입증하는 것도 불가능합니다. 안드로메다 성운에 그러한 생명체가 존재하지 않는다는 것을 보이기 위해서는 안드로메다 성운에 존재하는 모든 행성을 찾아내어 이들 모두에 그러한 생명체가 없다는 것을 보여야 하는데 이것은 과학적으로 불가능하기 때문입니다.[1]

마찬가지로 우리가 살고 있는 우주라는 4차원 세계에 속하지 않는 비물질로서의 영혼이나 사후 세계는 논리적으로는 가능할 것입니다. 그러나 물리적으로는 불가능하고 형이상학적으로도 불가능할 것입니다. 안드로메다의 괴생명체처럼 영혼이나 사후 세계가 존재하지 않는다는 것도 입증될 수 없습니다. 인간의 인식이나 관찰이 가능한 것은 4차원의 세계 속 대상에 국한될 것이고 따라서 영혼이나 사후 세계는 근본적으로 미지의 대상이니까요.

영혼이나 사후 세계가 실제로 존재한다는 주장은 안드로메다에 문어를 닮은 괴생명체가 존재한다는 주장보다 비합리적이고 비이성적이라 생각됩니다. 후자는 우리가 사는 우주 속에 존재하느냐의 여부에 관한 것이므로 만약 초광속으로 나는 우주선이 개발되면 관찰할 수 있는 최소한의 가능성이 열려 있다고 할 수 있지만, 전자의 경우인 사후 세계나 영혼은 비물질이므로 근본적으로 관찰의 대상이 될 수 없으니까요.

개심 — 천국과 같은 사후 세계와 육체적 죽음 이후에도 살아남는 영혼에 대한 믿음은 보편적인 현상입니다. 전 인류의 반 이상이 사후 세계와 영혼의 존재를 믿는다고 해도 과언이 아닐 것입니다. 역사적으로 봐도 예수와 무함마드 같은 성인이나 저명한 과학자들을 포함하여 소위 위대한 지성들이 사후 세계와 영혼을 믿었고 이들이 존재한다고 주장하고 있습니다.

구체적인 예를 하나 들어보겠습니다. 천국에 대한 책을 저술한 스베덴보리(Emanuel Swedenborg)는 처음에는 철학을 공부했지만, 《원리론》(1734)이라는 우주에 대한 연구서를 출간하기도 했고 해부학에도 능통했던 과학자입니다. 1688년에 루터교 주교의 아들로 태어난 그는 철학과 과학의 연구에 몰두하던 시기인 18세기 중반에 신비한 영적인 체험을 통해 종교적인 계기를 맞게 되고, 이후 죽기 전까지 30여 년에 걸쳐 영성 신학자로서의 삶을 살게 됩니다.[2] 《천국과 지옥》(1758)은 이 기간 중 스베덴보리가 직접 보고 체험한 천국과 지옥의 모습을 기록한 책입니다. 이 책은 20여 개 언어로 번역되었고 괴테와 헬렌 켈러도 이 책의 애독자였습니다. 스베덴보리는 과학자로서 그리고 신학자로서 진지하고 성실한 삶을 살았던 사람입니다. 만약 《천국과 지옥》이 스베덴보리가 직접 체험했다고 확신하는 천국과 지옥에 대한 보고라면, 최소한 이 책은 사후 세계와 영혼의 존재를 보이는 단서로 간주될 수 있지 않을까요?

후평 ― 논의를 쉽게 하기 위해 천국 같은 사후 세계와 영혼이 존재한다고 가정합시다. 스베덴보리는 《천국과 지옥》에서 자신이 체험한 사후 세계의 모습을 기록하고 있습니다. 그런데 스베덴보리의 사후 세계에 대한 체험은 어떤 체험일까요?

개심 ― 스베덴보리는 영적 체험이라고 주장합니다.

후평 ― 우주라는 4차원의 세계 안에서 일어나는 현상에 대한 체험은 눈과 귀와 같은 감각기관에 필수적으로 의존해야 합니다. 영혼이 존재한다 해도 우리에게 감각기관이 없다면 우리가 살고 있는 우주 속 개체들과의 접촉은 불가능할 것입니다. 외부 세계와의 일차적인 접촉은 감각기관을 통해 이루어지고 영혼은 감각기관을 통해 받아들여진 지각 내용을 파악하는 역할을 할 테니까요. 사후 세계가 존재한다 해도 그곳은 우리가 살고 있는 우주라는 4차원의 세계 속은 아닐 것입니다. 만약 사후 세계가 광활한 우주 속의 어딘가에, 예를 들어 안드로메다 성운 같은 곳에 존재한다면 사후 세계도 변화, 운동 그리고 인과관계로 얽힌 자연과학의 법칙에서 자유롭지 않을 테니까요. 따라서 사후 세계에 대한 스베덴보리의 체험은 영적인 체험 즉, 그의 영혼에 의한 체험이어야 합니다. 영혼은 비물질이므로 눈도 없고 귀도 없습니다. 지각되고 느낀 내용을 파악할 뿐 외부 세계와 접촉할 길이 근본적으로 차단되어 있습니다. 결국 스베덴보리의 체험은 우리의 일상적인 체험과 근본적으로 다른 체험입니다.

우리의 뇌는 엄청난 능력을 발휘합니다. 주어진 정보들을 정리하고 사용하여 여태까지 몰랐던 사실을 밝혀내기도 하고, 무한한 상상력을 펼쳐 환상적이고 아름다운 이야기를 꾸며내기도 합니다.

이 선생이나 개심 선생께서도 〈몽유도원도(夢遊桃源圖)〉를 아시겠지요?

중관 — 세종 때 화원이었던 안견의 작품 아닙니까? 교과서에도 실린 그림으로 알고 있습니다.

후평 — 조선 시대 4대 화가 중 하나인 안견의 대표작이라 할 수 있습니다. 이 선생은 혹시 이 그림이 무엇을 그린 것인지 알고 있습니까?

중관 — 왜 갑자기 그림 이야기를 하시는지 모르겠지만… 하여튼, 세종의 셋째 아들인 안평대군이 꿈에서 본 무릉도원을 그린 것으로 알고 있습니다.

후평 — 꿈속에서 안평대군은 박팽년과 함께 깊은 골짜기와 수십 그루의 복숭아 나무가 있는 큰 산 아래에 도착하게 됩니다. 산속의 오솔길을 한참 걷다 보니 여러 갈래로 길이 나누어진 곳에 도달하고, 그곳에서 한 사람을 만나게 되는데 그 사람이 도원으로 가는 길을 가르쳐주어 최항, 신숙주와 함께 그곳을 구경하게 됩니다. 꿈에서 깨어난 후 안평대군은 꿈에서 본 것이 너무 인상적이고 생생하여 안견에게 자신이 본 것을 자세히 설명했고, 안견이 안평대군의 설명에 따라 3일에 걸쳐 완성한 그림이 〈몽유도원도〉입니다. 안견에게 무릉도원의 모습을 자세히 설명할 수 있을 정도로 안평대군의 꿈은 생생하고 인상적이었습니다. 영혼의 독립적인 존재를 인정한다면 무릉도원을 본 안평대군의 꿈은 영혼의 체험이라고 할 수 있습니다.

개심 선생에게 묻겠습니다. 안평대군의 영적 체험이라 할 수 있는 무릉도원의 꿈은 무릉도원이 실제로 존재한다는 증거로 간주될 수 있을까요?

개심 — 꿈속의 무릉도원은 아마도 과거에 실제로 보았던 어느 경치 좋은 복숭아밭에 대한 기억과 같은 것들로부터 안평대군이 자신의 꿈속에서 만들어낸 것에 지나지 않을 것입니다.

 후평 — 안평대군이 꿈에서 본 것과 유사한 무릉도원이 실제로 존재한다 해도 안평대군의 꿈은 그 무릉도원의 존재를 보이는 증거로 간주될 수 없을 것입니다. 그는 무릉도원을 실제로 본 적이 없으므로 그의 꿈은 그의 과거로부터 만들어낸 거짓 영상에 불과할 뿐 무릉도원과 어떠한 인과적 관계도 가질 수 없기 때문입니다.
 개심 선생의 말처럼 스베덴보리는 성실하고 진지한 과학자이자 종교인입니다. 나도 스베덴보리가 그의 책에서 묘사하고 있는 사후 세계의 모습을 인위적으로 조작했다고 생각하지는 않습니다. 아마도 그는 열심히 기도하는 중에 사후 세계의 모습을 보고 느꼈을 수 있습니다. 그러나 아까도 말했듯이 영혼은 눈과 귀가 없으므로 외부 세계와 접촉할 수단이 없습니다. 따라서 그가 본 사후 세계의 모습은 영혼이 만들어낸 환상이나 환각에 불과할 것입니다.
 한쪽은 보았다고 생각하는 대상이 존재한다는 것을 확신하고 있고 다른 쪽은 그렇지 않다는 것을 제외하면, 스베덴보리의 영적 체험은 안평대군의 꿈과 별반 다를 것 같지 않습니다. 아마도 그의 영적 체험은 안평대군의 경우처럼 천국과 지옥에 대한 그의 종교적 지식이나 신념으로부터 그의 정신이 만들어낸 산물에 불과할 것입니다.

개심 — 선생님께서는 진솔한 종교인이 겪는 영적 체험을 허황된 꿈이나 환상과 동일한 것으로 취급하고 계십니다. 영혼이 비물질이라면 영혼은 우리의 감각기관을 통해서 파악될 수는 없을 것입니다. 그러나 저는 영혼의 존재를 느끼고 있고, 육체적 죽음 이후에도 존속할 수 있는 영혼이 존재한다는 것을 확신하고 있습니다. 또한 이 세상에는 영혼의 존재를 인정해야만 설명될 수 있는 현상들이 엄연히 존재하고 이러한 현상들은 영혼이 존재한다는 것을 간접적으로 시사하는 증거로 간주될 수 있을 것입니다. 선생님께서는 브라이디 머피(Bridey Murphy)에 대해 알고 계십니까?

후평 — 퇴행 최면을 통해 알게 된 한 사람의 전생에서의 이름으로 알고 있습니다.

개심 — 브라이디 머피의 경우는 전생과 환생을 밝힌 대표적인 사례입니다. 1952년에 미국의 아마추어 최면술사인 모리 번스타인(Morey Bernstein)은 콜로라도에 사는 25세의 가정주부 버지니아 타이(Virginia Tighe)에게 최면을 걸었습니다. 이 최면을 통해 현생의 그녀가 태어나기 이전인 전생에도 그녀의 영혼이 존재했다는 놀라운 사실이 밝혀졌습니다. 모리 번스타인은 퇴행 최면이라는 방법을 이용해 버지니아 타이를 전생으로 보낼 수 있었습니다.[3] 최면 상태에서 그녀는 한 번도 가본 적이 없는 아일랜드의 억양으로 자신의 전생에 대해 말하기 시작했습니

다. 그녀의 전생에서의 이름은 브라이디 머피이고 1798년에 아일랜드의 코크(Cork)에서 변호사 아버지인 덩컨 머피의 딸로 태어났습니다. 이후 머피는 17세에 션 브라이언 매카시(Sean Brian McCarthy)와 결혼하여 벨파스트(Belfast)로 이사 가게 되고 1864년에 낙상으로 죽게 됩니다.

버지니아 타이는 1923년에 태어났으므로 결국 브라이디 머피는 그녀가 아일랜드에서 죽은 후 59년 만에 미국에서 다시 태어난 것입니다. 브라이디 머피의 사례는 모리 번스타인에 의해 《브라이디 머피에 관한 연구(The Search for Bridey Murphy)》(1956)라는 제목의 책으로 발표되어 세간에 알려졌고, 정신의학자나 심리학자들이 그녀의 전생 회상을 연구하게 되었습니다. 학자들의 연구에 의하면 브라이디 머피가 살아 있던 당시 아일랜드의 모습과 그곳 사람들의 생활상에 대한 그녀의 묘사는 생생하고 놀라울 정도로 정확했습니다. 심지어 그녀는 자신의 장례식 광경과 자신이 묻힌 묘지에 세워진 비석의 모습도 생생하게 묘사하고 있었습니다.

브라이디 머피의 전생 회상은 실제로 미국에서 있었던 사건입니다. 당대의 저명한 철학자 헉슬리(Aldous Huxley)를 포함하여 많은 학자들이 브라이디 머피의 사례를 연구했으며 《브라이디 머피에 관한 연구》는 30개 이상의 언어로 번역되었고 수백만 부가 팔렸습니다. 조금 전에 말씀드렸듯이 미국 중서부에서 태어난 버지니아 타이는 아일랜드 환경을 접할 기회도, 아일랜드에 가본 적도 없는 콜로라도의 작은 도시에서 살고 있던 평범한 가정주부입니다. 또한 모리 번스타인에 의해 6년에 걸쳐 실시된 퇴행 최면을 통한 그녀의 전생 진술은 모두 그녀 자신의 육성으로 녹음되었고 전문 과학자들에 의해 연구 검토되었습니다. 따라서 브라이디 머피의 사례가 인위적으로 조작된 것이라 할 수는 없을 것입니다. 그렇다면 브라이디 머피는 1864년에 아일랜드에서 육체적 죽음을 맞은 후 59년 만인 1923년에 미국에서 버지니아 타이로 다시 태어난 것이라 해야 할 것입니다. 결국 브라이디 머피는 상이한 시공간에서 한 번은 브라이디 머피로 또 한 번은 버지니아 타이로 두 번의 삶을 산 것입니다.

59년이란 시간적 공간을 넘어 상이한 두 삶을 산 주체는 무엇일까요? 브라이디 머피의 육체는 아닐 것입니다. 1864년에 그녀의 육체는 그 기능을 상실하고 흙으로 돌아갔을 것이고, 그녀의 육체는 1923년에 미국의 중서부 지방에서 태어난 버지니아 타이와 어떤 인과적 관계도 가질 수 없을 것이기 때문입니다.

브라이디 머피의 사례를 설명할 수 있는 유일한 방법은 육체적 죽음 이후에도 존속할 수 있는 영혼과 같은 정신적 실체를 상정하는 것입니다. 기억과 같은 정신적 능력을 관장하는 영혼이 육체와 독립적으로 존재할 수 있다면, 1864년까지 브라이디 머피라는 여성 몸에 존재하던 하나의 영혼이 머피가 죽은 후 그녀의 몸과 분리되어 존재하다가 1923년부터 버지니아 타이의 몸에 다시 존재하게 되었다고 할 수 있습니다.

후평 — 개심 선생의 말씀을 들으니 대학교 때의 일이 생각나는군요. 대학 2학년 때인 것 같은데, 모리 번스타인의《브라이디 머피에 관한 연구》를 우리말로 번역한 책의 영향을 받아 최면술까지 배울 정도로 이 사건에 관심을 가졌던 적이 있습니다.

당시 나는 불교에 관심을 갖고 있었는데, 정신병리학자인 스티븐슨을 포함하여 많은 사람들이 브라이디 머피의 사례를 윤회나 환생의 증거로 간주하였습니다. 심지어 조계종의 종정이었던 청담 스님도 자신의 수상록에서 윤회를 보여주는 직접적인 사례로 브라이디 머피의 사례를 거론하고 계십니다.

개심 선생이나 스티븐슨과 같은 일부 학자의 주장처럼 1864년에 죽은 브라이디 머피가 버지니아 타이로 실제로 환생한 것이고, 따라서 최면 중 버지니아 타이의 브라이디 머피와 관련된 진술이 브라이디 머피가 실제로 겪은 경험의 기억에 대한 보고라면 브라이디 머피의 사례는 영혼과 같은 정신적 실체가 존재한다는 증거로 간주될 수 있을 것으로 보입니다. 그러나 이것이 성립하려면 최면 상태에서 묘사한 그녀의 전생이 실제로 존재했던 사건이어야 합니다.

워낙 세간의 관심을 끌었던 사건인지라《브라이디 머피에 관한 연구》가 발간된 이후 브라이디 머피의 사례는 언론 단체들이 아일랜드에 파견한 기자들에 의해 철저히 조사되었고 그 결과 새로운 사실이 드러나게 되었습니다. 19세기 아일랜드의 모습이나 그곳 사람들의 생활상에 대한 그녀의 묘사는 비교적 정확한 것이었습니다. 그러나 그녀가 전생의 브라이디 머피가 환생한 것이라는 것을 의심할 만한 결정적인 반대 증거들이 발견되었습니다. 몇 가지만 말하겠습니다. 그녀의 진술에 따르면 브라이디 머피는 1789년에 코크에서 태어나서 1864년에 죽었는데 그녀의 출생과 사망에 대한 어떤 기록도 찾을 수 없었으며, 브라이디 머피가 코크의 한 목조 집에서 살았다고 했으나 당시 아일랜드의 주택 대부분은 돌이나 벽돌로 지어진 집이었습니다. 또한 그녀는 '성 테레사' 교회에 갔던 경험을 이야기하고 있으나 그 교회는 브라이디 머피의 사후인 1911년에 세워졌습니다.

  브라이디 머피의 사례를 합리적으로 설명할 수 있는 단서는 버지니아의 고향인 시카고에서 버지니아의 어릴 적 행적들을 조사한《시카고 아메리칸》신문사의 한 기자에 의해 발견되었습니다. 그 기자는 시카고에서 10대의 버지니아 타이가 5년간 살았던 아파트의 건너편 주택에 살고 있는 코크웰 부인을 찾아낼 수 있었습니다. 코크웰 부인은 아일랜드 이주민이었는데, 10대의 버지니아는 코크웰 부인이 아일랜드 출신이라는 것을 좋아했던 것으로 보입니다. 그런데 놀랍게도 코크웰 부인의 결혼 전 이름은 브라이디(Bridey) 머피와 매우 유사한 브라이디(Bridie) 머피였습니다. 또한 버지니아 타이는 노르웨이 출신의 삼촌과 아일랜드 혈통이 섞인 숙모에 의해 양육되었고 세 살까지 그녀를 키운 친부모 역시 모두 부분적으로는 아일랜드 혈통이라는 것이 밝혀졌습니다.

  중관 — 결국 버지니아 타이의 전생에 대한 진술은 아일랜드와 관련된 자신의 어릴 적 경험에 대한 기억의 편린을 짜맞추어낸 것이라 할 수 있겠네요.

후평 — 그렇습니다. 브라이디 머피의 사례를 철저히 연구한 대부분 과학자의 결론은 브라이디 머피의 사례는 전생에 대한 기록이 아니라 버지니아 타이가 오랫동안 잊고 있었던 기억들로 설명될 수 있다는 것으로 일치하고 있습니다. 안평대군의 꿈에서처럼 인간의 두뇌는 경험을 통해서 자신의 뇌에 새겨진 기억의 조각들을 조작하고 결합하는 뛰어난 능력을 갖고 있습니다. 브라이디 머피의 사례도 자신의 뇌에 잠재되어 있던 아일랜드에 관한 기억의 조각들로부터 구성되었다고 보는 편이 합리적이고 건전한 판단일 것입니다.

개심 — 중관의 말처럼 선생님의 논고는 정확하고 논리적입니다. 그러나 선생님의 생각은 지나치게 과학적이고 경험적인 면으로 치우쳐 있는 것 같습니다. 제 생각으로는 브라이디 머피의 사례를 설명할 수 있는 방법이 최소한 두 가지는 있을 것 같습니다. 첫째는 버지니아 타이의 어릴 적 기억으로부터 만들어낸 것이라는 선생님의 설명 방법이고, 다른 하나는 영혼과 같은 정신적인 실체의 존재를 인정하는 것입니다. 후자는 최소한 전자만큼 명료하고 간단한 설명 방식입니다. 또한 대부분의 종교인을 포함하여 전 인류의 절반 이상이 영혼의 존재를 믿고 있고, 따라서 이들에게는 가장 설득력 있는 설명 방식일 것입니다.

선생님도 아시겠지만 고대 그리스 철학자들을 포함하여

많은 지성인들은 영혼의 존재를 믿고 있습니다. 티베트의 밀교 경전인 《티베트 사자의 서》에서는 인간이 죽은 후 49일 동안 영혼이 겪게 되는 과정을 다루고 있습니다.[4] 또한 영혼의 존재를 받아들여야만 설명될 수 있는 빙의 현상 등은 과학 만능의 시대인 현대에서도 쉽게 찾아볼 수 있는 현상입니다.

후평 ― 일정한 현상에 대한 설명이 설명으로서의 설득력을 가지려면 설명에 의해 그 현상이 어떻게 발생하게 되었는가에 대한 합리적인 이해가 가능해야 합니다. 브라이디 머피의 사례를 연구한 과학자들의 설명은 이러한 이해를 제공합니다. 반면에 영혼을 상정하여 브라이디 머피의 사례를 설명하는 것은 합리적 이해를 제공할 수 없습니다. 영혼을 상정해 이 사례를 해석하는 것은 설명이 아니라 기억을 관장하는 정신적인 주체로서 영혼이 존재한다는 믿음을 주장하는 것에 불과합니다. 앞에서 언급했듯이 영혼을 비물질로 간주하는 한 영혼은 우리의 인식 대상이 될 수 없는 미지의 대상일 것이기 때문입니다.

브라이디 머피의 사례가 영혼의 존재를 시사하는 사례로 간주되려면 버지니아 타이가 회상한 브라이디 머피로 살았던 전생이 실제로 존재했던 전생이어야 합니다. 그러나 이미 말씀드렸듯이 버지니아 타이의 진술은 자신의 어릴 적 기억으로부터 만들어졌다는 것이 이 사례를 조사한 전문가들의 일치된 결론입니다.

개심 선생의 말처럼 전 인류의 절반 이상이 영혼의 존재를 믿고 있을 수 있습니다. 그러나 그들은 영혼의 존재를 단순히 믿고 있을 뿐 영혼의 존재를 알고 있는 것이 아닙니다. 아마도 그들 대부분은 영혼의 존재를 믿는다고 주장할 뿐 자신의 믿음에 대한 근거도, 아니 영혼이 무엇인지에 대해 생각해본 적도 없을지 모릅니다.

개심 선생은 14세기에 발견된 티베트의 밀교 경전인 《티베트 사자의 서》와 빙의 현상을 영혼의 존재를 시사하는 근거로 제시하고 있습니다. 그러나 《티베트 사자의 서》는 파드마삼바바가 번역하거나 저술한 책들 중의 하나입니다. 개심 선생의 말씀처럼 이 책에서는 사람이 죽어서 환생할 때까지 영혼이 49일 동안 겪게 되는 과정을 다루고 있습니다. 이 책의 내용이 진실이라 해도 실제로 이러한 경험을 한 주체가 이 책의 저자는 아닐 것입니다. 이 책을 저술할 때까지 그는 죽지 않았을 테니까요. 결국 이 책은 저자가 경험한 영적 체험에 대한 기록이거나 자신의 믿음을 서술한 것에 불과할 것입니다. 그렇다면 안평대군의 꿈이 무릉도원이 존재한다는 것을 보이는 근거로 간주될 수 없듯이 이 책도 영혼이 존재를 보인 것으로 간주될 수는 없을 것입니다.

빙의의 경우도 별반 다를 것 같지 않습니다. 한 인간에게 다른 영혼이나 정신적인 실체가 빙의되었느냐의 여부는 빙의된 당사자의 행동이나 증언에 의존해야만 합니다. 그러나 영혼은 비물질이므로 근본적으로 관찰을 통해서는 확인이 불가능합니다. 현대 의학에 따르면 빙의는 일종의 정신병적 현상에 불과합니다. 빙의의 경우는 돈벌이를 위한 사기극이거나 조작일 가능성이 매우 큽니다. 빙의나 영혼과의 접촉이 사기극으로 드러난 경우는 흔히 찾아볼 수 있습니다. 대표적인 사례를 하나만 들어 보겠습니다.

19세기 중반부터 20세기에 걸쳐 영국과 미국에서 영혼과 사후 세계를 믿는 영성주의가 크게 유행했던 적이 있습니다. 이처럼 영성주의가 유행하게 된 계기는 1848년에 발생한, 혼령과 접촉한 것으로 보이는 폭스 자매 사건이었습니다.[5] 당시 열두 살이었던 캐서린(Katherline Fox)과 마거릿(Magaret Fox)은 자신들의 집에서 혼령들과 접촉하고 있다고 주장했습니다. 이들 폭스 자매에 따르면 자신들이 손뼉을 치면 혼령들은 무언가를 두드리는 소리로 답했습니다. 나아가 이들은 손뼉 치는 방법으로 긍정과 부정, 알파벳을 나타내는 신호를 고안하여 귀신의 정체를 밝히려 시도했고, 결국 혼령의 정체를 밝혀냈습니다. 이들의 주장에 따르면 이들이 접촉한 혼령은 전에 이 집에 살았던 벨(John Bell)에 의해 살해된 로자(Chalrles Rosa)이고, 그의 시체는 벨에 의해 지하실 바닥 밑에 숨겨졌습니다. 폭스 자매의 증언에 따라 지하실 바닥을 파자 부패된 사람의 뼈와 머리카락 등이 발견되었습니다. 이 사실은 신문에 보도되어 커다란 반향을 일으켰고 많은 사람들은 이 사건을 혼령과의 접촉이 이루어진 증거라고 주장하게 되었습니다. 그러나 폭스 자매의 혼령과의 접촉은 1888년에 마거릿과 캐서린에 의해 계획된 사기극으로 밝혀졌습니다. 그들은 처음에는 어머니를 속이기 위해 발가락을 조작하여 두드리는 소리를 낼 수 있었고 이후 무릎 아래의 근육을 사용하는 방법을 익혀 무대에서도 혼령과의 접촉이 이루어진 것처럼 속일 수 있었다고 고백했습니다.

개심 — 하시는 말씀을 쭉 들으니, 선생님께서는 영혼이나 사후 세계에 대해 많은 관심을 가지고 있다는 것을 새삼 느끼게 됩니다. 하지만 선생님께서는 영혼이나 사후 세계의 존재를 시사하는 것으로 보이는 현상들에 대해 비판적인 잣대로만 평가하고 계십니다. 선생님의 판단을 액면 그대로 받아들여도, 지금 설명하신 것은 영혼의 존재를 보이는 것으로 간주될 수 있는 한 가지 사례가 거짓으로 판명되었다는 것에 불과합니다. 영혼의 존재를 시사하는 사례는 드물지 않게 접할 수 있는 일반적 현상입니다. 이들의 대부분은 거짓으로 판명되지 않았습니다.

후평 — 개심 선생의 말씀처럼 내가 지금 말한 것은 영혼의 존재를 시사하는 것으로 간주될 수 있는 하나의 사례가 허위였다는 것에 불과합니다. 나는 폭스 자매나 무에서 물질을 창조한다고 주장하는 사이 바바(Sathya Sai Baba)의 경우처럼 영혼의 존재를 시사하는 것으로 보이나 거짓으로 판명된 다른 사례들을 알고 있습니다.[6] 그러나 그러한 사례들을 열거하는 것이 나의 의견을 개진하는 데 별로 도움이 될 것 같지 않습니다. 허위로 드러난 사례는 그렇지 않은 것에 비해 극소수일 것이고 다른 사례들이 모두 조작이거나 사기극이라는 것을 증명하는 것은 불가능하니까요. 내 말의 핵심은 영혼은 비물질이므로 영혼이 존재하지 않는다는 것을 증명하는 것은 불가능하지만, 영혼의 존재를 시사하는 증거로 간주되는 현상들은 모두 영혼의 존재를 가정하지 않고도 설명될 수 있다는 것입니다. 내가 폭스 자매의 사례를 거론한 것은 그 사건이 19세기에 영성주의가 극성을 부리게 만든 계기가 된 대표적인 사건이기 때문입니다.

개심 선생도 아시겠지만, 근세 이후 비교적 과학적 전통이 지배하고 있는 서구에서도 영매를 통한 영혼과의 접촉, 투시력, 텔레파시, 염력과 같은 초자연적인 현상에 대한 믿음이 유행하게 되었고, 그 여파로 초자연적 현상을 연구하는 의사 과학인 초심리학(parapsychology)도 한때 활발한 연구 활동을 전개하였습니다. 지금은 초심리학이 시들해진 상황입니다. 아마도 그 이유는 엄격한 통제와 관찰 조건하에서는 초자연적 현상들이 발현되지 않았다는 데서 찾을 수 있을 것입니다.

개심 — 저는 마음을 수련하고 있습니다. 또한 신실하게 종교 생활을 하는 수많은 종교인은 죽어서 천당이나 극락에 가기를 기원하고 있습니다. 만약 영혼이 존재하지 않는다면 저의 수련이나 우리 주변에서 흔히 볼 수 있는 신실한 종교인의 기원은 헛된 것에 불과하게 됩니다. 선생님 말씀처럼 제가 영혼이 존재한다는 것을 안다고 할 수는 없을지 모릅니다. 그러나 저는 제 육체와 함께하고 있는 영혼을 느끼고 있고 영혼의 존재를 확신하고 있습니다. 선생님께서는 영혼의 존재를 시사하는 현상들이 영혼의 존재를 인정하지 않고도 설명될 수 있다고 주장하고 계십니다. 그러나 사기극이나 조작이 아니지만, 과학적으로 설명할 수 없는 사례들이 분명히 존재합니다. 선생님께서는 레이먼드 무디(Raymond A. Moody)에 대해 알고 계십니까?

후평 ─《삶 이후의 삶(Life after Life)》을 저술한 정신과 의사로 알고 있습니다.

개심 ─ 역시 짐작대로 알고 계시는군요. 아시다시피 무디는 철학 박사 학위를 가진 철학자이자 정신과 의사입니다. 그는 11권의 책을 저술했는데 1975년에 발간된《삶 이후의 삶》이 그의 대표적 저술로 무려 1300만 부 이상 팔린 베스트셀러입니다.[7] 이 책에서 무디는 150여 명의 죽었다 살아난 사람이나 죽음 직전까지 갔었던 사람들의 소위 NDE(near-death experience) 현상에 대한 증언을 채취하고, 이들 중 연구의 객관성을 높이기 위해 선발된 50여 명의 직접 체험자들의 증언을 토대로 연구한 내용을 정리하고 있습니다. 무디는 NDE 현상을 몇 단계로 설명하고 있습니다. 죽어가는 사람들은 육체적 고통이 정점에 이른 어느 시점에서 통증이 사라지고 평화로운 느낌을 갖게 됩니다. 이와 동시에 기계음 같은 소음과 함께 자신이 어두운 터널 같은 곳을 빠르게 통과하는 것을 느낍니다. 이후 자신이 육체에서 이탈했다고 느끼게 되고, 일부의 경우에는 자신의 육체나 가족들을 멀리서 바라볼 수 있습니다. 이어서 따사롭고 휘황찬란한 빛을 만나게 되고 그 빛에 매료된 상태로 있다가 어느 순간 다시 자신의 육체와 결합함을 느끼게 됩니다.

  NDE 현상은 이 현상을 직접 체험한 사람들의 삶 전체에 중대한 영향을 끼치게 됩니다. 특히 그들의 대부분은 NDE 현상을 체험한 이후 영혼이 존재하고 육체적 죽음 이후에도 생명이 계속되리라는 것을 확신하게 되었습니다.

  무디는 현대 과학의 훈련을 받은 과학자입니다. 또한 무디의 연구는 연구의 객관성을 높이기 위해 선별된 50명을 대상으로 진행되었고, 이들은 모두 NDE를 직접 체험한 사람들입니다. 권위 있는 대표적 여론 조사 기관인 갤럽의 연구에 따르면 죽음의 경계선을 넘나들었던 미국인 중 많은 수의 사람들이 NDE 현상을 체험했다고 합니다.[8] 따라서 NDE 현상은 인간 누구에게나 나타날 수 있는 보편적인 현상이라 할 수 있습니다. NDE를 체험한 사람들은 영혼이 육체와 분리되는 현상을 어두운 터널의 통과로 구체적으로 설명하고 있고, 분리된 영혼이 자신의 육체를 바라보고 있다고 증언하고 있습니다.

  선생님께 다시 묻겠습니다. NDE 현상을 설명할 수 있는 최선의 방법은 육체적 죽음을 초월할 수 있는 영혼의 존재를 인정하는 것 아닐까요?

  후평 — 우선 무분별한 언어 사용에 따른 혼란을 정리할 필요가 있을 것 같습니다. 개심 선생님은 NDE를 죽었다 살아난 사람이나 죽음 직전까지 갔었던 사람들이 겪는 체험이라고 주장하고 계십니다. NDE는 '죽음 직전까지 갔었던 사람들의 체험'일지는 몰라도 죽었다 살아난 사람들의 체험은 아닙니다. 자신의 체험을 증언하기 위해서는 체험한 당사자는 살아 있어야 할 테니까요. 따라서 NDE는 죽은 것처럼 보이고 죽음에 가까웠지만 죽지 않은 사람들의 체험입니다. 'NDE'에 해당하는 번역은 '임사(臨死) 체험'입니다. 결국 NDE에 대한 증언은 죽음에 가까웠지만 살아 있는 사람이 살아 있는 동안에 체험한 내용을 살아 있는 사람의 입을 통해 보고한 것에 지나지 않습니다.

　　NDE의 내용은 자신이 속한 문화나 환경에 따라 다를 수 있습니다. 어떤 사람은 어두운 터널 대신 강을 건너 아름다운 꽃이 만발한 곳에 갔었던 경험을 말하기도 하고, 동양권의 사람들은 빛 대신에 저승사자를 보았다고 증언하기도 합니다. 그러나 개심 선생의 말처럼 보편적인 현상은 아닐지 몰라도 무시할 수 없을 정도로 많은 사람이 무디가 정리한 것과 유사한 NDE 현상을 체험하고 있는 것으로 보입니다.

　　논의의 편의를 위해 NDE를 경험한 사람들은 무디가 묘사한 단계들을 거치게 된다고 받아들이겠습니다. 개심 선생님은 NDE 현상을 체험한 사람은 어두운 터널 같은 곳을 통과하고 자신의 육체를 멀리서 바라보는 등 영혼이 육체로부터 분리되는 것을 경험하므로 NDE 현상은 영혼이 존재한다는 것을 시사하는 증거가 될 수 있다고 주장하고 계십니다. 그렇다면 NDE 중 기계음과 같은 소리를 듣고 어두운 터널과 빛 그리고 자신의 육체를 본 주체는 무엇입니까?

개심 — 당연히 NDE 중 육체로부터 분리된 영혼 아니겠습니까?

후평 — 개심 선생님의 말씀을 받아들이면 영혼이 기계음 소리를 듣고 어두운 터널과 빛을 보았다는 이야기가 됩니다. 그러나 영혼은 비물질이므로 눈도 귀도 없습니다. 따라서 영혼이 존재하고 NDE 중 영혼이 육체와 분리되었다 하더라도 영혼이 기계음과 같은 소리를 듣고 어두운 터널과 빛을 보고, 자신의 육체를 내려다본 주체일 수는 없을 것입니다. 결국 영혼이 존재한다 해도 NDE는 영혼의 존재를 시사하는 증거로 간주될 수 없습니다. NDE도 도원경을 찾은 안평대군의 꿈처럼 하나의 영적 체험에 불과할 테니까요.

중관 — 많은 사람들이 NDE 현상을 체험하고 있는 것은 사실인 것 같습니다. 또한 이들 중 무시할 수 없을 정도로 많은 사람들이 체험한 NDE가 무디가 정리한 특징들을 공유하고 있습니다.

후평 — NDE에 관심을 가진 대부분의 과학자들은 NDE가 죽어가는 자들이 흔히 겪는 두뇌의 산소 결핍과 측두엽 장애에서 나타나는 현상이라고 설명하고 있습니다.[9] 특히 수전 블랙모어(Susan Blackmore)는 자신의 책에서 어두운 터널의 통과와 빛의 나타남, 평온한 느낌 등 NDE에서 나타나는 모든 특징들을 신경화학적으로 설명하고 있습니다. 나는 과학자들의 주장이 반드시 옳다고 말하려는 것이 아닙니다. 그러나 그들은 최소한 NDE 현상을 이해할 수 있는 합리적인 설명을 제공하고 있습니다. 반면에 NDE 현상이 영혼의 존재를 시사하는 것이란 주장은 비물질이지만 보고 들을 수 있는 영혼이 존재한다는 것을 믿으라고 억지를 부리는 것에 불과합니다.

뇌세포가 파괴되어 치매에 걸린 사람이 뇌세포의 재생 없이 치매에서 회복된 사례가 있다면, 그 사례는 영혼의 존재를 보이는 증거로 고려될 수 있을 것입니다. 현대 과학에 의하면 정신 활동을 관장하는 기관은 뇌이니까요. 그러나 그런 사례는 없었고 앞으로도 있을 것 같지 않습니다.

중관 — 개심과 선생님의 대화를 듣다 문득 이런 생각이 떠올랐습니다. 선생님의 논지는 영혼이 물질이 아니라는 것에 크게 의존하고 있습니다. 그러나 영혼을 시각 기능과 청각 기능을 가진 신비한 물질로 간주할 수 있지 않을까요?

후평 — 사실 일부의 소위 심령 과학자들이 그러한 주장을 하고 있습니다. 죽기 직전의 몸무게와 죽은 직후 몸무게를 재고 그 무게의 차이가 영혼의 무게라 추정하는 사람도 있습니다. 그러나 영혼이라는 그 신비한 물질은 어떠한 존재입니까? 그 물질은 오관의 기능을 가지고 있어야 하고, 육체에 머무르며 육체를 조종할 수 있고, 육체와 분리되어 존재할 수 있어야 합니다.

또한 공간의 제약을 초월할 수 있고 영원히 존재할 수 있어야 하므로, 인과관계로부터 자유롭고 우주의 자연법칙이 적용될 수 없습니다. 4차원 세계의 인과관계가 적용될 수 없는 존재를 물질이라 할 수 있을까요?

영혼이 신비한 물질이라고 주장하는 것은 물질과 물질 아닌 것 외에 설명될 수 없는 제3의 범주에 속하는 존재가 있다고 언급하는 것에 불과합니다. 비물질로서의 영혼이 논리적으로 가능한 것처럼 신비한 물질로서의 영혼도 그 자체로는 명백한 모순이 나타나지 않는다는 의미에서 논리적으로 가능할지 모릅니다. 그러나 물리적으로나 형이상학적으로는 가능하지 않습니다. 신비한 물체로서의 영혼을 상상 속에서 정합적으로 구체화시키는 것이 가능하지 않을 테니까요.

개심 — 영혼이 물질일 수는 없습니다. 만약 영혼이 물질이라면 영혼은 근본적으로 과학의 탐구 대상일 테니까요. 물질이 아닌 영혼은 과학의 탐구 대상이 될 수 없고 느낌과 믿음의 차원에서 다루어져야 합니다. 저를 비롯한 진실한 종교인들은 영혼의 존재를 느끼고 확신하고 있습니다. 또한 영혼이 존재한다는 믿음은 삶을 의미 있고 풍요롭게 하기 위한 우리의 소망입니다.

후평 — 이미 말씀드렸듯이 영혼이나 사후 세계와 같은 종교적 믿음이, 자신의 무지를 인정하고 스스로 반성하고 두려위하며 자신의 종교적 삶을 이어가는 소박한 신앙일 경우 그러한 믿음을 갖는 것에 반대하지 않습니다. 오히려 장려되어야 할 것이라 생각되기도 합니다. 내가 반대하는 것은 합리적으로 설명될 수 있는 현상을 영혼이나 사후 세계가 존재한다는 증거로 간주하는 경우입니다. 이것은 진실을 왜곡하는 행위에 지나지 않습니다.

문제는 설명되지 않는 현상을 접하게 될 때 우리가 택하는 설명 방식에 있는 것 같습니다. 사춘기를 갓 지난 청순해 보이는 한 소녀가 임신을 했는데, 그 소녀는 자신의 몸에 성령이 임하여 임신이 되었다고 주장한다고 합시다. 이 경우 순박해 보이는 소녀의 주장에 따라 성령이 그녀를 임신시켰다고 하는 것도 한 가지 설명 방식일 것입니다. 그러나 이것은 진정한 설명이 될 수 없습니다. 이것이 하나의 설명으로서 역할을 하기 위해서는 성령에 대한 설명이 우선적으로 요구되니까요. 이 경우 우리가 취할 가장 타당하고 합리적인 행동은 그녀가 어떤 남성에 의해 임신하게 된 것이라 판단하고, 그녀를 임신시킨 남성을 밝히는 것입니다.

새로운 대화

영혼, 정신, 마음, 의식의 흐름 사이의 차이점

후평 — 오늘은 천국이나 극락 같은 사후 세계나 정신 현상을 관장하는 실체로 간주되는 영혼에 대해 이야기를 나누겠습니다. 본격적인 토론에 앞서 우선 우리의 토론에서 간과되고 있는 것처럼 보이는 한 가지를 언급해야 할 것 같습니다.

지난 만남에서 이 선생은 육체적 죽음 이후에도 존속하는 영혼이나 마음을 받아들이면 에피큐리언 견해를 극복할 수 있다고 주장했습니다. 육체적으로 죽은 후에도 정신 행위를 계속할 수 있는 영혼이나 마음이 존재한다면 죽음이라는 사건을 경험하고 그 사건에 대해 일정한 가치판단을 할 여지가 있으므로 "죽음은 죽는 당사자에게 아무것도 아니다"라는 에피큐리언 견해는 극복될 수 있습니다. 그러나 나와 이 선생을 포함하여 우리들은 '영혼'이나 '마음', '의식'과 같은 추상적이고 난해한 개념들을 너무 손쉽게 사용하고 있는 것으로 보입니다.

이 선생은 '영혼'을 어떤 식으로 이해하고 계십니까?

중관 — 글쎄요. 간단하게 말해서 지각 행위와 같은 정신 현상 등을 관장하는 존재라 할 수 있을 것 같습니다.

정신이란 무엇인가? 마음, 의식의 흐름, 오온(五蘊)

후평 — 그렇다면 '마음'이나 '정신'도 정신적 행위를 관장하는 것으로 간주되므로 육체적 죽음 이후에도 존재하는 마음이나 정신을 받아들이면 영혼은 이들과 큰 차이가 있을 것 같지 않습니다. 그러나 '마음'이나 '정신'은 존재론적으로 중립적인 개념인 반면 '영혼(soul)'은 그렇지 않습니다. 다시 말해 '마음'이나 '정신'은 정신적 현상들을 관장하는 독립적인 실체를 인정하지 않고 정신 현상들을 일종의 두뇌 현상으로 설명할 경우에도, 혹은 기억과 같은 정신 현상 자체를 의미하는 용어로도 사용될 수 있습니다. 위키피디아의 설명에 따르면 마음(mind)은 의식(consciousness), 사고, 지각, 감각(sensation), 느낌, 기분(mood), 동기(motivation), 행동, 기억, 학습 등의 정신적 현상들의 총합이나 이러한 현상을 행할 수 있는 능력을 의미합니다.

반면에 '영혼'은 독립적으로 정신 현상을 관장하는, 육체를 초월한 실체를 의미하는 용어입니다. 그러나 '영혼'이란 용어도 정신 현상들을 관장한다는 의미에서 '마음'이나 '정신'과 마찬가지로 정신 현상들을 지칭하거나 설명하기 위해 만들어졌거나,

최소한 정신 현상들과 밀접히 관련된 용어라 할 수 있습니다.

중관 — 불교에서도 정신적 현상들에 대해 설명하고 있습니다. 초기 불교에서는 인간은 다섯 가지 요소인 오온(五蘊, pañca khandha)이 합쳐진 것이라 설명하고 있습니다.[10] 온이란 무더기나 적취(積聚, 쌓여 모임)를 의미합니다. 인간을 구성하는 오온은 아래의 다섯 가지입니다.

색(色: 물질, 육체)

수(受: 지각, 느낌)

상(想: 표상, 생각)

행(行: 욕구, 의지)

식(識: 의식, 마음)

오온설에 따르면 인간이 태어나서 죽는 것은 인간을 구성하는 다섯 가지 요소가 뭉쳤다가 흩어짐에 불과합니다. 오온 중 색을 제외한 수, 상, 행, 식은 모두 정신적인 요소들이라 할 수 있습니다. 이렇게 보면 인간에 대한 오온설에 따른 설명은 물질적인 요소보다 정신적인 요소들이 강조되었다는 느낌이 듭니다.

후평 — 우리는 느끼고, 생각하고, 지각하고, 상상하고, 기억하고, 갈구할 수 있습니다. 우리는 의식 중이든 무의식 중이든 이러한 정신적 현상들을 야기할 능력을 가지고 있습니다. 불교는 현대 심리학에서의 설명에 못지않게 정신 현상들을 체계적이고 포괄적으로 분류하고 있는 것으로 보입니다. 심지어 유식론에서는 말나식과 아뢰야식을 포함한 여덟 가지 식으로 인간의 의식을 설명하고 있는데 이 중 말나식은 자의식에 해당하는, 아뢰야식은 잠재의식이나 무의식에 해당하는 정신 현상을 나타내는 용어라 할 수 있습니다.

그러나 인간은 오온이라는 다섯 가지 요소가 뭉쳐진 것에 불과하다는 오온설의 주장은 수, 상, 행, 식이라는 정신적인 현상들을 물질(육체)에 해당하는 색과 동일한 존재론적 지위를 가진 것으로 취급하고 있는 것으로 보입니다. 수, 상, 행, 식과 같은 정신 현상들은 분명히 존재합니다. 내가 한동안 촛불을 응시하다가 눈을 감았다 합시다. 이 경우 붉고 노란 원형의 상이 보입니다. 눈을 감았으므로 나는 촛불이 켜져 있는 외부와 최소한 시각적으로 단절되어 있는 상태입니다. 그러나 이 경우 내가 붉고 노란 원형의 빛을 보고 있다는 것은 명백한 사실입니다.

정신 현상들이 존재한다는 것은 부인할 수 없지만 이들의 존재는 이들 현상을 가진 주체에 의존해야만 하는 존재입니다. 촛불을 응시하다 눈을 감고 있는 내가 없다면 붉고 노란 원형의 상도 없을 것입니다.

조금 구체적으로 논의를 진행해보겠습니다. 길동이라는 사람이 사납게 짖고 있는 누런색의 개를 목격했다고 합시다. 길동이는 이 경험을 통해 시각적으로는 누런색 개의 모습과 청각적으로는 개의 짖는 소리를 감지할 것입니다. 길동이가 지각 행위를 통해 얻게 된 개 모습의 심상(心象)이나 개의 짖는 소리는 분명히 길동이에게는 존재할 것입니다. 정신 현상을 연구하는 학자들은 우리의 지각 내용과 감정, 사고 등의 정신 현상들을 퀄리아(qualia: 질質, 물리적으로 설명될 수 없는 순수하게 질적인 요소가 있다는 것을 강조한 표현, sense qualia: 감질感質, 오관을 사용한 지각 행위의 결과로 얻게 된 감각 내용)라 합니다. 따라서 길동이가 누런 개를 지각하며 얻게 된 개의 상이나 소리 등은 퀄리아입니다.

    대부분의 과학자들이 받아들이는 물리주의에 따르면 길동이가 가진 개의 심상이나 개가 짖는 소리와 같은 퀄리아는 길동이의 두뇌에서 벌어지는 물리적 현상과 동일한 것이거나 물리적 현상에 필연적으로 수반되어 나타나는 현상에 불과합니다.[11] 뇌과학이나 신경과학 분야에서 최근 이루어지는 발견들은 거의 경이롭다고 할 수 있습니다. 정신 현상에 관한 최근의 연구는 일정한 정신 현상과 두뇌의 일정 부위가 밀접하게 연결되어 있다는 것을 밝히고 있습니다. 나는 뇌과학이나 정신과학에서의 연구에 따른 주장을 대체로 수용해야 한다는 입장입니다. 그러나 두뇌의 신경 네트워크에서의 물리적 변화와 퀄리아 사이에 일정한 관계가 성립한다는 것이 설명될 수 있다고 해도 이것은 심신 문제를 연구하는 사람들이 주장하는 소위 '쉬운 문제'에 해당합니다. 심신 문제에서 핵심적이고 중요한 문제는 정신 현상과 물리적인 두뇌 현상은 전혀 다른 현상이라는 데서 야기되는 문제입니다.

    어떻게 물리적으로 설명이 가능한 물리적 현상으로부터

전혀 이질적인 정신 현상이 발현되느냐? 이 질문은 그 해결이 난망해 보이는 소위 '어려운 문제(hard problem)'입니다. 길동이가 하나의 퀄리아를 가질 때 길동이의 두뇌 신경 네트워크에서 나타나는 현상은 복잡하게 연결된 시냅스(synapse)에서 벌어지는 전기 화학적인 변화라 할 수 있는 물리적 현상입니다.[12] 이에 반해 이러한 현상과 대응되는 퀄리아는 물리적인 설명이 불가능한 전혀 이질적인 현상입니다. 퀄리아는 물리적 현상과 구별되는 몇 가지 특징들을 가지고 있습니다. 길동이의 예를 이용하여 설명해보겠습니다.

길동이가 사납게 짖고 있는 누런 개를 보고 얻게 된 개의 모습과 개의 짖는 소리는 길동이만이 가진, 그에게 고유한 퀄리아입니다. 즉, 퀄리아는 정신적 경험을 한 당사자에게만 나타나는 사적인(private) 것입니다. 다른 어떤 사람도 길동이의 퀄리아를 공유할 수 없습니다. 길동이가 누런 개가 사납게 짖는 것을 경험한 정확히 같은 시각에 다른 사람인 길순이가 이 사건을 경험했다 해도 이에 대한 길순이의 퀄리아는 길동이의 것과 다른 것입니다.

퀄리아의 두 번째 특징은 언어나 어떤 다른 수단을 통해 다른 사람에게 전달되거나 파악될 수 없다는 것입니다. 이 특징은 퀄리아는 근본적으로 사적일 수밖에 없다는 첫 번째 특징과 밀접히 연관된 것으로 보입니다. 비트겐슈타인의 '사적 언어 논증(private language argument)'에 따르면 감각 경험의 내용과 같은 퀄리아는 사적이므로, '직시적 정의(ostensive definition, 대상을 지시하며 그 대상을 일정한 기호를 사용하여 지칭하는 것)와 같은 방법을 사용하여 한 용어가 일정한 퀄리아를 지칭하게 해야 합니다.[13] 그러나 이러한 언어는 근본적으로 사적이므로 남에게 전달될 수도 심지어 그 자신에게도 의미를 가질 수 없습니다. 길동이가 누런 개를 목격할 당시 얻게 된 개의 모습을 "누렁이"라 지칭했다고 합시다. 누구도 길동이의 마음속을 볼 수 없으므로 길동이가 소유한 퀄리아는 다른 사람에 의해 확인될 수 없습니다. 따라서 길동이 외에 어떤 사람에 의해서도 길동이가 말한 "누렁이"란 단어의 의미는 파악될 수 없을 것이고, 길동이가 자신의 퀄리아를 지칭한 행위는 어떠한 의미도 부여할 수 없는 행위에 불과할 것입니다. 퀄리아의 이러한 성격이 경험주의자인 버트런드 러셀이 '이것', '저것'과 같은 논리적 고유명을 사용하여 퀄리아를 지칭하려 시도하게 했을 것입니다.[14]

　　퀄리아의 다른 특징도 있습니다. 일정한 퀄리아가 생겼을 당시 그 퀄리아를 보유한 당사자는 자신이 그 퀄리아를 갖고 있다는 것을, 직접적으로든 간접적이든 그것의 존재를 인식하거나 의식할 여지가 있다는 것입니다. 길동이는 누런 개의 짖는 모습이나 짖는 소리와 같은 퀄리아가 존재할 때 자신이 그러한 퀄리아를 가지고 있다는 것을 즉각 알아챌 수 있습니다.

　　내가 강조하고 싶은 퀄리아의 특징은 퀄리아가 비물질적일 것이라는 겁니다. 앞에서 언급했듯이 퀄리아를 야기하는 것으로 보이는 두뇌 현상은 전기 화학적인 변화인 물리적 현상에 불과합니다. 이에 반해 퀄리아는 전기 화학적 변화와 같은 물리적 현상으로 설명될 수 없는 전혀 이질적인 현상입니다. 누런 개가 짖는 것과 같은 동일한 사건도 경험한 사람에 따라 다른 퀄리아를 갖게 할 것입니다. 따라서 아래의 명제는 참일 가능성이 높은 명제일 것입니다.

"하나의 동일한 두뇌의 물리적 상태에 의해 다른 퀄리아들이 발생할 수 있다."

만약 이 명제가 참일 가능성이 있다면 퀄리아는 비물질이라고 간주될 수 있습니다. 이 명제가 참이면 두뇌의 한 물리적 상태에 대응하는 서로 다른 퀄리아들이 존재할 것이므로 하나의 퀄리아를 하나의 물리적 상태로 설명하는 것이 불가능할 것이기 때문입니다.

중관 — 정신 현상은 비물질적이라는 주장에서 사용된 '비물질'이라는 개념도 명확히 할 필요가 있을 것 같습니다. 글자 뜻대로는 '비물질'은 물질이 아닌 것을 의미합니다. 따라서 "정신 현상은 비물질적이다"라고 하면 이는 정신 현상은 물질이라 할 수 있는 특징이 결여되어 있고 따라서 물리적인 설명이 불가능하다는 의미로 해석될 수 있을 것입니다.

물질이 드러내는 가장 큰 특징은 4차원의 시공간 속에 존재한다는 것입니다. 데카르트는 물질의 가장 두드러진 특징은 연장성(延長性, extension)이라 주장합니다. 연장성은 현대적인 해석으로는 시공간을 점유한다는 특성을 말하는 것이라 할 수 있습니다. 데카르트는 이원론자이자 관념론자입니다. 관념의 존재를 인정했으므로 그는 퀄리아가 존재하고 이들은 사적이라는 것을 받아들인 것입니다. 즉, 퀄리아들은 퀄리아를 가진 당사자에게만 존재합니다. 이원론자인 그에 따르면 인간은 정신과 육체라는 두 종류의 실체가 합쳐진 존재이며, 정신은 연장성이 없는 대신 사유성이라는 특징이 있고 육체는 사유성이 없는 대신 연장성이라는 특징이 있습니다. 이러한 입장은 인간의 정신에게 특별한 지위를 부여하게 됩니다. 그에 따르면 모든 정신 현상을 관장하는 것은 인간의 정신이고 육체를 포함한 모든 물질은 기계적인 자연의 법칙에 따라 움직이는 우주라는 커다란 시계와 같은 기계의 부속에 지나지 않습니다. 따라서 우주라는 자연은 인간 정신의 탐구와 연구의 대상이자 이용의 대상입니다. 저는 데카르트가 인간의 정신 현상을 주관하는 영혼과 같은 유일한 비물질적인 존재를 상정함으로써 자연과 인간을 분리하고 자연을 탐구와 이용의 대상으로 만들어, 인간에게 자연 파괴를 정당화할 수 있는 사변적인 근거를 제공했다고 생각합니다.

    유치하다고 생각하실지 모르지만, 근원적인 질문을 하나 던져보겠습니다.

"정신 현상은 연장성이 있습니까?"

만약 정신 현상이 물리적으로 설명될 수 없지만 연장성을 가지고 있다면 정신 현상은 물질의 대표적 속성을 가지고 있는 것입니다. 누런 개를 목격하며 얻게 된 개의 모습으로서의 퀄리아는 최소한 길동이가 가지고 있습니다. 누런 개와 관련된 퀄리아가 길동이 내부의 어느 곳에서 나타났는지 정확히 지적할 수는 없을지라도 아마도 길동이의 두뇌나 두뇌와 밀접히 연결된 부위라 할 수 있을 것입니다. 이렇게 보면 퀄리아는 물질이라 할 수 있는 가장 큰 특징인 연장성을 가지고 있는 것입니다.

'퀄리아'와 같은 전문용어를 사용하지 않고 이 문제를 재구성할 수 있을 것 같습니다. 하나의 인간인 길동이는 보고, 느끼고, 기억하고, (무언가를) 갈망하고, 기쁨이나 슬픔을 느끼고, 옛일을 기억하고, 사고합니다. 또한 '내가 본 산사의 아름다운 풍경에 대한 기억'처럼 자신이 가진 퀄리아는 자기 자신이 소유한 것이라는 자의식을 포함하여 다양한 의식 활동을 합니다. 길동이는 이런 다양한 정신 활동을 할 수 있고, 그 정신 활동은 실제 그것을 수행하고 있는 길동이 내부에서 벌어지는 현상입니다. 우리는 지금 길동이 내부에서 벌어지는 현상들이 물리적으로 설명이 되지 않으므로 비물질적이라 주장하고 있는 것에 불과합니다. 길동이가 자신의 피부를 세게 꼬집으면 그는 아픔을 느낄 것입니다. 길동이가 느끼는 아픔의 느낌은 길동이만이 가진 하나의 정신 현상입니다. 그러나 그 현상은 길동이가 자신의 피부를 세게 꼬집는 행위에 의해 촉발된 것으로 길동이 내부에서 발생한 현상입니다.

후평 — 나도 길동이가 갖는 정신 현상들이 그러한 현상들을 야기한 길동이를 벗어나서는 설명될 수 없다는 데 동의합니다. 그러나 현대 과학은 또한 길동이 내부에서 일어나는 이러한 정신 현상들이 두뇌의 물리적 상태와 밀접하게 관련되어 있을 것이라고 주장할 뿐 이러한 정신 현상이 발생하는 물리적 메커니즘에 대해서는 어떠한 그럴듯한 설명도 제공하지 못하고 있습니다. 두뇌에서 벌어지는 물리적 현상은 최소한 관찰이나 실험으로 확인 가능한 전기 화학적 현상인 반면, 정신 현상의 경우 이것이 불가능하니까요. 과연 '지난 여름 하조대 앞바다를 보고 얻게 된 느낌'과 '태종대 앞바다를 보고 얻게 된 느낌'의 차이를 물리적으로 설명할 수 있을까요?

이 선생과 나는 정신 현상과 관련하여 최소한 아래처럼 열거될 수 있는 몇 가지 생각에 동의하고 있는 것으로 보입니다.

1. 정신 현상은 존재한다.
2. 정신 현상의 존재는 정신 현상을 가진 당사자의 존재에 의존적이다(독립적으로 존재할 수 없다).
3. 정신 현상 자체는 당사자만이 접근 가능한 전적으로 사적인 것이다. 언어나 어떠한 다른 수단에 의해서도 다른 사람에게 전달될 수 없다.
4. 정신 현상은 물리적으로 설명될 수 없는 이질적 현상이므로 비물질적인 것으로 보인다.
5. 정신 현상이 나타날 때 정신 현상을 가진 당사자는 정신

현상이 강력할 경우 정신 현상의 존재와 그 내용을 의식할 수 있다.

정신 현상을 설명하는 세 가지 설명 방식이 가능할 것 같습니다. 첫째는 주로 물리주의자들의 입장입니다. 만화영화 〈톰과 제리〉를 보면 톰이라는 고양이와 제리라는 쥐는 눈이 따라가지 못할 정도로 끊임없이 움직입니다. 그러나 실제로 우리는 조금씩 변화된 고정된 그림의 시리즈를 보고 있는 것에 불과합니다. 적절한 비유가 될 수 있을지 모르지만, 영화 속 고양이와 쥐의 끊임없는 움직임이 조금씩 변화된 정지된 장면의 사진들이 연속되어 비춰지는 것에 불과하듯이, 정신 현상들은 두뇌의 물리적인 상태로 환원될 수 있거나 최소한 물리적 상태에 필수적으로 수반되어 나타나는 현상에 불과하다는 것입니다.

둘째는 느낌이나 생각과 같은 정신 현상들을 의식하고 관장하는 마음이나 의식의 흐름과 같은 비물리적인 존재를 받아들이는 입장입니다. 정신 현상과 관련하여 우리들이 합의한 위의 4번 사안에 따르면 느낌이나 생각 등은 사적이고, 물리적으로 설명될 수 없는 비물질로 보입니다. 따라서 비물리적인 것들을 의식하고 관장할 수 있는 것 역시 비물리적이어야 할 것이라는 생각에 근거해 마음과 같은 비물리적 존재를 받아들이는 입장입니다. 이 입장에 따르면 마음이나 의식의 흐름은 정신 현상들이 나타날 때 이를 의식할 수 있고 정신 현상들은 마음이나 의식의 흐름 속에서 발현됩니다.

　　마지막 설명 방식은 비물질적인 정신적 실체로서 모든 정신 현상들을 관장하는 영혼의 존재를 받아들이는 것입니다. 이 입장을 따르면 영혼은 물질로 구성된 육체로부터 독립적으로 존재하는 정신적인 실체이며, 느낌이나 생각이나 바람과 같은 모든 정신 현상과 정신 행위를 주관하는 존재입니다. 플라톤, 아리스토텔레스, 데카르트와 같은 많은 철학자들과 종교인들을 포함하여 대부분의 사람들이 영혼의 존재를 받아들이고 있는 것으로 보입니다. 이 입장에 따르면 영혼은 육체와 독립적인 정신적 실체입니다. 따라서 영혼은 죽음과 같은 육체의 변화에 구속될 이유가 없고 이러한 연유로 영혼을 주장하는 대부분의 사람들은 영혼 불멸을 주장합니다.

　　중관 — 선생님은 정신 현상을 설명하는 두 번째 방식으로 '마음'이나 '의식의 흐름'을 언급하셨습니다. 그러나 얼마 전에는 '마음'이나 '정신'은 존재 중립적인 용어라고 했던 것으로 기억합니다. 느끼고 생각하고 상상하고 기억하는 정신 현상 전체나 그러한 현상을 일으키는 능력이라는 의미로 사용했다면 '마음'이나 '의식의 흐름'은 존재 중립적인 용어일 것입니다. 그러나 정신 현상을 설명하는 두 번째 방식은 정신 현상들이 존재할 때 그들을 의식하고 관장하는 주체로서의 비물질적인 존재를 인정하는 것으로 보입니다.

　　만약 그렇다면 두 번째 방식은 마음과 의식의 흐름을 물질인 육체에 의존적인 존재로 보는 경우와 육체와 독립적으로 존재하는 실체로 보는 경우로 나뉠 수 있을 것 같습니다. 후자의 경우 육체와 독립적인 비물질로서의 정신적 실체를 인정한다는 점에서 볼 때 마음이나 의식의 흐름은 영혼과 그리 다르지 않은 개념인 것 같습니다.

  우리는 과거의 경험에 대한 기억들을 떠올릴 수 있고 이들 기억을 이용하여 새로운 생각이나 판단을 이끌어냅니다. 황순원의 〈소나기〉라는 작품의 탄생에는 자신이 어릴 적 살았던 곳에 대한 기억들과 '순수한 사랑'에 대한 그의 느낌 등이 일정한 역할을 했을 것입니다. 또한 우리는 과거의 경험들에 대한 기억들을 일관된 하나의 흐름 속에 열거하는 능력이 있습니다. 기억이나 생각 등이 물리적으로 설명될 수 없는 정신적인 것이라면 과거의 기억들에 근거해 새로운 생각을 만들어내는 것은 순수하게 정신적이고 비물리적인 능력이라 할 수 있을 것입니다. 이것이 많은 사람들이 독립적인 실체가 아니고 육체에 의존적이지만 정신 현상들을 관장하는 비물질적인 마음이나 의식의 흐름과 같은 존재를 받아들이는 이유일 것입니다.

  저는 시골의 조그만 초등학교를 졸업하고 중고등학교를 거쳐 선생님이 재직하시는 대학교에서 대학 생활을 했습니다. 대학원 석사 과정을 마치고 직장 생활을 하다 결혼했고 제 삶에 큰 영향을 끼친 절친한 친구의 죽음을 경험했습니다. 이 경험이 10년 전에 선생님과 대화하게 된 계기가 되었고, 이후 출가하여 방랑하는 떠돌이 중으로 살고 있습니다. 지금까지 거쳐온 제 삶의 과정에서 제가 경험한 일들에 대한 기억들은 존재합니다. 그 중 일부는 망각되었거나 내용이 희미해졌겠지만, 친구의 죽음이나 선생님과의 대화처럼 많은 과거의 기억들을 떠올릴 수 있으니까요. 제가 경험한 사건들이 시간의 흐름 위에 열거될 수 있는 것처럼 이들 사건에 대한 기억도 시간적으로 열거될 수 있을 것입니다. 이러한 기억들은 비물질적입니다. 따라서 이러한 기억들이 존재하는 곳을 나의 마음이나 나의 의식의 흐름이라 하면 내 마음이나 나의 의식의 흐름도 비물질이라고 하는 것은 합리적인 주장으로 여겨질 수 있습니다. 이러한 주장을 받아들이면 한 인간에게는 그의 정신 현상들이 속해 있고 정신 행위를 수행하는 오직 하나의 마음이나 의식의 흐름이 있어야 합니다. 일부 불교 지식인들은 아뢰야식과 같은 의식의 일종이 윤회의 주체라고 주장하기도 합니다. 그러나 이러한 입장은 결코 정신 현상을 설명하는 합리적인 방법이 될 수 없을 것입니다.

저는 보고 듣고 느끼고 상상하고 갈망하고 판단하고 사고합니다. 만약 제가 존재하지 않는다면 이러한 정신적 행위들은 있을 수 없습니다. 우리들의 대화의 결과로 동의한 것으로 보이는 두 번째 사안은 정신 현상의 존재는 정신 현상을 가진 당사자의 존재에 의존적이라는 것입니다. 즉, 내가 없으면 나의 정신 현상도 있을 수 없습니다. 정신 현상을 설명하는 세 번째 방식은 정신적이고 비물질적 실체인 영혼을 인정하는 것입니다. 반면에 첫 번째와 두 번째 설명 방식은 영혼의 존재를 인정하지 않고 정신 현상을 설명하는 방식입니다. 따라서 이 두 방식에 따르면 정신적 현상들의 존재는 나라는 존재에 의존적이며 나란 나의 두뇌를 포함한 물질 덩어리인 나의 육체입니다. 즉, 첫 번째와 두 번째의 설명 방식에 따르면, 나의 육체가 존재하지 않으면 나의 정신 현상도 존재할 수 없습니다. 심신 문제가 중요하고 난해한 문제인 이유는 정신 현상을 가진 당사자의 육체 내부에서 발생하는 것으로 보이는 정신 현상들이 물리적으로 설명될 수 없는 비물리적인 현상으로 보인다는 데 있을 것입니다. 따라서 육체의 존재에 의존적이지만 비물리적인 존재인 마음이나 의식의 흐름으로 정신 현상을 설명하려는 시도는 정신 현상에 대한 물음을 마음이나 의식의 흐름에 대한 질문으로 치환하는 것에 불과합니다. 또한 이 설명 방식에서는 설명의 대상에 정신 현상 외에 마음이나 의식의 흐름이 추가되는 꼴입니다.

후평 — 우리 인간들은 감동적인 문학작품, 아름다운 노래나 그림들을 창작하는 예술 활동을 하거나, 가지고 있던 지식에 기반하여 우주에서 벌어지고 있는 현상들을 설명하는 이론이나 기발한 주장을 만들어내기도 합니다. 우리가 가진 이러한 능력들은 모두 정신적 능력들이라 할 수 있습니다. 따라서 "우리의 마음(정신)이 이러한 능력을 행사한다"라는 말은 우리들이 흔히 사용하는, 전혀 어색하지 않은 표현이라 할 수 있습니다. 최근에 챗지피티(ChatGPT)의 활용에서 볼 수 있듯이 인공지능(artificial intelligence) 분야에서 새롭게 개발된 기술들이 무분별하게 사용되고 있습니다. AI 기술을 이용하여 감동적인 문학이나 음악, 그림 등 독창적인 예술 작품들이 제작되고 있습니다. 심지어 일정한 현상이나 주제에 대한 의견 또는 해결책을 AI에게 구하는 것도 흔히 볼 수 있는 현상입니다. AI에 의해 만들어진 작품들은 인간의 작품들과 구별이 안 될 정도로 정교하고 생생합니다. 인간에 적용되는 잣대를 그대로 적용하면 AI가 수행하는 이러한 능력들은 정신적 능력이라 할 수 있을 것입니다. 그러나 어떤 사람이 "비물질적인 존재인 AI의 마음이나 정신이 이러한 능력을 수행한다"라고 주장한다면 아마도 그는 미친 사람 취급을 받을 것입니다.

    정신 현상들을 관장하는 비물질적인 존재로서 마음이나 의식의 흐름을 받아들이는 입장이 성립하기 위해서는 한 인간에게는 오직 하나의 마음이나 의식의 흐름이 있어야 합니다. 그렇지 않다면 한 인간의 정신 현상들을 관장하는 여러 개의 마음이나 의식의 흐름들을 인정하는 꼴이 될 테니까요. 그러나 심리학이나 정신의학과 같은 정신 현상을 다루는 현대 과학은 이와 반대되는 상황들을 보고하고 있습니다. 다중 인격을 보유한 사람들이 존재한다는 것은 상식적인 이야기일 것입니다. 한 사람이 8중 인격자라 합시다. 이 입장을 따르면 이 사람은 한 인간의 정신 현상들을 주재하는 비물질적인 여덟 개의 각기 다른 의식의 흐름이나 마음이 존재한다는 것을 시사하는 예가 될 것입니다.

    인체의 가장 중요한 중심 기관인 두뇌는 대칭 구조입니다. 두뇌의 가장 큰 부위인 대뇌는 두 개의 대뇌반구(cerebral hemisphere)로 구성되었고 이 두 반구를 연결하는 것이 뇌량

(corpus callosum)입니다. 의학계의 보고에 따르면, 간질을 치료하는 방법 중 하나가 뇌량을 제거하는 것인데, 뇌량을 제거한 사람의 경우 자신을 두 명의 서로 다른 인간으로 의식한다고 합니다. 의학계의 이러한 보고는 한 인간의 정신 현상을 주재하던 하나의 의식의 흐름이나 마음이 뇌량이 제거된 후 두 개의 의식의 흐름이나 마음으로 늘어났다는 이야기가 될 것입니다.

근본적으로 나는 일관성 있게 흐르는 하나의 의식이 있다는 주장을 받아들일 수 없습니다. 졸도했거나 꿈꿀 때 심지어 식물인간 상태일 경우에도 일관성 있게 계속되는 의식의 흐름이 존재한다는 것은 근본적으로 관찰될 수 없고, 상상하기도 힘들 테니까요. 우리는 과거의 경험들을 기억합니다. 하나의 일관된 의식의 흐름이란 생각은 과거의 경험들에 대한 기억의 편린들을 하나로 연결하기 위한 수단으로 상정한 것에 불과할 것입니다.

중관 — 어디선가 자유의지(free will)와 자의식(self consciousness)은 두뇌 속에서 일어나는 자연스러운 현상이라는 취지의 글을 읽었던 기억이 납니다. 이 글에 따르면 일정한 정신 현상이 일어나는 한순간에도 두뇌에서는 다른 정신 현상들을 야기할 수 있는 두뇌 속 전기·화학적 상태들이 서로 경쟁하고 있고, 이 중 가장 강력한 두뇌 상태가 살아남아 그 두뇌 상태에 해당하는 정신 현상이 발현된다고 합니다. 이러한 두뇌의 작동 과정이 자유의지와 자의식을 갖게 하는 원인이라는 것이 그 글의 핵심 주장이었던 것 같습니다.

정신의학 분야에서의 최근 연구에 따르면 우리가 일정한 생각이나 고통과 같은 느낌을 갖기에 앞서 이에 해당되는 두뇌 부분에서 전기·화학적인 물리적 변화가 발생한다고 합니다. 이것이 사실이라면 우리의 생각이나 느낌은 우리의 자유의지에 의해 발현된 독립적인 것이 아니라 육체에서 발생한 물리적 상태에 의해 야기된 것에 불과하다는 이야기가 됩니다.

후평 — 우리가 일정한 생각을 갖기에 앞서 이에 해당하는 두뇌 부위에서 물리적인 변화가 발생한다는 것은 최근 연구의 결과라기보다는 40에서 50여 년 전에 이루어진 신경과학 분야의 실험 결과로 알려진 사실입니다. 1983년에 샌프란시스코 소재 캘리포니아대학의 생리학과 소속 신경 과학자인 벤저민 리벳(Benjamin Libet)은 이후 자유의지의 존재 여부와 관련된 논란을 야기한 중요한 실험을 시행합니다.

소위 '리벳 실험(Libet experiment)'이라 불리는 그의 실험에서 뇌파(electroencephalogram)를 탐지하는 장치를 부착한 피험자 앞에 버튼이 놓여 있고 실험자는 피험자에게 원할 때 언제고 버튼을 눌러도 되는데 앞에 놓인 특수 시계로 버튼을 누르려 작정한 시간을 기억할 것을 요구합니다. 피험자가 뇌파를 탐지하는 장치를 부착한 이유는 근육 운동이 이루어지기 전에 측정되는 두뇌 활동 신호인 준비 전위(readiness potential)를 탐지하기 위함입니다. 인간의 영혼이나 마음이 자유의지에 의해 버튼을 누를 작정을 하고 버튼을 눌렀다면 버튼을 누르려 작정한 시간 이후에 준비 전위가 탐지되어야 합니다. 그러나 실험의 결과는 이와 정반대였습니다. 버튼을 누르려 작정한 시간보다 약 0.4초 전에 준비 전위가 탐지되었습니다. 이러한 결과는 우리의 의식적인 결정이 이루어지기 전에 이미 두뇌에서 전기·화학적 변화가 일어났다는 것으로 우리가 내리는 결정은 자유의지에 의한 것이 아니라 단지 두뇌의 상태를 해석한 것에 불과하다는 것을 시사하고 있다고 할 수 있습니다.

리벳의 실험은 자유의지와 이에 따른 의사 결정의 가능 여부와 관련하여 많은 논란을 일으켰습니다. 리벳의 실험에 비판적인 많은 학자들은 피험자가 버튼을 누를 결정을 한 시간을 측정하는 시계와 같은 실험 장치의 신뢰성 여부를 문제 삼았습니다. 그러나 이러한 비판에도 리벳의 실험에서와 유사한 결과가 계속해서 보고되었고 이 중 대표적인 것이 2008년에 행해진 헤인스(John-Dylan Haynes)의 실험이라 할 수 있습니다. 정확성을 기하기 위해 fMRI(기능성 자기공명 영상법)을 사용한 그의 실험에서는 운동 관련 결정을 하기 7~10초 전에 이미 뇌의 특정 영역에서 그러한 결정이 예측될 수 있다는 것이 측정되었습니다.

중관 — 몇 년 전에 가진, 진지하게 불교를 연구하는 소장 학자와의 토론이 생각나는군요. 기본적으로 현대 과학이 밝힌 지식을 받아들이는 이 소장 학자는 삼법인 중 하나인 제법무아를 받아들이며 동시에 어떻게 윤회를 설명할 수 있는가 하는 문제로 고심했던 것 같습니다.[15] 간단히 말해서 그의 해결책은 정신 현상들을 주재하는 비물질적인 의식의 흐름이 육체에 존재하고 육체에 존재하던 의식의 흐름이 윤회의 주체라는 것입니다. 그의 주장을 간단히 설명해보겠습니다. 의식의 흐름은 자성을 가진 독립적으로 존재하는 실체가 아니므로 육체를 떠나서는 존재할 수 없고 육체에 의존적이지만, 육체의 곳곳(주로 두뇌 부위)에 존재하고 육체에도 영향을 끼칩니다. 인간이 육체적으로 죽으면 육체에 의존적인 존재인 의식의 흐름은 육체가 살아 있을 때 수행하던 모든 기능을 상실할 것이고 따라서 새로운 정신 현상이 나타날 수도, 기존에 가지고 있던 정신 현상들을 주재하고 관장할 수도 없습니다. 그러나 죽는 순간에 정지된 의식의 흐름이 윤회를 통해 다른 육체로 이어지고 새로운 육체에서 계속해서 의식의 흐름이 이어진다는 것이 그의 핵심적 주장입니다.

"줄지어 서 있는 초들 중 한 초의 촛불을 다른 초에 붙여서 촛불이 이어지게 한다"라는 것이 윤회를 설명하는 한 가지 방식입니다. 윤회에 대한 촛불의 비유나, 이 소장 불교 연구자의 윤회관은 '아뢰야식 윤회'를 염두에 둔 것이 아닌가 생각됩니다. 제8식에 해당하는 아뢰야식은 모든 것을 보관한다는 장식(藏識)을 의미합니다. 한 사람의 아뢰야식은 그의 모든 정신 현상들을 빠짐없이 보관하는 기능만을 하는 의식입니다. 따라서 의식하고 있느냐의 여부와 관계없이 잠재의식이나 무의식을 포함하여 모든 기억들이 아뢰야식에 보관됩니다. 따라서 아뢰야식에는 업(業)이라 할 수 있는 우리의 삶의 결과로 생겨난 모든 정신적 내용들이 저장된다고 할 수도 있습니다. 아뢰야식 윤회에 따르면 윤회 시 영혼 같은 정신적 실체가 아니라 일종의 의식의 덩어리인 아뢰야식이 다른 몸으로 옮겨 갑니다.

우선 "윤회 시 다른 몸으로 옮겨 가는 것이 나라고 할 수 있는 실체가 아니라 자기 것이라 인식되지 않는 무의식이나 잠재의식으로 이루어진 의식의 덩어리에 불과하다면 그것이 윤회의 당사자에게 어떤 의미를 줄 수 있을까?" 하는 의문이 듭니다. 의식의 흐름으로 윤회를 설명하려던 소장 학자에게 아래와 유사한 취지로 반문했던 기억이 납니다.

"현대 과학에 따르면 인간을 포함하여 모든 유기체는 죽으면 조직들이 분해되고 조직을 구성하던 분자들도 분해되어 결국 개개의 원자들로 분해됩니다. 의식의 흐름은 독립적으로 존재할 수 있는 실체가 아니므로 육체의 존재에 의존해야 합니다. 그렇다면 한 인간이 죽어서 원자들로 분해되었을 때 육체의 존재에 의존해야 하는 의식의 흐름이라는 의식 덩어리는 어디에 존재할까요?"

육체가 죽을 때 기능이 정지되는 의식의 덩어리는 육체가 분해된 천문학적 수의 원자들 각각에 존재한다고 할 수는 없을 것입니다. 또한 만약 죽어서도 육체에 의존하지 않고 독립적으로 존재하는 의식의 흐름을 주장한다면 그것은 영혼과 같은 비물질인 독립적인 실체를 인정하는 것과 다를 바 없을 것으로 보입니다.

영혼과 사후 세계는 존재하는가?

후평 — 이 선생과 법거량을 했다는 소장 학자의 이야기 중 "육체에 존재하는 의식의 흐름은 그 의식을 소유한 육체에 영향을 끼칠 것이다"라는 말은 되새겨볼 만한 가치가 있는 것 같습니다. 과학의 설명에 따르면 정신 현상을 야기하는 것은 두뇌에서 일어나는 전기·화학적 상태라 할 수 있는 육체에서 일어나는 물리적 사태입니다. 따라서 이러한 물리적 사태는 육체에 영향을 줄 것이고 육체의 모습을 변화시킬 것입니다.

평생을 성실하게 종교 생활을 했던 사람이나 학문에 정진했던 학자들이 강렬한 안광을 내뿜는 형형한 눈을 가진 경우를 종종 목격할 수 있습니다. 내가 본 사람 중 대표적인 이가 유식학의 대가로 알려진 김동화 교수입니다. 몇십 년 전 동국대학교 불교대학원에서 유식학에 대한 김 교수의 특강이 있었는데 특강의 내용은 정확하게 기억하지 못하지만 그의 형형한 눈에서 강렬한 안광을 내뿜는 모습은 지금도 뇌리에 선명하게 남아 있습니다. 어떠한 삶을 살았는가는 그 삶을 산 사람에게 흔적을 남길 것입니다. 현재 거짓말을 일삼고 교활한 행동을 하는 사람은 겉모습도 교활함이 묻어납니다. 그것은 지금까지 그렇게 살아온 그의 삶의 흔적입니다. 그러한 사람이 정치인일 경우 그를 국회의원이나 대통령으로 뽑아서는 안 될 것입니다. 그는 자신이 처한 난국을 모면하기 위해서나 사적인 이익을 위해 국민을 교활하게 속일 가능성이 크기 때문입니다.

논의가 샛길로 흐른 것 같습니다. 이 선생과 가진 오늘의 대화로부터 "죽는 순간 죽음을 느끼고 판단할 수 있는 정신 활동을 할 수 있는 존재를 받아들여야만 에피큐리언 견해가 극복될 수 있을 것이다"라는 결론이 도출되는 것 같습니다. 따라서 비물질적인 실체인 영혼으로 정신 현상을 설명하는 세 번째 방식이 "죽는 것은 죽는 당사자에게 나쁜 것도, 좋은 것도 아니다"라는 에피큐리언 견해의 허망한 결론을 극복할 수 있는 유일한 방안이라 할 수 있습니다.

세 번째 방식을 따른다면 영혼은 비물질적인 실체이므로 육체적 죽음을 초월해 존재할 수 있습니다. 비물질적 실체인 영혼의 존재는 인간이라면 반드시 직면하게 될 많은 중차대한 문제들을 해결해줍니다. 육체적으로 죽는 순간 정신 현상을 관장하는 영혼이 존재하므로 죽는 순간이 나쁜 것인가를 평가할 수 있습니다. 또한 영혼은 물리적 법칙들에 구속되지 않는 비물리적 존재라서 시간의 제약에 구속되지 않을 것이므로 영혼의 존재를 받아들이면 윤회나 환생 그리고 천국에서의 영생 같은 초물리적 가능성들에 대한 설명이 가능합니다.

그러나 '영혼'은 '천국'이나 '신'처럼 이해하기 힘든 난해한 개념입니다. '사자', '돌', '나무', '사람'처럼 우리가 오관을 사용하여 관찰할 수 있는 물질적 대상을 지칭하는 용어일 경우 우리는 그 용어의 의미를 비교적 쉽게 파악할 수 있습니다. 그 용어가 적용되는 대상들의 예를 찾아낼 수 있기 때문입니다. 그러나 정신적 실체인 영혼은 비물질적 존재이므로 근본적으로 관찰될 수 없고 지시의 대상이 될 수 없습니다. 이 선생은 '영혼'이라는 용어를 어떻게 이해하고 있습니까?

중관 — 저는 제법무아를 받아들이고 있으니 근본적으로 영혼과 같은 정신적 실체를 인정하지 않습니다. 영혼이라는 단어는 자신들의 바람이나 인생의 허망함을 극복하기 위한 방편의 하나로 억지로 만들어낸 용어에 불과하다고 생각합니다.

대부분의 종교인은 영혼의 존재를 믿고 있습니다. 또한 고대로부터 이어져 내려오는 장례 문화에서 볼 수 있듯이 원시시대부터 인류는 영혼에 대한 믿음을 가지고 있었던 것 같습니다. 전 인류의 대부분이 영혼의 존재를 믿고 있다고 해도 과언이 아니겠지만, '영혼'은 자신이 속한 문화나 환경에 따라 그 의미가 달라질 수 있는, 일관성이나 정합성이 결여된 난해한 개념이란 생각이 듭니다.

후평 — '영혼'이라는 용어의 의미에 대한 우리들의 이해는 대략 다음과 같이 정리될 수 있을 것같습니다.

"영혼은 보고 듣고 느끼는 것과 같은 지각 행위와, 기뻐하고 슬퍼하는 감정 행위, 상상하고 기억하는 사고 행위, 기존의 사고에 의존해 새로운 다른 생각이나 추론을 이끌어내는 창조적인 지적 행위, 일정한 의지를 가지고 일정한 목표를 추구하는 행위 등을 포함해 모든 정신 현상이 일어나는 장소이자,

이들을 파악하고 관장하는, 물질이 아닌 정신적 실체이다."

이렇게 정리한 '영혼'의 의미는 우리들이 일반적으로 이해하는 '영혼'이라는 단어의 뜻과 용법에 크게 어긋나지 않을 것입니다. '영혼'에 대한 일반인들의 이해에 따르면 나의 모든 정신 현상들을 주재하고 관장하는 것은 나의 육체가 아니라 나의 영혼입니다. 나의 영혼은 비물질이므로, 나의 영혼이 내가 가진 모든 정신 현상들을 주재하고 관장한다는 사실은 관찰될 수도, 확인될 수도 없습니다.

그러나 정신 현상을 소유하고 관장하는 주체와 관련하여 보다 정확하고 설득력 있는 표현은 "나 자신이 나의 정신 현상들을 소유하고 관장한다"일 것입니다. 정신 현상들을 소유하고 주관하는 나 자신은 최소한 물리적으로는 관찰되고 확인될 수 있습니다. 물질로서의 나의 육체는 비물질이 아니고 감각에 의한 관찰이 가능하니까요.

정신 현상들은 비물질이고 관찰이 불가능한 퀄리아적인 성격을 가진 존재입니다. 영혼이 존재한다는 주장은 하나의 비물질적인 현상(정신 현상들)을 설명하기 위해 근본적으로 설명될 수 없는 새로운 비물질적인 것을 덧붙인 것에 불과합니다. 내가 소유한 지각의 내용과 같은 정신 현상들이 존재한다는 것은 명백한 사실입니다. 이러한 명백한 사실에 대한 합리적인 설명은 "나 자신이 이러한 정신 현상들을 소유하고 관장한다"일 것입니다. 이에 반해 "비물질적인 나의 영혼이 존재하고 이것이 나의 정신 현상들을 소유하고 관장한다"라는 것은 최소한의 근거도 찾을 수 없는 독단적인 주장에 불과합니다.

영혼에 대한 일반적인 이해에 따르면 영혼은 비물질이므로 육체적 죽음을 초월해서 계속해서 존재할 수 있습니다. 에피큐리언 견해에서 보듯이 육체적 죽음을 초월할 수 있는 비물질로서의 실체가 존재하지 않는다면 죽음은 죽는 당사자에게 아무것도 아니라는 결론을 피할 수 없습니다. 나를 포함하여 생명이 있는 모든 유기체는 일정 기간 생명을 유지하다 결국에는 죽습니다. 육체적인 죽음을 초월해서 존재할 수 있는 실체가 존재하지 않는다면 우리는 모두 결국에는 하루 살다 죽는 하루살이나 기껏해야 한 철을 살다 죽는 모기처럼 무로 돌아가는 것이고, 살아서 행한 우리의 모든 행동에 대해 '좋다', '선하다', '악하다'와 같은 어떠한 가치판단도 부여하기 힘들 것입니다. 정신 현상들을 주관하고 육체적인 죽음 이후에도 계속해서 존재할 수 있는 비물질적 실체인 영혼의 존재를 주장하는 것은 생명을 가진 존재라면 반드시 직면하게 될 허무함을 극복하기 위한 애절한 바람이거나, 이를 위한 한 방법으로서 천국에서의 영생과 같은 믿음을 정당화하기 위한 시도에 불과한 것으로 보입니다.

이러한 특징 때문인지 몰라도 '영혼'은 모순이 발생하는 것으로 보이는 정합성이 결여된 개념입니다. 죽음이 우리에게 아무것도 아니라는 에피큐리언 견해를 극복하거나 낙원으로 묘사되는 천국과 같은 장소가 존재한다는 것을 알기 위해서는 보고 느낄 수 있는 지각 행위와 같은 인식 행위가 가능해야 합니다. 우리는 눈과 귀와 같은 오관을 사용하여 대상을 지각하고 인식합니다. 지각을 통한 인식 행위는 물질 덩어리인 육체가 죽고 나면 불가능한, 물질계에서 벌어지는 일입니다. 만약 영혼이 죽은 자신의 처참하게 변한 모습을 지각하고 금은보화로 장식된 천국의 모습을 인식하는 것과 유사한 인식 행위를 한다면 이는 영혼이 물질의 특징을 가지고 있다는 것이 됩니다. 그러나 동시에 영혼이 육체적 죽음이라는 한계를 초월할 수 있기 위해서는 영혼은 비물질이어야 합니다.

'신'이나 '사후 세계'와 같은 비물질이나 초월적인 대상을 지칭하거나, 나타난 현상에 대한 합리적인 이해가 어려울 경우 '영혼'이라는 용어에서와 유사한 현상들이 나타나는 것으로 보입니다. 구름과 구름 사이나 구름과 대지 사이에 발생하는 일종의 방전 현상으로 밝혀지기 전까지, 하늘에서 번쩍이는 번개는 흔히 초월자인 신이 내리는 일종의 천벌로 여겨졌습니다. 번개 현상을 이해하지 못한 고대의 다양한 문화권에서 번개를 관장하는 초월적인 대상을 지칭하는 용어들이 생겨났습니다. 몇 개만 예를 들면 그리스의 신인 제우스(Zeus), 아즈텍 문화에서의 틀락록(Tlaloc), 슬라브 신화의 페룬(Perun), 힌두 신화에서의 인드라(Indra) 등이 번개를 주관하는 신입니다.[16] 유사한 경우를 질병에서도 찾을 수 있습니다. 조선 시대까지만 해도 천연두는 치유가 불가능한 원인을 알 수 없는 전염병으로 취급되었습니다. 조선 시대 민간에서는 천연두를 일으키는 초월적인 존재인 마마신에 대한 공경을 통해 천연두를 극복하려는 신앙이 있었다고 합니다.

    '신'이나 '사후 세계'와 같은 용어는 '영혼'처럼 우리들 인간이 가진 간절하고 애절한 바람을 만족시키려는 의도로 만들어진 용어라 생각됩니다. 합리적인 근거 없이 단지 간절한 바람이나 희망이 농축된 용어이므로 '신'이라는 용어도 '영혼'의 경우처럼 비정합적인 성격을 드러내고 있는 것으로 보입니다.

    문화권에 따라 차이가 있겠지만 '신'이라는 용어에 대한 우리들의 일반적인 이해는 아마도 '존재하는 모든 것의 창조주이고, 무소부재하고, 전지전능하고 지고지순한 인격체인 완전자'일 것입니다. 그러나 이러한 '신' 개념은 필연적으로 많은 정합적이지 않은 요소들을 가지고 있습니다. 우선 신은 무소부재하므로 존재하는 모든 것을 창조한 신은 자신이 창조한 것들에 존재해야 합니다. 또한 전지전능하므로 모든 것을 미리 알고 있어야 하는데 자신의 창조물이 한 행위에 대해 상과 벌을 내립니다. 또한 지고지순의 존재인데 열매를 맺지 못한 무화과나무를 저주하기도 합니다. '신'이나 '영혼' 같은 용어들이 이처럼 비정합적인 특징을 드러내는 것은 누구나 직면하게 될 인생의 허무함을 달래고 자신들이 궁극적으로 희망하고 원하는 것들을 얻는 수단으로 이러한 용어들을 어떠한 합리적인 근거 없이 만들어냈기 때문일 것입니다.

    중관 — '영혼'과 '신'이란 용어에 대한 선생님의 진단이 '천국'이나 '지옥'처럼 사후 세계를 지칭하는 용어에도 그대로 적용될 수 있을 것 같습니다. 성경 중 요한의 복음서와 단테의 《신곡》 등 고대로부터 전해 내려오는 많은 문서들이 천국이나 지옥에 대해 언급하고 있습니다. 그러나, 우리의 네 번째 대화에서 함께 살펴보았듯이, 사후 세계에 대한 구체적인 묘사는 17세기에서 18세기에 걸쳐 활동했던 스웨덴 태생의 과학자이자 신학자인 스베덴보리의 《천국과 지옥》에서 찾아볼 수 있습니다. 이번에는 조금 더 자세히 그와 그의 책 《천국과 지옥》에 대해 살펴보겠습니다. 스베덴보리의 주장에 따르면 그는 1744년에 신의 계시를 통해 천국과 지옥을 방문할 수 있는 능력을 소유하게 되고 이후 27년간 수시로 천국과 지옥을 방문하게 됩니다. 《천국과 지옥》은 천국과 지옥을 방문하여 목격한 사실을 기록한 책입니다. 그는 이 책 외에도 수십 권의 신학 서적을 저술한 것으로 알려져 있는데 보들레르, 에머슨, 예이츠 등 많은 지식인이 그에게 영감을 받았고, 그를 연구하는 모임인 스베덴보리 연구회와 그의 주장을 따르는 교파도 생겨날 정도로 지금도 신학계에서 막강한 영향력을 행사하는 인물이라 할 수 있습니다. 떠돌이 중이 당연히 갖게 되는 관심사의 일부는 '죽음'이나 '영생'의 문제이므로 저도 이 책을 읽어보았습니다. 기억 나는 대로 천국에 대한 이 책에서의 묘사를 요약해보겠습니다.

  이 책에 따르면 천국은 3단계로 나누어집니다. 제1천국 위에 제2천국이 있고 제2천국 위에 신이 거주하는 제3천국이 있습니다. 이 책에서 묘사된 각각의 천국들은 극도로 화려하고 장엄하다는 점에서 우리가 사는 지구에서 발견할 수 있는 여러 도

시들과 커다란 차이점을 드러냅니다. 천국에는 화려한 궁전을 중심으로 도심이 펼쳐져 있는데 도로는 주단으로 되어 있고 주위에서 볼 수 있는 정원에는 각종의 수려한 나무들과 아름다운 자태를 뽐내는 다양한 꽃들이 피어 있습니다. 궁전의 지붕은 금 기와로, 벽과 바닥은 온갖 보석으로 화려하게 장식되어 있는 등 화려함과 사치의 극치를 이루고 있습니다. 심지어 천국에 살 수 있도록 선택받은 보통 사람(책에서는 영인靈人이나 천사라 칭함)이 사는 일반 주택의 식당에 있는 식탁도 금은으로 화려하게 장식되어 있고 그 위에는 다양한 종류의 맛난 과일들이 놓여 있습니다. 또한 천국의 주민들은 빛나는 보석들과 아름다운 자수로 장식된 화려한 옷을 입고 있습니다. 천국에 사는 주민들의 가장 두드러진 특징은 이들은 모두 20~30대의 건강하고 활기찬 청춘남녀들로 노인과 어린이는 천국에 존재하지 않는다는 것과 여자들은 상상할 수 없을 정도로 미인이라는 점입니다. 천국에 사는 이 선남선녀들은 모두 한 쌍의 부부로 맺어져, 지복의 세계인 천국에서 환희에 가득 찬 행복한 생활을 영위합니다.

스베덴보리는 천국의 주민들이 누리는 행복은 영적인 행복이라 주장합니다. 그러나 천국에 대한 그의 묘사는 주위에서 흔히 볼 수 있는, 물질적 향락을 추구하는 전형적인 속물들이 바라는 내용에 지나지 않는 것 같습니다. 아름다운 곳에서 물질적 풍요를 누리며 좋아하는 멋진 사람을 만나, 늙거나 병들지 않고, 영원히 행복하게 사는 것이 우리와 같은 보통 사람들이 갖는 속된 바람이요 허황된 탐욕일 테니까요. 스베덴보리가 묘사한 천국은 일반인들이 갖는 이러한 헛된 희망과 욕망들을 모두 해결해주는 역할을 합니다. 결국 이 책에서 묘사된 '천국'이라는 용어는 어떠한 합리적 근거도 찾을 수 없는, 무로 돌아가야만 될 삶의 허무함을 극복하거나 달래기 위한 수단으로 만들어진 용어에 불과할 것입니다.

'영혼', '사후 세계', '신'처럼 초월적이고 비물질적인 대상을 지칭하는 용어들은 근본적으로 관찰되거나 확인될 수 없으므로 과학적 설명이 불가능하고 어떠한 합리적인 근거도 찾을 수 없습니다. 이들은 삶의 부질없음과 죽음이라는 절체절명의 사건을 필연적으로 직면해야 하는 절실함, 그리고 이를 극복하려는 간절하고 애절한 바람 등이 농축되어 탄생한 용어일 것이라는 선생님의 진단에 전적으로 동의합니다.

그러나 지난 네 번째 대화에서 이야기했듯이 영혼이나 사후 세계가 실제로 존재한다는 증거가 있다는 주장들이 제시되고 있고, 사후 세계에서 계속 살아남을 수 있는 가능성을 갈구하는 많은 사람은 이런 주장들을 받아들이고 있습니다. 영혼과 사후 세계의 존재를 시사하는 것으로 제시되는 대표적인 것들이 임사 체험이나 퇴행 최면을 통한 전생 체험에 대한 기록 등일 것입니다. 선생님은 이러한 주장에 대해 어떤 입장을 가지고 계십니까?

후평 — 10년 전의 대화에서 이미 충분히 논의되었던 것으로 기억하므로, 다시 임사 체험이나 전생으로의 퇴행 최면과 관련된 논란에 개입하는 것이 적절할지 모르겠습니다.

그러나 임사 체험이나 전생을 기억하는 사례들이 육체적 죽음을 초월하는 영혼이 존재한다는 것을 시사하는 것이라는 주장은 우리들이 모두 믿고 따르는 상식적인 지식에 어긋난다는 점을 지적해야 할 것 같습니다. 임사 체험이 영혼이 존재한다는 증거라고 주장하는 사람들 대부분은 임사 체험은 죽음에 가까웠던 사람의 체험이라기보다는 죽었다 살아난 사람들의 체험이라 주장합니다. 이들에 의하면 임사 체험의 당사자는 죽는 순간에 유체 이탈(OBE, out of body experience)하고, 기계음과 같은 소음을 들으며 어두운 터널을 통과하여 밝은 빛이나 초월적인 존재, 또는 이미 작고한 조상들과 조우한 후 자신이 떠난 육체로 되돌아오는 체험을 하게 됩니다. 이러한 임사 체험 보고가 사실이라면 인간의 육체를 벗어난 영혼이 빛이나 조상들을 보고 기계음 같은 잡음과 임사 체험 중 만난 존재들의 말을 직접 들었다는 이야기가 됩니다.

우리는 눈을 통해 보고, 귀를 통해 소리를 듣습니다. 눈의 기능을 상실한 장님은 볼 수 없고 귀가 먹은 사람은 소리를 듣지 못합니다. 이것은 아마도 누구도 부인하지 못할 사실일 것입니다. 유체 이탈한 영혼은 육체로부터 괴리됐으므로 눈도 귀도 없습니다. 임사 체험이 영혼의 존재를 시사하는 증거라 주장하는 사람들은 우리들이 가진 가장 기본적인 지식 중 하나라 할 수 있는 눈과 귀가 없거나 그 기능을 상실하면 보고 들을 수 없다는 것을 부정하는 것입니다.

최면을 통한 전생 체험과 관련해서도 한마디 하겠습니다.

최면이 수행하는 기능 중 하나는 잊어버린 기억을 되살리는 것이라 할 수 있습니다. 범죄 수사에 최면의 이러한 기능을 사용하는 것이 한때 유행했던 것으로 보이나 지금은 시들해진 상황입니다. 퇴행 최면에 의한 전생 체험이 가능하다는 쪽의 이야기는 기억을 되살리는 최면의 기능이 전생까지 확장될 수 있다는 것입니다. 그러나 최근에 알려진 바에 의하면 최면을 통해 기억을 되살릴 때 며칠 전에 본 사물의 모습이나 색깔에 대해서도 자주 틀리게 말한다고 하고, 퇴행 최면에 의한 기억은 태어나기 바로 전의 전생에 국한된다고 합니다. 최면 요법이 야기하는 가장 큰 문제점은 최면 상태에 있는 사람은 최면술사의 암시에 무저항적으로 맹종한다는 것입니다.

　　대학 시절 종로에 위치한 한 최면 학원을 다닐 때의 경험을 소개하겠습니다. 최면술사는 연약해 보이는 남자 중학생을 상대로 최면 시범을 보였습니다. 최면 시술을 시작한 후 얼마 지나지 않아 그 남학생은 최면 상태에 들었고 최면술사의 말에 맹종하게 됩니다. 당시 한여름이었는데 최면술사가 지금 그 남학생이 있는 곳이 매우 추운 북극이라고 말하자 그 남학생은 덜덜 떨며 매우 추워했습니다. 더욱 놀라운 것은 최면술사가 그 남학생의 몸이 점점 뻣뻣하게 굳어진다고 암시를 한 후에, 한 책상에는 그 학생의 머리 부분을 다른 책상에는 다리 부분을 놓고 학생의 몸 위에 걸터앉아 위아래로 뛰는 장면이었습니다. 장대한 몸집의 최면술사가 연약한 학생의 몸 위에서 격렬히 점프하는데도 그 학생의 몸은 처음의 그 뻣뻣해진 상태를 유지하고 있었습니다. 내가 이 이야기를 하는 것은 최면 상태에 있는 사람에게는 최면을 건 최면술사의 암시가 절대적으로 작용한다는 것 때문입니다. 퇴행 최면을 할 때 최면술사는 최면 중에 있는 사람의 기억을 점점 어린 나이로 소급해가다 결국에는 "엄마에게 잉태되기 전인 전생으로 돌아가라"라고 요구합니다. 어린 남학생의 예에서 보았듯이 최면 상태인 사람에게 최면술사의 암시는 절대적입니다. 전생으로 돌아가라는 요구를 받은 전생 체험의 당사자는 절대적으로 맹종해야 하는 최면술사의 암시에 따라야 하므로, 한여름에 북극의 추위를 느끼듯이 자신이 살면서 갖게 된 기억의 편린들로부터 전생의 기억을 만들어냈을 공산이 크다고 해야 할 것입니다.

중관 — 전생 체험이나 임사 체험이 영혼의 존재를 보이는 증거가 될 수 없다는 선생님의 주장을 수긍하지만 선생님은 기본적으로 과학에서의 설명을 지나치게 따르고 있다는 느낌을 지울 수 없습니다. 그러나 과학적이고 동시에 논리적이고 합리적인 설명을 받아들이는 선생님의 판단도 선생님이 갖고 있는 정신 현상의 하나일 것입니다. 또한 우리는 우리가 살고 있다고 믿는 이 세계 속이 아니라 과학으로 설명되지 않는, '매트릭스' 같은 세계 속에 존재하고 있는 것일 수도 있습니다.

후평 — 부인하지 않겠습니다. 그러나 과학의 설명에 입각한 판단인 나의 정신 현상이 많은 다른 사람들이 공감하는 정신 현상이고, 동시에 이 세상을 살아가는 데 유용한 실용적인 정신 현상인 것 또한 사실입니다.

개인 동일성에 관하여

5장

다섯 번째 대화

어제의 나는
오늘의 나와 동일한 사람인가

중관 — 누런 흙탕물이 흐르는군요. 지난번에 보았던 맑고 푸른 물이 흐르던 강과 동일한 강인지 의문이 들 정도입니다.

후평 — 매년 겪는 현상입니다. 큰 홍수 때마다 상류 지역에서 토사가 유입되어 북한강의 맑고 푸른 물이 누런빛으로 변하곤 합니다. 심할 때는 한 달 이상 지속되기도 합니다.

중관 — 강을 이루는 핵심적 요소는 강물입니다. 강물은 끊임없이 변합니다. 매 순간 새로운 물이 유입되니까요. 현재 이곳을 흐르는 강물이 내일은 아마도 서울 한강에 있는 제3한강교 밑을 지나고 있을지도 모릅니다. 강의 핵심적인 구성 요소인 강물이 완전히 바뀌었는데도 왜 우리는 과거의 강을 현재의 강과 동일한 하나의 강으로 취급하고 있을까요?

후평 — 하나의 강을 규정짓는 데는 그곳을 흐르는 강물 외에도 강이 있는 위치나 강 주위의 모습 등 다른 요소들도 작용하기 때문 아닐까요? 최소한 동일한 강인지를 결정하는 기준은 그곳을 흐르는 물이 동일한 물이어야 한다는 것은 아닐 것입니다. 그런데 이 선생, 갑자기 왜 그런 질문을 하는 건가요?

중관 — 선생님께서도 아시다시피 저는 영혼의 존재를 믿지 않는다고 주장해왔고 그렇게 믿고 있었습니다. 그러나 내심 정신적 실체로서의 영혼의 존재를 기대하고 소망했던 것 같습니다. 막상 영혼이 존재하지 않는다는 것을 냉엄한 사실로 받아들이려니 나 자신이란 존재가 무엇인지도, 얼마 전의 내가 지금의 나와 동일한 사람인지도 알 수 없다는 생각이 들었습니다.

후평 — 어쩌다 그런 생각이 들었는지 모르겠군요.

중관 — 만약 나의 몸에 동일한 하나의 영혼이 존재한다면, 과거의 나는 현재의 나와 동일한 하나의 인간이라는 것이 과거의 영혼과 현재의 영혼이 동일한 하나의 영혼이라는 것에 의해 설명될 수 있을 것입니다. 그러나 영혼이 존재하지 않는다면 나라는 존재는 결국 화학물질로 구성된, 나의 육체라 불리는 고깃덩어리에 불과할 것입니다. 육체는 끊임없이 변합니다. 과학자들에 따르면 우리의 육체를 구성하는 모든 세포는 수년 안에 모두 물갈이된다고 합니다. 결국 나의 육체에는 과거의 나와 현

재의 내가 동일한 하나의 인간이라는 것을 보여줄 어떤 항구적인 것도 없다는 생각이 듭니다.[1]

후평 — 그렇게 간단하게 단정할 문제가 아닌 것 같습니다. 그렇지만 육체에 의해서는 인간의 동일성을 설명할 수 없을 것이라는 이 선생의 입장에 대해서 논의하기 전에 우선 영혼이 존재한다면 현재의 이 선생과 과거의 이 선생이 동일한 하나의 인간이라는 것이 설명될 수 있다는 주장에 대해 살펴봅시다.
　이 선생은 오늘 나를 만나러 왔습니다. 이 선생이 자신을 지난번에 나와 만났던 이 선생과 동일한 사람이라고 생각하지 않았다면, 오늘 나를 만나러 오지 않았을 것입니다. 따라서 이 선생은 지난번에 나와 만났던 이 선생과 지금 내 앞에 있는 자신이 동일한 한 사람이라고 믿고 있는 것입니다. 영혼이 존재한다고 가정하면 이 선생의 이러한 판단이 영혼에 의해 설명될 수 있을까요?

중관 — 영혼이 존재한다면 과거나 지금이나 제 몸에는 동일한 하나의 영혼이 존재하고 있을 것입니다. 따라서 과거와 현재 모두 동일한 하나의 영혼이 존재하고 있다는 것에 의해 지난번 선생님을 만났을 때의 저와 현재의 제가 동일한 인간이라는 것이 설명될 수 있습니다.[2]

후평 — 영혼에 의해 과거의 이 선생과 현재의 이 선생이 동일한 하나의 인간이라는 것을 설명하기 위해서는 과거의 이 선생의 영혼과 현재의 이 선생의 영혼이 동일한 하나의 영혼이라는 것을 확인할 수 있어야 합니다. 그러나 지난번에 이야기했듯이 영혼은 물질이 아닙니다. 영혼이 존재한다 해도 영혼은 볼 수도, 만질 수도 없는 미지의 대상입니다. 따라서 지난번과 오늘 동일한 하나의 영혼이 이 선생의 몸에 존재한다 해도 그것을 확인할 방법이 우리에게는 근본적으로 차단되어 있습니다.

영혼의 존재를 주장하는 사람들은 빙의 현상이나 유체 이탈의 경우에서 볼 수 있듯이, 영혼은 불멸이고, 하나의 몸에 존재하다 분리되어 다른 몸에 존재할 수 있다고 주장합니다. 따라서 영혼이 시간 속에서의 개인 동일성을 결정하는 기준이라면, 지난번 나와 함께 장시간에 걸쳐 토론했던 사람이 지금의 이 선생이 아닐 수 있습니다. 지금 이 선생의 몸에 다른 영혼이 존재할 수 있는데, 그렇지 않다는 것을 확인할 방법이 없으니까요.

영혼의 동일성을 판단할 어떠한 기준도 근본적으로 성립할 수 없습니다. 이것이 가능하려면 영혼을 비교할 수 있어야 하는데 영혼은 비물질이므로 관찰과 확인의 대상이 아니니까요. 이 선생은 지난번의 나와 이 선생 자신이 지금의 나와 이 선생과 동일한 하나의 인간들이라는 믿음 때문에 이 자리에 나와 있습니다. 이 선생의 이러한 믿음은 결코 영혼의 동일성이 아닌 무언가 다른 판단에 따른 것이어야 합니다.

인간의 모든 행위는 동일성에 대한 판단에 근거하고 있다고 해도 과언이 아닐 것입니다. 한 예로 어젯밤의 아내와 오늘

침실에 함께 있을 그녀가 동일한 한 사람이 아니라면 나는 불륜을 저지르고 있는 것입니다. 이러한 개인 동일성의 판단은 결코 영혼의 동일성에 의한 판단일 수 없습니다.

중관 — 선생님도 아시겠지만 카프카의 소설 《변신》에서 주인공 그레고르는 어느 날 아침 잠에서 깨어났을 때 자신이 커다란 벌레로 변한 것을 발견하게 됩니다. 그레고르의 경우는 소설 속 이야기에 불과하지만 유사한 사례가 현실화될 가능성도 있을 것 같습니다. 높은 문명 수준의 외계인이 한 인간을 납치하여 그의 육체를 근본적으로 변화시키는 생체 실험을 했고 그 결과로 납치된 인간은 뇌 구조를 포함하여 원래의 모습과 근본적으로 다른 변화된 몸으로 깨어났다고 합시다. 이 경우 그가 납치되기 전의 자신의 몸이 근본적으로 변했다고 판단했다면, 이러한 판단은 근본적인 변화를 야기한 생체 실험을 거쳐서 그의 몸에 존재하는 영혼을 가정해야만 가능할 것입니다. 그의 육체는 근본적으로 변화했으니까요.

후평 — 납치된 사람이 가졌던 원래의 두뇌 조직이 완전히 파괴되었거나, 외계인들이 납치한 사람의 두뇌 정보를 모두 빼낸 후 다시 그에게 주입하지 않았을 경우에도 그러한 일이 현실화될 가능성이 있을지 의문이 드는군요. 만일 그런 일이 실제로 발생한다면 영혼의 존재를 시사하는 근거로 간주될 여지가 있을 것입니다.

논의를 쉽게 하기 위해 그런 일이 실제로 발생했다고 합시다. 그러나 이 경우에도 외계인에 의해 몸이 근본적으로 바뀐 사람이 납치되기 전의 그 사람과 동일한, 한 사람이라는 그의 믿음은 영혼의 동일성에 의한 판단에 근거한 것일 수는 없습니다. 영혼은 비물질이므로 납치되기 전의 그의 영혼과 바뀐 후의 그의 영혼을 확인하고 비교할 수단이나 방법이 그 자신에게는 없으니까요. 영혼은 근본적으로 미지의 대상이므로 하나의 동일한 영혼이 계속해서 존재한다고 해도 몸이 근본적으로 변한 그와 납치 이전의 그가 동일한 인간이라는 그의 판단에 영혼은 어떠한 기여도 할 수 없습니다.

이 선생이 제시한 예가 현실화될 가능성이 있다면 다음과 같은 일이 발생할 가능성도 있을 것입니다. 납치된 사람의 몸을 근본적으로 바꾸는 과정에서 원래의 영혼이 몸에서 빠져나가고 새로운 영혼이 근본적으로 변화된 육체에 거주하게 되었고, 그가 깨어났을 때 겪게 될 혼란을 염려한 외계인들이 최면에서의 암시와 유사한 방법으로 새로운 영혼의 심리적 정보를 제거하고 대신 그에게 납치된 사람의 기억을 포함한 심리적 정보를 주입했다고 합시다. 이 경우 근본적으로 변화된 몸에서 깨어난 그는 자신이 납치된 사람과 동일한 사람이라고 믿을 것입니다.

영혼의 동일성이 개인의 동일성을 결정하는 기준이라면 이 선생의 예에서 그의 판단은 옳지만, 내가 제시한 예에서 그의 판단은 옳지 않습니다. 납치 전의 영혼과 육체가 근본적으로 변화된 후의 영혼은 근본적으로 다른 영혼이니까요. 그러나 두 경우에 모두 새로운 몸에서 깨어난 그는 자신이 납치된 그 사람과 동일한 사람이라고 믿고 있을 것이고, 영혼은 근본적으로 확인 불가능한 대상이므로 이 두 경우를 구별할 어떤 방법도 그에게 있을 수 없습니다.

중관 — 선생님 말씀처럼 인간의 거의 모든 행위는 자신이 과거에서와 동일한 인간이라는 판단이 전제되어 있는 것 같습니다. 만약 생각을 시작한 순간의 인간과 그 생각을 끝낸 인간이 동일한 인간이 아니라면 생각조차도 불가능할 것입니다. 지난번에 개심과 함께 선생님을 찾아왔던 제가 지금의 저 자신과 동일한 사람이라는 믿음이 없었다면 아마도 오늘 선생님을 만나는 일은 없었을 것입니다.

선생님께서는 영혼이 시간 속에서의 인간의 동일성을 판단하는 데 어떠한 역할도 할 수 없다는 것을 설득력 있게 설명하셨습니다. 선생님 말씀처럼 개인 동일성이 영혼에 의해 설명될 수 없다면 과연 우리는 어떤 기준으로 어제의 내가 오늘의 나와 동일한 하나의 사람이라는 판단을 하는 것일까요?

후평 — 글쎄요. 개인 동일성을 설명하는 여러 가지 방법이 있을 것 같습니다. 이 선생의 생각은 어떻습니까?

중관 — 제 생각으로는 개인 동일성에 대한 판단은 기억과 같은 심리적인 요소에 의존해야 할 것 같습니다. 제가 개인 동일성을 영혼에 의거해 설명하려 한 것도 영혼이 존재한다면 영혼이 심리적인 요소들을 관장하는 역할을 할 것이기 때문입니다.

저는 지난번에 개심과 선생님을 만났던 일을 기억하고 있습니다. 그 당시 대화 중 얻은 느낌이나 생각 등도 어느 정도 기억하고 있습니다. 선생님과 만났던 나와 지금의 내가 동일한 사람이라는 것이 이러한 기억에 의해 설명될 수 있지 않을까요?

후평 — 지난번 대화에서의 이 선생의 느낌이나 생각 등을 기억할 수 있는 사람은 이 선생 자신일 수밖에 없습니다. 따라서 이 선생이 실제로 지난번 대화에서 가졌던 생각이나 느낌들을 실제로 기억한다면 그때의 이 선생과 현재 내 앞에 있는 이 선생은 틀림없이 동일한, 한 사람일 것입니다.

이 선생처럼 인간의 기억으로 개인 동일성을 설명하려는 시도를 기억 이론이라 합니다.[3] 이 이론의 창시자는 존 로크라 할 수 있습니다. 그는 자신의 대표적 저술이라 할 수 있는《인간 오성론》에서 "우리는 우리의 의식을 시간 속에서 과거로 확장한다"라고 표현하고 있는데, 여기서 그가 의미했던 것은 기억이라고 할 수 있습니다. 그의 기억 이론에 따르면 일정한 시간 t에서의 한 인간 A의 의식이 t 이전의 시간 t'에서의 A의 의식의 내용들을 기억하고 있으면 t에서의 A는 t'에서의 A와 동일한 하나의 인간입니다. 따라서 이 이론에 따르면 현재의 이 선생은 지난번에 나를 개심 선생과 함께 만났던 사람과 동일한 사람입니다.

현재 이 선생은 나와 만났을 때 이 선생이 가졌던 느낌이나 생각 등을 기억하고 있으니까요.

그러나 나는 기억이나 의식에 의존하여 개인 동일성을 설명하려는 모든 시도는 잘못된 것이라 생각합니다.

중관 — 앞에서 보았듯이 저의 경우 과거의 나와 현재의 내가 동일한, 한 사람이라는 것이 기억에 의해 잘 설명되고 있습니다. 또한 제 경우가 다른 사람의 경우와 특출나게 다르지도 않을 것입니다. 한 사람이 느끼고 생각하는 것을 기억하는 사람은 그 사람 자신일 수밖에 없습니다. 왜 기억 이론에 반대하시는지 모르겠습니다.

후평 — 이 선생은 흔히 막장 드라마라 불리는 연속극을 보신 적이 있습니까?

중관 — 자주는 아니지만 제 아내가 연속극을 좋아해서 가끔 본 적이 있습니다.

후평 — 막장 드라마에서 단골로 등장하는 상황 중 하나는 극 중 인물이 기억상실증에 걸린 경우입니다.[4] 연속극에서처럼 한 사람이 교통사고를 당했고 그 여파로 이전의 모든 기억을 상실했다고 합시다. 이 경우 교통사고 이전의 사람과 교통사고를 당한 후 기억상실증에 걸린 사람은 동일한 사람입니까?

중관 — 당연히 동일한 하나의 사람입니다. 그는 교통사고를 당해 뇌가 제 기능을 하지 못하고 있을 뿐입니다.

후평 — 그렇습니다. 그러나 기억 이론에 따르면 교통사고 이후의 그는 교통사고 이전의 그와 동일한 사람이라고 할 수 없습니다. 그는 교통사고 이전 자신의 과거에 대해 기억하지 못하고 있으니까요.

기억 이론이 개인 동일성을 설명할 수 있는 적절한 이론이 될 수 없다는 것을 보이기 위해 좀 더 극단적인 예를 들어보겠습니다. 한 고약한 최면술사가 교통사고로 기억상실증에 걸린 사람에게 최면을 걸어 이 선생의 신상 명세와 우리가 나눈 대화의 내용은 물론, 이 선생이 과거에 느끼고 경험한 일들을 자신의 과거로 받아들이도록 암시를 걸었다고 합시다. 기억상실증에 걸린 사람을 갑이라 합시다. 고약한 최면술사의 행위가 성공적이라면 갑은 자신을 이 선생이라고 믿을 것입니다.

극단적이고 비상식적인 예라 할지 모르지만, 일상에서도 유사한 경우가 발생할 수 있습니다. 우리의 두뇌는 자신이 보았던 책이나 영화의 내용을 각색하여 자신의 것으로 만드는 놀라운 능력을 가지고 있으니까요. 지난 대화에서 언급되었던 버지니아 타이가 자신이 전생의 브라이디 머피가 환생한 것이라 믿은 것도 그러한 경우일 것입니다. 또한 자신이 사회적으로 유명한 사람이라고 믿고 그렇게 주장하는 정신 질환자의 경우도 흔히 찾아볼 수 있습니다.

이 선생에게 묻겠습니다. 갑은 자신을 이 선생이라 믿고 있습니다. 내 앞에 있는 이 선생과 갑 중 지난번에 개심 선생과 함께 나와 영혼의 존재에 대해 논했던 사람과 동일한 사람은 누구입니까?

중관 — 물론 저지요. 갑의 경우는 단지 최면술사의 암시에 의해 주입된 거짓 기억을 가진 것에 불과하기 때문입니다. 지극히 당연한 것을 왜 질문하시는지 모르겠습니다.

후평 — 그렇죠. 이 선생의 말처럼 지난번에 개심 선생과 함께 나와 토론한 사람은 당연히 이 선생 자신입니다. 그러나 우리가 가정했듯이 최면술사의 시도가 성공했다면 갑도 이 선생처럼 나와의 대화를 기억할 것입니다. 따라서 기억에 근거해 개인 동일성을 결정하는 기억 이론에 따르면 갑도 지난번에 나와 토론했던 이 선생과 동일한 사람이어야 합니다.

중관 — 조금 전에 말씀드렸듯이 갑은 최면술사의 암시에 의해 선생님과의 대화를 기억하고 있다고 믿고 있을 뿐이므로 그의 기억은 실제의 기억이 아니라 거짓 기억입니다. 반면에 지난번에 나눈 선생님과의 대화에 대한 저의 기억은 저의 구체적 경험을 실제로 기억한 것입니다.

후평 — 이 선생의 주장에 따르면 개인 동일성을 규정할 수 있는 기억은 거짓 기억이 아니라 실제 기억이어야 합니다. 이 선생은 갑의 기억은 거짓 기억이고, 이 선생 자신의 기억은 실제 기억이라고 주장하고 있습니다. 그렇지만 갑이 이 선생처럼 실존 인물이라면 지금 그는 이 선생과 마찬가지로 지난번에 가진 대화를 기억하고 있다고 믿고 있을 것입니다. 이 선생이 갑이 최면 중 암시에 의해 이 선생의 과거에 대한 기억을 가지고 갖게 되었다는 것을 모르고 있다고 가정합시다. 이 경우 이 선생의 기억은 실제 기억이고 갑의 기억은 거짓 기억이라고 주장하는 근거는 무엇입니까?

중관 — 갑의 기억은 인위적으로 만들어진 것인데 반해, 제 기억은 실제로 제가 경험하고 느낀 것에 대한 기억입니다.

후평 — 이 선생의 주장은 한 사람의 기억이 실제 기억이기 위해서는 실제로 그 자신이 경험하고 느낀 것에 대한 기억이어야 한다고 정리해도 되겠습니까?

중관 — 그렇습니다. 한 사람의 기억이 실제 기억이기 위해서는 그 기억을 가진 당사자의 실제 경험에 대한 기억이어야 할 것입니다.

후평 — 그렇다면 실제의 기억을 설명하기 위한 이 선생의 시도는 개인 동일성을 전제하고 있다고 할 수밖에 없습니다.

이 선생에 따르면 한 사람의 기억이 실제 기억이기 위해서는 그 기억을 가진 사람 자신이 실제로 겪은 경험에 대한 기억이어야 합니다. 그 말은 현재 일정한 기억을 가지고 있는 사람과 기억을 야기한 경험을 한 당사자가 동일한 사람이라는 이야기입니다. 이 선생처럼 기억에 의해 개인 동일성을 설명하려는 시도는 악순환의 오류에 빠질 수밖에 없습니다.[5] 개인 동일성을 기억으로 설명하기 위해서는 그 기억이 실제 기억이어야 하는데, 기억이 실제 기억이냐는 개인 동일성에 근거해야 하니까요. 따라서 기억에 의해 개인 동일성을 설명하기 위한 시도가 성공하려면, 개인 동일성 개념에 의존하지 않고 실제의 기억을 설명할 수 있어야 합니다.

중관 — 선생님 말씀처럼 한 사람의 기억이 실제 기억이기 위해서는 그 사람 자신의 경험에 대한 기억이어야 할 것 같습니다. 자기 자신이 아닌 누구도 자신의 경험을 실제로 기억하지는 못할 테니까요. 그렇지만 기억을 포함하여 우리가 가진 전반적인 심리 상태로 시간 속에서의 개인 동일성이 설명될 수 있지 않을까요? 정상적인 인간은 누구나 의식이 있습니다. 어찌 보면 우리는 의식의 흐름 속에 있다고 할 수도 있을 것입니다. 지금 저의 의식은 일정한 생각이나 기억, 신념, 욕망, 감정과 같은 심리 상태로 구성되어 있을 것입니다. 현재 이 의식을 구성하고 있는 심리 상태는 과거의 제 심리 상태로부터 영향을 받은 결과일 것입니다. 대학생 시절 불같은 사랑을 하다 실연당했을 때의 심리 상태는 어떤 방식으로든 현재의 제 심리 상태에 영향을 주었을 것입니다. 또한 의식의 흐름 속에서 제 현재의 심리 상태도 미래의 심리 상태에 영향을 줄 것입니다. 의식의 측면에서 보면 인간이란 인과관계와 유사한 관계로 연결된 심리 상태의 연속이라 할 수 있을 것입니다.

그렇다면 최면과 같이 극단적인 경우가 배제될 수 있는 적절한 인과관계로 연결된 심리적 연속성으로 개인 동일성이 설명될 수 있지 않을까요?[6]

후평 ― 개인 동일성을 전제하지 않고 적절한 관계로 연결된 심리적 연속성이라는 개념이 이해될 수 있을지 의문이 듭니다. 적절한 관계로 연결된 심리 상태란 생각 자체가 이들 심리 상태를 하나로 묶어주는 동일한 하나의 주체를 상정하는 것 아닐까요? 또한 이 선생이 말한 심리 상태 중 개인 동일성과 가장 밀접하게 관련된 것은 기억일 것입니다. 앞에서 살펴보았듯이 '기억'이라는 개념은 개인 동일성을 전제해야만 이해될 수 있는 개념입니다.

어쨌든 이 선생의 새로운 제안에 따르면 지금 내 앞에 있는 이 선생과 지난번 대화 때의 이 선생이 동일한 사람인 이유는 그때의 이 선생의 심리 상태와 현재 이 선생의 심리 상태가 적절한 관계로 연결되어 있기 때문입니다.

중관 ― 그렇습니다. 현재 제 심리 상태는 지난번 선생님과 만날 당시의 제 심리 상태로부터 어떤 식으로든 영향을 받았을 것이고 그때의 심리 상태와 연결되어 있습니다.

후평 — 요즈음 의학의 발달은 경이로울 정도입니다. 인공 심장을 이식하는 수술도 성공적으로 이루어지고 있습니다. 한 사람이 인공 심장 이식수술을 받았을 경우 수술 후 새로운 심장을 가진 사람이 수술 전의 사람과 동일한 사람이라는 것을 부정할 사람은 없을 것입니다.

과학자들이 멀지 않은 장래에 알츠하이머와 같은 병 때문에 제 기능을 하지 못하는 뇌를 대체할 인공 뇌를 개발해냈다고 합시다. 이 선생에게 묻겠습니다. 한 사람이 인공 뇌 이식수술을 받았을 경우 자신의 뇌 대신 인공 뇌를 갖게 된 그 사람은 수술 전의 사람과 동일한 사람입니까? 다시 말해서 만약 이 선생의 뇌가 제 기능을 못하게 되어 치매에 걸리게 된다면 자신의 뇌를 제거하고 인공 뇌를 이식하는 수술을 받을 의향이 있습니까?

중관 — 이식수술에 수반되는 통증이 경미하고 이식된 인공 뇌가 뇌로서의 기능을 제대로 수행한다면 그럴 것 같습니다.

아니, 잠깐만요. 이식된 인공 뇌가 뇌로서 제대로 기능을 수행한다 해도 나의 원래 뇌와 다른 새로운 뇌이므로 수술 후의 나는 내가 누구인지에 대해 어떤 생각도 갖지 못할 것이고 이전의 나의 심리 상태와 어떤 연관도 갖지 못하겠군요.

후평 — 그렇습니다. 만약 이 선생이 이식수술을 받는다면 수술 후 이 선생의 심리 상태는 수술 전의 이 선생의 심리 상태와 적절한 관계로 연결되어 있지 않습니다. 수술 후 이 선생은 지금 우리가 나누고 있는 대화도 기억하지 못할 것입니다. 그렇다면 이 선생은 인공 뇌를 이식하는 수술을 받지 않겠습니까?

중관 — 글쎄요. 쉽게 결정할 사안이 아닌 것 같습니다.

후평 — 이 선생이 주저하는 이유는 수술 후 이 선생의 심리 상태가 수술 전 이 선생의 심리 상태와 단절되었다는 판단 때문인 것 같습니다. 따라서 심리적 연속성이 개인 동일성을 판단하는 기준이라면 수술 후의 이 선생은 수술 전의 이 선생과 동일한 사람이 아닙니다. 그러나 이 선생이 이식수술을 받지 않는다면, 이 선생은 여생을 치매로 고생하게 될 것입니다. 반면에 새로운 인공 뇌를 갖게 되면 이 선생의 뇌 기능은 정상적으로 작동할 것이고, 주위 사람들에 의해 이 선생은 자신의 정체성과 과거에 대해 알 수 있을 것입니다. 아마도 이 경우 대부분의 사람들은 인공 뇌를 이식하는 수술을 선택할 것입니다.

이 선생의 판단을 돕기 위해 새로운 제안을 하겠습니다. 인공 뇌에 대한 연구가 활발히 진행되어 인공 뇌에 인간의 두뇌 상태를 그대로 복제하는 기술이 개발되었다고 합시다. 다시 말해서 이 선생의 두뇌 상태를 복제한 인공 뇌를 이식하게 되면 이 선생의 인공 뇌는 기억을 포함하여 수술 전의 이 선생의 심리 상태를 그대로 구현한다고 합시다. 만약 두뇌 복제 기능이 적용된 인공 뇌의 이식이 성공적으로 진행된다는 것이 보장되면 이 선생은 인공 뇌의 이식수술을 받겠습니까?

중관 — 이식된 인공 뇌가 수술 전의 나의 심리 상태를 그대로 반영한다는 것이 보장된다면 이식수술을 받을 의향이 있습니다. 수술 후의 나는 나의 과거에 대한 기억은 물론 나의 기질이나 성격, 성향 등을 포함하여 과거의 내 심리적 특징을 그대로 가지고 있을 테니까요.[7]

후평 — 이 선생이 이식수술을 받았을 경우 이 선생의 뇌는 인공 뇌로 대체되었지만 수술 직후 이 선생의 심리 상태는 수술 전의 심리 상태를 그대로 반영하고 있습니다. 따라서 수술 후에도 이 선생은 심리적 연속성을 가지고 있다고 할 수 있습니다.

결국 심리적 연속성의 기준에 따르면 수술 전의 이 선생과 수술 후의 이 선생은 동일한 한 사람이고 이러한 판단이 이 선생이 인공 뇌 이식수술을 받을 의향을 갖게 된 하나의 이유일 것입니다.

중관 — 그렇습니다. 수술 직전의 나의 뇌와 수술 후의 나의 뇌는 동일한 뇌가 아닙니다. 그러나 수술 직후의 내 심리 상태는 수술 전의 내 심리 상태를 그대로 반영할 것입니다. 따라서 수술 후의 나는 심리적 연속성을 가지고 있습니다.

후평 — 동일한 뇌가 아니라고 해서 수술 전 이 선생의 심리 상태와 수술 후 이 선생의 심리 상태가 적절히 연결되어 있지 않다고 주장하는 것은 심리적 연속성 이외에 두뇌의 동일성이라는 새로운 기준을 적용한 것입니다. 만약 인공 뇌 이식수술이 이 선생에게 사전에 공지되지 않고 비밀리에 행해졌다면, 수술 후의 이 선생은 자신이 인공 뇌를 가지고 있다는 것을 알 수 없을 것입니다. 따라서 심리적인 측면으로만 보면 수술 후 이 선생의 심리 상태는 과거의 이 선생의 심리 상태와 심리적 연속성을 가지고 있고, 심리적 연속성의 기준으로 보면 수술 후의 이 선생은 수술 전의 이 선생과 동일한 인간입니다. 또한 이러한 판단이 이 선생이 인공 뇌의 이식수술에 동의한 이유일 것입니다.[8]

중관 — 그렇습니다. 뇌도 심장처럼 우리의 육체를 구성하는 하나의 기관에 불과합니다. 인공 심장 수술을 받았을 경우 이식받은 사람은 이전과 동일한 사람입니다. 마찬가지로 단백질 덩어리인 자신의 뇌 대신에 인공 두뇌를 이식받았다는 사실만으로 수술 후의 사람이 수술 전의 사람과 다른 사람이라고 할 수는 없습니다. 따라서 단백질 덩어리인 두뇌가 개인 동일성을 결정하는 기준이 될 수는 없습니다. 개인 동일성에서 문제가 되는 것은 단백질 덩어리가 아니라 그것이 드러내는 심리 상태입니다.

후평 — 그렇다면, 심리적 연속성으로 개인 동일성을 설명하려는 이 선생의 시도는 결코 성립할 수 없습니다. 이 선생의 심리 상태가 반영될 수 있도록 이 선생의 두뇌 상태를 복제한 인공 뇌를 만들 수 있다면 동일한 인공 뇌를 하나 더 만드는 것도 가능할 것입니다. 이 선생에게 인공 뇌 이식수술을 할 때 갑이라는 사람에게도 이 선생의 두뇌를 복제한 인공 뇌를 이식했다고 합시다. 갑도 이 선생의 두뇌를 복제한 인공 뇌를 가지고 있으므로 인공 뇌를 이식받은 갑의 심리 상태도 수술 전의 이 선생의 심리 상태와 심리적으로 연속되어 있습니다. 따라서 심리적 연속성이 개인 동일성을 결정하는 기준이라면 갑도 과거의 이 선생과 동일한 사람이어야 합니다. 결국 과거의 이 선생과 동일한 두 사람이 존재하게 됩니다.

　이 선생도 알다시피, 동일성은 논리학에서 관계로 취급되고 있지만 다른 관계와는 구별되는 특수한 관계입니다. 동일성의 관계는 오직 하나의 대상과 그 대상 자체에만 적용되는 관계이기 때문입니다. 동일성 관계의 이러한 특징 때문에 아래의 논증은 타당한 논증입니다.

　　A와 B는 동일하다.
　　A와 C는 동일하다.
　　_____
　　그러므로 B와 C는 동일하다.

　심리적 연속성이 개인 동일성을 결정하는 기준이라면 수술 후의 이 선생은 과거의 이 선생과 동일한 한 사람이고 또한 수술 후의 갑도 과거의 이 선생과 동일한 한 사람입니다. 따라서 앞에서 본 논증에 따라 수술 후의 이 선생과 수술 후의 갑도 동일한 한 사람이어야 합니다. 그러나 이것은 도저히 받아들일 수 없는 결론입니다. 수술 후의 갑과 이 선생은 동일한 시간에 서로 다른 공간을 점유하고 있는 개체로서 각자 다른 환경에서 나름대로 삶을 영위해갈 독립체이기 때문입니다. 이해관계가 상충될 경우 이들은 적대적인 관계가 될 수도 있을 것입니다. 이 선생의 두뇌를 복제한 인공 뇌가 가능하다면 이러한 인공 뇌를 대량 생산하는 것도 가능할 것입니다. 이 선생의 두뇌를 그대로 복제한 100개의 인공 뇌를 만들어 이를 100명의 사람에게 이식했다 합시다. 심리적 연속성에 의존하여 개인 동일성을 판단한다면 100명의 서로 다른 사람이 동일한 한 사람이라는 불합리하고 모순적인 결과가 야기됩니다. 따라서 심리적 연속성은 개인 동일성을 설명하는 기준이 될 수 없습니다.

중관 — 오늘 선생님께서 보이시는 모습은 평소와는 다른 것 같습니다. 지금 선생님의 논지는 합리적이지도 정합적이지도 않은 것 같습니다.

후평 — 왜 그렇게 느낍니까?

중관 — 어제의 내가 오늘의 나와 같다는 판단은 가장 확실한 판단 중 하나일 것입니다. 과거의 나와 오늘의 내가 동일하다는 개인 동일성에 대한 믿음이 없다면 삶 자체도 불가능할 것입니다. 그러나 선생님께서는 영혼의 동일성도 기억 이론이나 심리적 연속성도 개인 동일성을 설명할 수 있는 기준이 될 수 없다고 논파하셨습니다. 영혼이 존재하지 않는다면 인간은 살덩어리인 육체에 불과합니다. 따라서 기억이나 심리 상태로도 개인 동일성을 설명할 수 없다면 개인 동일성의 기준은 육체에 의존해야 할 것입니다. 그러나 결단코 육체에 의존하여 개인 동일성을 설명할 수는 없을 것 같습니다. 우리의 육체는 동일성의 기준이 될 만한 항구적인 요소를 가지고 있지 않습니다. 육체는 음식을 통해 영양분을 흡수하고 배설하며 끊임없이 변하고 있습니다. 처음에 나의 육체는 하나의 세포로 시작했을 것이지만, 과학자들에 따르면 지금의 나의 육체는 대략 30조에서 60조 개의 세포로 이루어져 있습니다. 아마도 30년 전의 나와 지금의 나는 그 모습은 물론 구성 요소도 완전히 다를 것입니다.

후평 — 이 선생은 혹시 우리 대학 인문대 앞에 있는 은행나무를 기억하십니까?

중관 — 기억하고말고요. 우리 대학을 상징하는 나무 아닙니까? 가을에 은행잎이 수북이 깔린 그 나무 아래에서 야외 수업을 했던 기억도 있습니다.

후평 — 그 은행나무는 최소한 수령이 500년 이상 되었을 것이지만, 처음에는 작은 씨앗으로부터 생겨났을 것입니다. 그 은행나무도 뿌리로 물과 자양분을 빨아들이고 잎으로는 광합성을 하면서 끊임없이 변하고 있습니다. 몇 년 전에는 길게 뻗은 큰 가지 하나가 말라 죽어서 그 멋진 가지를 잘라내야 했습니다. 우리의 육체처럼 그 은행나무는 끊임없는 변화의 과정에 있지만 나는 물론 이 선생도 그 나무가 이 선생이 학창 시절에 인문대 앞에서 보았던 그 은행나무와 동일한 나무라는 데 의문을 제기하지 않을 것입니다. 끊임없는 변화의 과정 속에 있는 그 은행나무를 왜 우리는 과거의 그 은행나무와 동일한 나무라고 판단하는 것일까요?

중관 ― 그 은행나무는 씨앗이 발아하면서부터 지금까지 한 장소에 있었습니다. 또한 그 나무는 자양분을 흡수해 성장하며 끊임없이 변화하고 있지만, 그 변화는 점진적인 변화입니다.

후평 ― 인간에게도 그 은행나무와 비슷한 설명이 적용될 수 있을 것 같습니다. 인간도 음식을 통해 영양분을 흡수하고 배설물을 배출하며 끊임없이 변화하고 있습니다. 그 변화는 은행나무처럼 점진적인 변화입니다. 또한 인간은 동물이라서 한 장소에 머물러 있지는 않지만, 영화 〈플라이(The Fly)〉(1986)에서처럼 텔레포트(teleport)를 하지 않는 한 인간의 움직임은 시간과 공간 속에서 연속되어 있습니다. 인간의 육체나 은행나무의 이러한 연속되고 점진적인 변화를 시공적 연속성이라 한다면 인간의 육체는 끊임없이 변화하지만, 변화의 과정상에 있는 인간의 육체는 시공적 연속성을 가지고 있다고 할 수 있습니다.

인문대 앞의 은행나무처럼 지금의 이 선생은 30년 전의 이 선생에 비해 몰라볼 정도로 변했지만, 지금 이 선생의 육체는 30년 전의 이 선생의 육체로부터 시공적으로 연속되어 있습니다. 따라서 육체의 시공적 연속성에 의해 지금의 이 선생과 30년 전의 이 선생이 동일한 한 인간이라는 것이 설명될 수 있습니다.[9]

중관 — 선생님 말씀처럼 30년 전의 제 몸은 현재의 제 몸과 시공적 연속성을 가지고 있습니다. 이 몸처럼 우주를 구성하는 개체들 각각은 시공적 연속성을 가지고 있을 것이고, 따라서 시공적 연속성으로 그것들 각각이 동일한 개체라는 것이 설명될 수 있을 것입니다. 그러나 개인 동일성은 근본적으로 외부에 존재하는 개체들이 동일한 개체인가를 설명하는 문제가 아니라 생각됩니다. 개인 동일성의 핵심은 우리 인간은 각자 자신이 과거의 자신과 동일한 사람이라고 판단하고 있는데, 이러한 판단이 어떻게 정당화될 수 있는가의 문제일 것입니다. 따라서 개인 동일성의 문제는 의식이 있는 인식 주체로서의 자기 자신과 관련된 문제입니다.

선생님께서 오늘 아침에 일어나서 저를 만나기 위해 이곳으로 오시기 전에 스스로 의식하지 못하셨을지 모르지만, 자신이 과거의 자신과 동일한 사람이라는 판단을 하셨을 것입니다. 선생님의 이러한 개인 동일성의 판단을 위해서 선생님 자신의 육체를 확인할 필요는 없을 것입니다. 선생님이 주무시는 동안에 외계인이 선생님을 다른 장소로 옮기고 선생님의 몸을 알아볼 수 없을 정도로 변하게 했다고 해도 선생님이 잠에서 깨어날 때는 자기 자신이 이전의 자신과 동일한 사람이라는 믿음을 가지고 계실 것입니다.

지난번에도 말씀드렸듯이 인간의 육체는 화학물질로 구성된 고깃덩어리에 불과합니다. 이러한 고깃덩어리의 시공적 연속성은 다른 사람의 개인 동일성을 설명해줄 수 있을지 모르지만 인식 주체 각자가 판단하는 과거의 자신과 동일하다는 믿음을 설명해줄 수는 없습니다.

후평 — 이 선생의 말처럼 개인 동일성의 문제는 과거의 자신과 현재의 자신이 동일한 사람이라고 믿는 의식을 가진 인식 주체와 관련해 발생하는 문제입니다. 만약 자의식이 있는 인식 주체가 존재하지 않는다면, 개인 동일성의 문제는 제기조차 되지 않았을 것입니다. 이러한 특징 때문에 일부 학자들은 개인 동일성을 '자아 동일성'이라고 명명해야 한다고 주장하기도 합니다.

내가 개인 동일성을 설명하는 한 방식으로 육체의 시공적 연속성을 거론하는 이유는 시공적 연속성이 시간과 공간 속에 존재하는 대상들의 동일성을 설명하는 하나의 대안이 될 수 있기 때문입니다. 예외적인 경우가 있지만 은행나무의 예에서 본 것처럼 우리 주위에 존재하는 개체가 과거의 그 개체와 동일한 개체라는 것을 설명하는 데 시공적 연속성은 설득력을 가지고 있습니다.

그러나 나도 육체의 시공적 연속성으로 개인 동일성을 설명하는 것은 잘못된 시도라 생각합니다. 이 선생은《누가 줄리아인가?(Who is Julia?)》라는 책을 아십니까?[10]

중관 — 제목이 생소한 것으로 보아 제가 읽은 책은 아닌 것 같습니다.

후펑 — 1972년에 출간된 바버라 해리스(Barbara Harris)의 책으로 개인 동일성의 문제를 다룬 소설입니다. 책의 내용이 영화로도 제작된 것으로 알고 있습니다. 이 소설 속에서 줄리아 노스라는 젊은 여자는 전차 선로에서 놀고 있는 아이를 구하려다 전차에 치이는 사고를 당하게 되고, 아이의 어머니인 메리 뷰딘은 이 처참한 사고를 목격한 충격으로 뇌졸중에 걸렸습니다. 이 둘은 한 종합병원으로 급히 이송되었는데, 줄리아 노스의 육체는 회복 불가능할 정도로 심한 손상을 입었지만 다행히도 두뇌는 아무런 손상을 입지 않았습니다. 반면에 메리 뷰딘은 뇌졸중의 여파로 두뇌는 제 기능을 상실했지만 두뇌를 제외한 육체는 전혀 손상을 입지 않았습니다. 마침 그들이 이송된 종합병원에는 저명한 신경외과 의사인 매슈스 박사가 근무하고 있었는데 그대로 방치하면 두 사람 모두가 치명적인 상태에 빠질 수밖에 없다고 판단한 그는 이 둘을 대상으로 두뇌 이식수술을 시행했습니다. 즉, 메리 뷰딘의 몸에서 기능을 상실한 뇌를 제거하고 대신에 줄리아 노스의 뇌를 이식했습니다. 이 경우 살아남은 사람은 누구일까요?

중관 — 수술 후 살아남은 사람은 메리 뷰딘의 몸을 가지고 있지만 자신이 줄리아 노스라고 믿고 있을 것이고 줄리아 노스의 기억을 가지고 있을 것입니다. 개인적인 생각으로는 살아남은 사람은 줄리아 노스라고 해야 할 것입니다. 그렇지만 이 생각은 심리적 연속성에 의거한 판단입니다. 선생님은 심리적 연속성에 의거해 개인 동일성을 판단하는 것은 결정적인 문제점을 안고 있다는 것을 논리적으로 설득하셨습니다. 저로선 선생님의 그 논지를 반박할 수 없을 것 같네요.

육체의 시공적 연속성으로 판단한다면 살아남은 사람은 메리 뷰딘이어야 합니다. 두뇌를 제외하면 살아남은 사람은 메리 뷰딘의 몸을 가지고 있으므로 살아남은 사람의 육체와 수술 전의 메리 뷰딘의 육체는 시공적 연속성을 가지고 있다고 해야 할 테니까요. 그렇지만 살아남은 사람은 과거에 대한 기억은 물론 메리 뷰딘의 어떠한 심리적 특징도 나타내지 않을 것이고 자신이 메리 뷰딘이 아니라고 믿고 있을 것입니다.

후평 — 시공적 연속성의 기준을 따르면, 이 경우 메리 뷰딘이 살아남은 것이고 그녀는 자신이 줄리아 노스라고 그릇되게 믿고 있는 것입니다. 또한 줄리아 노스와 관련된 그녀의 기억은 실제의 기억이 아니라 거짓 기억입니다.

　　이미 말했듯이 나는 육체의 시공적 연속성에 의해 개인 동일성을 설명하려는 시도 또한 긍정적으로 생각하지 않습니다. 줄리아 노스의 예를 든 것은 시공적 연속성으로 개인 동일성을 설명하려는 시도가 야기하는 문제점을 보이기 위해서입니다.

　　이 상황을 조금 변경해보겠습니다. 전차에 치인 줄리아 노스는 그 자리에서 즉사했다고 합시다. 따라서 매슈스 박사는 메리 뷰딘의 몸에 줄리아 노스의 뇌를 이식할 수 없었고 대신에 인공 뇌를 이식했다고 합시다.

　　원래의 경우는 살아남은 사람과 심리적 연속성을 가지고 있는 줄리아 노스의 뇌와 메리 뷰딘의 몸이 결합된 경우입니다. 따라서 심리적 연속성과 육체의 시공적 연속성이라는 개인 동일성을 결정하기 위한 두 기준이 상충하는 경우입니다. 그러나 새로 제시한 예에서는 이러한 충돌이 일어나지 않습니다. 따라서 이 경우 메리 뷰딘의 몸에 인공 뇌가 이식된 사람이 수술을 통해 살아남았다고 하면 시공적 연속성에 따라 살아남은 자는 메리 뷰딘이어야 합니다.

　　이 선생은 〈로보캅(RoboCop)〉이라는 영화를 보셨습니까?

　　중관 — 어렸을 때 본 영화입니다. 중상을 입은 형사에게서 적출된 뇌를 이용해 만들어진 인조인간의 활동을 그린 영화로 기억하고 있습니다.

후평 — 메리 뷰딘의 몸에 인공 뇌를 이식한 것은 로보캅의 경우를 반대로 적용한 것이라 할 수 있습니다. 로보캅의 경우는 뇌를 제외한 몸이 인공적으로 만들어진 것이고 내가 든 예의 경우는 몸을 제외한 뇌만 인공적으로 만든 것입니다.

상황을 조금 극단적으로 바꾸어 보겠습니다. 줄리아 노스는 즉사했고 메리 뷰딘도 자동차에 치어서 머리를 포함한 몸의 4분의 1이 회복 불가능할 정도로 중상을 입었다 합시다. 이 경우 매슈스 박사가 메리 뷰딘의 몸에서 회복 불가능한 부분을 제거하고 남은 4분의 3의 육체를 이용해서 새로운 인간을 만들었다고 합시다. 이 경우 수술을 통해 메리 뷰딘이 살아남은 것이라 할 수 있을까요?

중관 — 육체의 시공적 연속성으로 개인 동일성을 판단한다면 메리 뷰딘의 몸 4분의 3은 수술 후에도 남아 있으므로 수술 후의 새로운 인간은 메리 뷰딘과 시공적 연속성을 가지고 있다고 해야 할 것 같습니다. 그러나 이러한 극단적인 수술을 통해 메리 뷰딘이 살아남았다고 할 수는 없을 것 같습니다.

후평 — 메리 뷰딘의 하반신만 온전했을 경우나 왼쪽 반신만 손상을 입지 않았을 경우도 상상할 수 있을 것입니다. 메리 뷰딘의 하반신만을 이용하여 인조인간을 만들었을 경우와 왼쪽 반신만을 이용하여 인조인간을 만들었을 경우 메리 뷰딘이 살아남았다고 할 수는 없을 것입니다. 따라서 육체의 시공적 연속성으로 이러한 경우를 설명하기 위해서는, 이 경우에는 수술 후의 개체는 메리 뷰딘의 육체로부터 시공적으로 연결되어 있지 않다고 해야 합니다. 그렇다면 육체의 시공적 연속성이 인정되는 경우와 그렇지 않은 경우를 구별하는 기준은 무엇입니까? 자의적이 아니라면 이러한 구별을 위한 기준은 가능하지 않을 것입니다.

중관 — 육체가 시공적으로 연속되어 있다는 것과 그렇지 않다는 것을 구별할 합리적이고 상식적인 기준을 세우는 것은 불가능할 것 같습니다. 그러나 선생님이 드신 예들은 일상생활에서 찾아볼 수 없는 극단적인 경우입니다.

후평 — 내가 든 예들이 현실화된 경우는 없을지라도 과학이 발달하고 의지가 있다면 현실화될 가능성이 있다고 생각합니다. 얼마 전 신문에서 두 마리 원숭이를 대상으로 진행된 기발한 실험에 대한 기사를 읽었던 것이 생각납니다. 이 실험을 수행한 과학자는 두 마리 원숭이 A와 B의 머리와 몸을 분리해서 A의 머리를 B의 몸에, B의 머리는 A의 몸에 결합시켰습니다. 현대 과학의 수준으로는 중추 신경을 연결하는 것이 난관이지만 실험은 어느 정도 성공하여 두 마리의 원숭이는 자극에 반응하며 며칠간 생존했다 합니다. 이 경우 시공적 연속성은 머리에 적용되어야 합니까? 아니면 머리를 제외한 몸에 적용되어야 합니까? 신문 기사의 내용이 사실이라면 이 경우는 육체의 시공적 연속성으로 개인 동일성을 설명하려는 시도의 어려움을 드러낸 구체적 사례일 것입니다.

조금 더 극단적인 예를 들어보겠습니다. 한 과학자가 인간의 몸을 대칭이 되게끔 정확하게 이등분하여 두 명의 인조인간으로 만들었다고 합시다. 따라서 각각의 인조인간은 원래 인간의 육체와 두뇌의 절반씩을 소유하고 있으므로 두 인조인간은 모두가 자신이 원래의 인간과 동일한 사람이라고 믿고 있다고 합시다. 이 경우 두 인조인간 중 어느 하나에게만 시공적 연속성이 적용된다고 할 수는 없을 것입니다. 두 인조인간 각각은 원래 한 명인 인간의 육체를 절반씩 나누어 소유하고 있으니까요. 만약 두 인조인간 모두가 원래 인간으로부터 시공적으로 연속되어 있다고 한다면, 동일성 관계의 특징상 우리는 동일한 시간에 존재하는 두 개의 서로 다른 개체가 동일한 하나의 개체라는 모순적인 주장을 하고 있는 셈입니다.

중관 — 선생님께서는 영혼, 기억 이론 그리고 심리적 연속성도 개인 동일성을 결정하는 기준이 될 수 없다는 것을 합리적이고 논리적으로 설명하셨습니다. 그런데 이제는 육체에 의해서도 어제의 내가 오늘의 나와 동일하다는 것을 설명할 수 없다고 주장하고 계십니다. 또한 개인 동일성을 설명할 수 있는 다른 방법이 있을 것 같지도 않습니다. 그렇다면 어제의 나와 오늘의 내가 동일한, 한 사람이라는 우리의 판단은 어떠한 합리적인 근거도 가질 수 없는 헛된 믿음에 불과하다는 이야기가 됩니다. 그러나 어제의 나와 오늘의 내가 동일하다는 개인 동일성에 대한 우리의 믿음은 생존을 위해 필수적으로 요구됩니다. 만약 어제의 나와 오늘의 내가 동일한 한 사람이 아니라면 어제의 나는 더 이상 존재하지 않을 테니까요.

학부 시절 선생님의 강의를 들으면서도 느낀 것이지만 선생님이 전공하신 분석철학은 건설적이라기보다는 파괴적입니다. 선생님께서는 지금 자신의 생존과도 밀접하게 관련된 개인 동일성에 대한 믿음이 전혀 근거 없고 합리적이지 않다고 주장하고 계십니다.

후평 — 항상 이지적이고 침착한 이 선생이 오늘은 조금 흥분한 것 같습니다. 내가 오늘 주장한 것이 진실이어서 개인 동일성에 대한 합리적인 기준이 불가능하다고 합시다. 그렇다고 달라질 것은 없습니다. 내일 아침에 일어나면 나는 평상시처럼 강의하러 학교에 가고, 점심시간에는 아마도 학교 구내식당에서 밥을 먹을 것입니다. 내가 내일 하게 될 이러한 행위들은 오늘의 나와 내일의 내가 동일한 사람이라는 것이 전제돼야만 가능한 일입니다. 개인 동일성에 대한 우리들의 믿음은 논리적인 추론이나 비판적 정당화 과정을 거쳐 얻어진 것이 아니라 자연스럽게 형성된 것입니다. 오늘 밤에 내가 아내와 한 이불을 덮고 잠든다고 해도 나는 결코 불륜을 저지르고 있다고 생각하지 않을 것입니다.

오늘 나는 개인 동일성을 설명하려는 가능한 모든 시도가 심각한 문제점을 안고 있어서 개인 동일성을 설명하는 합리적인 기준으로 고려될 수 없다는 것을 밝히려 노력했습니다. 만약 나의 주장이 옳다면 개인 동일성에 대한 우리의 믿음을 정당화할 어떤 기준도 성립할 수 없습니다. 따라서 극단적으로 말하면 "우리는 존재하는 순간순간 이전과 동일하다고 할 수 없는 새로운 개체로 살고 있다"라는 이야기도 가능할 것입니다.[11]

그렇다고 해서 나는 결코 어제의 이 선생과 오늘의 이 선생이 다르다고 주장하는 것이 아닙니다. 어제의 나와 오늘의 나 그리고 미래의 내가 모두 동일한 한 사람이라는 우리의 믿음은 태어나면서 자연스럽게 형성된 믿음입니다. 우리의 생존은 이러한 믿음에 근거해 있으니까요. 이러한 믿음을 정당화할 기준이 불가능하다는 나의 주장은 개인 동일성에 대한 우리의 믿음은 합리적인 근거에서 나온 것이 아니라 집착이나 미망과 같은, 불교 용어로 이야기하자면, 무명(無明)의 소산이라는 것입니다.

불교에서는 일체 현상이 끊임없이 변한다는 제행무상과 모든 만물은 자아라 할 수 있는 실체가 없다는 제법무아를 가르칩니다. 그럼에도 불교는 세균이나 하루살이 같은 미물을 포함하여 모든 중생을 대상으로 하는 대자대비(大慈大悲)의 사랑을 강조합니다. 세상에는 자기 자신과 가족의 부와 명예를 위한 이기주의와 이에 따른 부정부패가 만연해 있습니다. 이러한 현상이 나타나는 근본적인 이유는 자기 자신과 자신의 소유라 여기는 것에 대한 지나친 집착 때문입니다. 어제의 나와 오늘의 내가 동일한 한 사람이라는 것을 설명할 합리적인 근거가 없음을 깨닫는 것은 이러한 집착과 이기주의를 극복하는 데 도움이 되지 않을까요? 또한 이러한 깨달음은 우리와 유사한 운명에 처한 다른 사람들과 생명체들을 연민과 사랑의 감정으로 대하게 하는 데 도움이 될 수도 있을 것입니다.

새로운 대화

나비는 어디로 갔나

후평 — 오늘로 어느덧 마지막 토론이군요. 토론에 앞서 궁창 목사님을 소개하겠습니다. 목사님은 내 철학과 동기입니다. 대학 시절부터 나와 절친했고, 철학과 졸업 후 저명한 사립대에서 동서 비교철학으로 박사학위를 받고 서울 소재 한 신학대학에서 주로 신 개념에 대한 연구를 한 후 현재 목회 활동을 하고 있습니다. 얼마 전 이 선생과의 토론에 대한 이야기를 듣고 대화에 참여하기를 원하여 오늘 함께하기로 했습니다.

궁창 — 동기인 후평 선생과는 학문적인 토론은 물론 가정사까지도 의논하는 친구입니다. 며칠 전 스님과의 대화에 대한 이야기를 듣고 제가 최근에 가장 큰 관심을 가지고 있는 주제라 무례를 무릅쓰고 두 분의 대화를 경청할 기회를 부탁드렸습니다.

중관 — 환영합니다. 토론의 균형을 이루는 데 도움을 주실 것 같습니다.

후평 — 10년 전에 있었던 다섯 번째 대화에서 우리는 개인 동일성의 문제를 살펴보았습니다. 아시다시피 개인 동일성의 문제란 '인간은 누구나 태어난 이후 몸도 의식의 내용도 계속해서 변하고 있는데 우리는 어떤 기준으로 과거의 나와 현재의 나를 동일한 하나의 인간으로 판단하고 있는가?'라는 질문과 관계된 문제입니다. 오늘은 이 문제와 관련하여 토론을 이어가겠습니다.

내가 올바로 기억하고 있다면 이번에 새롭게 대화를 시작할 때 이 선생은 자신이 무지하다는 것과 무지할 수밖에 없는 이유를 알게 되었고 이러한 깨달음에 크게 기여한 것은 용수의《중론》과의 만남이라고 말했습니다. 가능하다면 이 주제에 대한 토론도 함께 했으면 합니다.

어제의 나와 오늘의 나는 동일한 하나의 나인가:
기억, 의식의 흐름

중관 —《중론》만이 아니라 10년 전 선생님과의 대화, 학부와 대학원에서의 진부하고 현학적인 철학 교육, 논리적이고 비판적으로 사고하려는 습관 등을 포함해 태어난 이후의 인생 전체가 무지에 대한 저의 깨달음에 영향을 끼쳤을 것입니다.

그간 진행해온 대화의 흐름을 보면, 무지에 대한 제 깨달음에 대해 논의하기 전에 우선 개인 동일성의 문제를 이야기하는 것이 맞을 것 같습니다. 조금 전 선생님은 개인 동일성의 문제는 과거의 나와 오늘의 내가 동일하다는 것을 판단하는 기준의 성립 여부와 관련된 문제라 하셨습니다. 그러나 이러한 선생님의 개인 동일성 문제에 대한 설명은 왜곡의 여지가 있는 것처럼 보입니다.

우리는 모두 어제의 나와 오늘의 나는 동일한 하나의 인간이라는 믿음을 가지고 있습니다. 이러한 개인 동일성의 믿음은 우리의 삶을 위해 필수적으로 요구되는 믿음입니다. 이러한 믿음이 없다면 우리가 살고 있는 사회도 성립할 수 없고 심지어 우리들의 생존도 불가능할 것입니다. 어제의 나와 오늘의 내가 다른 사람이라면 어제 은행에서 대출받은 돈도 갚을 필요가 없을 것이고, 오늘의 내가 처음 본 여자와 잠자리를 같이해도 불륜을 저지른 것이 아니므로 결혼 관계나 가족 관계도 성립할 수 없습니다. 또한 자신의 건강을 위해 섭생하거나 어떤 일을 기획하거나 추구하는 것도 부질없는 일이 될 것입니다. 저 개인적으로는 개인 동일성의 문제는 과거의 나와 현재의 내가 동일한 한 사람이라는 판단을 위한 합리적인 기준의 성립 여부와 관련된 문제라기보다는 우리의 삶을 가능하게 하기 위해 필수적으로 요구되는 개인 동일성에 대한 우리의 믿음을 합리화하려는 단순한 시도에 불과하다고 봅니다.

후평 — 얼마 전 한 젊은 정치인이 '묻지 마 살인'과 같은 악랄한 범죄를 근절하기 위해서는 '가석방이나 감형이 없는 종신형'이 필요하다고 주장했습니다. 그의 이러한 주장은 극악한 범죄를 저지를 당시의 범죄자와 종신형을 살다 죽기 직전의 그가 동일한 한 사람이라는 믿음에 따른 주장이라 할 수 있습니다. 그러나 이 주장은 당면한 문제를 해소하려는 근시안적인 해결책에 지나지 않고 근본적으로 잘못된 접근 방식이라 할 수 있습니다. 범죄를 저지른 과거의 그와 몇십 년 후의 그가 동일한 하나의 인간이라는 것을 받아들여도, 젊은 정치인의 주장은 극악한 범죄자인 그가 자신의 과오를 참회하고 개과천선할 가능성이 있다는 것을 근본적으로 부정하고 있기 때문입니다.

과거의 나와 현재의 나 그리고 미래의 내가 동일한 한 사람이라는 개인 동일성에 대한 믿음은 인간의 생존과 우리가 속한 사회의 존속을 위해 필수적으로 요구되는 사항입니다. 지난 다섯 번째 대화에서 논의된 내용은 인간의 생존을 위해 필수적으로 요구되는 개인 동일성에 대한 우리의 믿음을 설명할 수 있는 합리적이고 상식적인, 설득력이 있는 기준이 가능한지를 타진한 것입니다. 또한 우리가 토론을 통해 확인한 것은 개인 동일성에 대한 우리의 믿음을 설명할 수 있는 합리적인 기준이 불가능해 보인다는 것입니다.

우선 몇십 년 전 과거의 내 몸과 현재의 내 몸은 동일한 하나의 육체라 할 수 없습니다. 앞에서 말했듯이 정자와 난자가 합쳐진 수정체인 하나의 세포로 시작했지만, 현재 성인인 나의 몸은 적어도 30조 개 이상의 세포로 구성되어 있습니다. 또한 과학자들의 설명에 따르면 초당 30만여 개의 세포가 죽고 생겨나서 수년 내에 나의 몸을 구성하는 세포들이 완전히 물갈이된다고 합니다.

    정신적인 측면에서도 유사한 주장이 성립합니다. 우리의 기억은 흔히 망각되거나 왜곡됩니다. 어렸을 때 보았던 웅장하고 화려했던 건물이나 풍경이 지금 다시 보면 왜소하고 초라해 보이는 것은 누구나 흔히 경험하는 일입니다. 한 사람의 기억은 그 자신이 살아온 환경과 경험들에 크게 영향을 받을 테니까요. 엄밀히 말해서 기억한다는 것은 모두 과거에 겪었던 사건이라 여기는 내용을 다시 떠올린다고 믿는, 현재 우리에게 발생하고 있는 심리 상태에 지나지 않습니다. 또한 앞에서 말했듯이 생각이나 기억 같은 정신적 현상들은 근본적으로 다른 사람에게 알려질 수 없고 정신적 현상들을 가진 당사자만이 접근할 수 있는 사적인 것입니다. 비트겐슈타인의 주장처럼 한 사람에게 나타난 정신 현상들같이 전적으로 사적인 것들을 지칭하거나 설명하려는 시도는 그러한 정신 현상들을 가진 당사자에게조차 의미 없는 일에 불과할 것입니다.

    그러나 어제의 나와 오늘의 내가 동일한 하나의 사람이라는 개인 동일성에 대한 믿음은 우리의 생존과 우리가 사는 사회의 존속을 위해 필수적으로 요구되는 요소입니다. 지난번 우리는 육체의 시공적 연속성이나 심리적 연속성 등의 개인 동일성을 설명하는 기준에 대해 살펴봤습니다. 그러나 이 선생의 말처럼 이러한 기준들은 개인 동일성을 판단하기 위한 합리적 기준을 세우려는 시도라기보다는 우리의 삶이 가능하기 위해 필수적으로 요구되는 개인 동일성에 대한 우리들의 믿음을 설명해보려는 몸부림이라고 할 수 있을 것 같습니다.

중관 ― 앞서 개인 동일성의 문제에 대한 선생님의 설명이 왜곡의 여지가 있는 것 같다고 말한 이유는 지난 몇 차례 만남에서의 토론으로 개인 동일성을 판단하는 합리적이고 설득력 있는 기준이 성립할 수 없다는 것이 이미 충분히 설파되었다고 생각했기 때문입니다. 개인 동일성의 문제는 "나란 무엇인가?"나 "개체화가 가능한가?"와 같은 질문과 밀접하게 관련되어 있습니다. 만약 인식 주체로서의 '나'라는 개념이 이해될 수 없거나 개체화가 불가능하다면 개인 동일성의 문제는 제기조차 될 수 없을 것입니다.

처음 두 번의 대화를 통해 개체화의 어려움에 대해서는 충분히 논의했던 것으로 기억합니다. 선생님께서 지적하셨듯이 인간의 몸은 적어도 30조 개의 세포로 구성되어 있고, 각각의 세포에는 자체의 필요에 따라 증식하고 사멸하는 등 독립된 생명체처럼 행동하는 적게는 수백으로부터 많게는 수천에 이르는 미토콘드리아들이 존재합니다. 또한 인간의 몸에는 생명 유지를 위해 필수적인 역할을 하는, 인간 세포 수보다 많은 수의 미생물들과 회충과 같은 기생충들이 존재합니다. 결국 하나의 인간은 30조 개 이상의 인간 세포와, 독립적인 생명체와 유사한 모습을 보이는 수백조 개의 미토콘드리아, 그리고 인간 세포 수보다 적지 않은 수의 미생물들과 기생충들이 모여 있는 군락이라 할 수 있습니다. 또한 인다라망의 비유를 통해 설명되었듯이 존재하는 모든 것은 서로 밀접하게 연결되어 있고 상호 의존적인 관계로 맺어져 있어서 어떤 것도 이러한 의존관계로부터 독립적으로 존재할 수 없습니다.

또한 '개인 동일성'은 시간이 과거로부터 현재를 거쳐 미래로 끊임없이 흐른다는 시간관을 전제해야만 성립하는 개념입니다. 과거가 존재하지 않는다면 "과거의 나와 현재의 내가 동일한가?"라는 질문 자체가 가능하지 않을 것이기 때문입니다. "시간은 무한한 과거로부터 무한한 미래를 향해 일정한 속도로 끊임없이 흐른다"라는 것이 우리가 가진 상식적인 시간관입니다. 그러나 현대 물리학에 따르면 시간의 흐름은 관찰자가 위치한 곳의 움직이는 속도와 중력에 상대적이고, 따라서 우주에 존재하는 모든 것에 적용되는 보편적 시간이란 있을 수 없습니다. 지난 토론에서 보았듯이, 심지어 용수도 과거에서 미래로 흐르는 시간이라는 상식적인 시간관이 야기하는 논리적 문제점을 명확하게 지적하고 있습니다.

과거의 심리 상태는 현재의 심리 상태에 일정한 영향을 끼치고 연속되어 있다는 '심리적 연속성'이란 일종의 상식적인 시간관을 전제해야만 가능한 개념입니다. 그러나 선생님의 말씀처럼 기억과 같은 심리 상태들은 심리 상태들이 나타난 그 당시에 그 심리 상태를 소유한 당사자에게만 접근이 가능한, 근본적으로 사적인 것입니다. 따라서 자신의 과거 기억이라든지 과거의 심리 상태라고 생각하는 것은 과거라고 믿고 있는 현재의 심리 상태를 나타낸 것에 불과하다고 할 수 있습니다.

궁창 — 두 분의 말씀은 과거에 대한 기억을 부정하는 것처럼 들립니다. 그러나 나는 어제 저녁을 먹고 윌리엄 홀든이 나오는 서부영화를 보고 밤늦게 잠자리에 들었다는 과거의 사실을 명확히 기억하고 있습니다. 윌리엄 홀든이 총에 맞는 장면은 지금도 선명하게 뇌리에 남아 있습니다.

후평 — 글쎄요. 궁창 목사님이 과거에 발생한 사건의 내용 자체를 실제로 기억한다기보다는 자신이 과거의 사건을 기억하고 있다고 믿는 것 아닐까요?

수차례 언급됐던 것으로 생각하는데, 한 인식 주체가 접근할 수 있는 심리 상태는 현재 그가 가지고 있는 심리 상태에 국한됩니다. 윌리엄 홀든이 총에 맞는 장면에 대한 생생한 기억은 어제 그 서부영화의 그 장면을 볼 때 얻어진 지각 내용 자체일 수는 없습니다. 이미 지나가버린 과거의 심리 상태 자체는 근본적으로 접촉할 수 있는 대상이 아니니까요. 따라서 영화의 그 장면에 대한 목사님이 가진 현재의 기억은 어제 영화에서 그 장면을 보았다고 믿는 목사님의 믿음에 의해 야기된 현재의 심리 상태에 불과합니다.

한 달 전쯤 한 고약한 최면술사가 지능이 낮고 어리숙한 정신 질환자를 대상으로 최면을 걸어 그가 한국전쟁 당시 백마고지 전투에서 북한군과 용감히 싸웠던 어린 병사였다는 암시를 주었다고 합시다. 또한 어리숙한 그 정신 질환자는 최면술사의 암시에 따라 자신이 백마고지 전투에서 분전했던 병사였고, 영화를 통해 본 백마고지에서의 전투 장면을 실제로 자신이 경험하고 목격한 사건이라고 믿게 되었습니다. 이런 일이 실제로 발생했고 그 환자가 자신이 치열했던 백마고지에서의 전투를 기억한다고 해보겠습니다. 그럼 아마도 그는 한 달 전부터 기억하게 된, 자신이 경험했다고 믿는 그 백마고지에서의 전투를 자신이 기억하는 10년이나 20년 전의 다른 사건보다 먼저 발생한 사건이라고 취급할 것입니다.

우리는 시간이 과거에서 현재를 거쳐 끊임없이 흐른다는 상식적인 시간관을 받아들이고 있습니다. 내가 가진 심리 상태의 연속성이 과거의 나와 현재의 내가 동일한 한 사람이라는 개인 동일성의 기준이 될 수 있다는 것은 내가 태어난 이후 과거의 어느 시점에도 나의 심리 상태가 존재하고, 과거의 내 심리 상태는 현재의 내 심리 상태에 영향을 주었을 것이라는 주장에 불과합니다. 이는 과거로부터 현재에 이르기까지 하나의 동일한 내가 존재한다는 전제하에서만 가능한 주장입니다. 그러나 앞에서 주장했듯이 우리가 직접 접촉할 수 있는 것은 과거의 심리 상태 자체가 아니고 과거의 상태라고 믿고 있는 현재의 심리 상태일 뿐입니다. 따라서 심리적 연속성으로 개인 동일성을 설명하려는 시도는 기억 이론과 마찬가지로 개인 동일성을 전제하고 있다고

할 수 있습니다.¹²

어제의 나와 오늘의 내가 동일한 하나의 인간이라는 개인 동일성을 설명할 수 있는 합리적 기준이 성립할 수 없을 것이라는 점에 대해서는 충분히 토의된 것으로 보입니다. 이제 이 선생의 깨달음과 관련된 논의를 시작하는 것이 좋을 것 같습니다.

우주에 대한 인다라망의 비유란 무엇인가: 《중론》과 연기

중관 ─ 이미 지난 몇 차례 토론을 통해 '내가 무지하다는 것'과 내가 무지할 수밖에 없는 이유에 대해서 충분치는 않아도 어느 정도 이야기된 것 같습니다. 우선 토론에서 거론된 무지에 대한 저의 깨달음과 관련된 내용들을 언급할 필요가 있을 것 같습니다.

첫 토론에서 선생님께서 설명했듯이, 우주의 탄생에 대한 물리학에서의 표준 이론이라 할 수 있는 빅뱅 이론에 따르면 우주 전체에서 최소한의 관측 가능성이 있는 정상 물질은 우주의 전체 구성 성분의 5%에 불과합니다. 또한 항성이나 행성처럼 물리적으로 관측될 수 있는 대상은 정상 물질의 6%에 지나지 않습니다. 결국 우주를 구성하는 전체 구성 성분의 0.5% 미만만이 "이것이다, 저것이다" 할 수 있는 개체화의 대상이 될 여지가 있다고 할 수 있습니다.

세 번째 토론에서 우리는 무한한 과거로부터 현재를 거쳐 무한한 미래로 일정하게 끊임없이 흐른다는 상식적인 시간관은 과학에서 설 자리가 없다는 것을 보았습니다. 현대 물리학에 따르면 시간이란 관찰자의 움직이는 속도와 그가 있는 곳의 중력에 따라 변하는 상대적인 것이니까요. 용수의 지적처럼 시간이란 존재하지 않고, 단지 우리들이 자신이 경험한 사건들이라 믿는 심리 상태를 열거하기 위해 상정된 것일 수 있습니다. 이렇게 보면 우주의 모든 현상은 실제 모습이 아니고, 실제로 모든 것의 생과 멸은 동시에 나타나며, 시간이란 시작도 끝도 없는 무시무종이라는 불교의 실상론에서의 주장은 설득력을 가집니다.

불자인 저는 부처님이 설하신 연기법을 믿고 있습니다. 그러나 지난 토론에서 언급했듯이 '인(因)이 연(緣)을 만나 과(果)가 이루어진다'는 연기에 대한 인과론적인 설명은 중생들을 위한 방편에 지나지 않고, 부처님이 의도한 연기는 존재하는 모든 것이 서로 연결되어 떼려야 뗄 수 없는 영향을 주고받고 있고 이러한 의존관계로부터 자유로울 수 있는 것은 존재할 수 없다는 '인다라망'이나 '차진 밀가루 반죽'으로 비유한 연기라 확신합니다. 존재하는 모든 것이 우주이고 우주에 존재하는 모든 것이 '차진 밀가루 반죽'처럼 차지게 연결되어 있다면 일정한 개념 체계에 입각하지 않고 우주의 실상 자체에 따른 개체화를 하는 것은 근본적으로 불가능할 것입니다. 우주 속에 존재하는 모든 것은 우주 전체를 구성하는 다른 모든 것들과 밀접하게 연결되어 있고 이러한 연결 관계 속에서만 존재할 수 있을 테니까요. 데카르트가 강조했듯 외부 세계에 대해 탐구하고 사고할 수 있다는 우리는 실제로는 우주 전체인 차진 밀가루 반죽 속에서 서로 연결된 밀가루 한 알갱이보다 못한 존재입니다. 밀가루 반죽 전체를 구성하는 모든 알갱이는 서로가 영향을 주고받는 연결 관계 속에서만 존재하므로 어떤 밀가루 알갱이도 전체 밀가루 반죽과 독립적으로 존재할 수 없습니다.

선생님과의 토론에서 논의된 이러한 내용들은 외부 세계와 우리 자신에 대해 우리가 가지고 있다고 믿는 지식이나 상식들이 최소한 그 근거가 매우 부실한 믿음에 불과하다는 것을 설명해주고 있습니다.

선생님과의 토론은 제 무지에 대한 깨달음의 내용을 다시 생각해보는 계기가 되었습니다. 특히 《중론》과의 만남으로 얻을 수 있었던 '내가 무지할 수밖에 없는 이유'에 대한 깨달음이 '우주'나 '개인 동일성'과 같은 구체적 맥락에도 적용된다는 것을 확인할 수 있었습니다.

후평 — 목사님과 나처럼 《중론》을 접해볼 기회가 없었던 사람들을 위해, 가능하면 구체적인 사례를 들어 설명해주면 좋을 것 같습니다.

중관 — 《중론》은 용수의 대표 저작으로 공 사상과 연기설을 규명하여 대승불교의 이론적 근거를 마련해준 논서입니다. 논리적이고 난해한 그의 저서 《중론》과 달리 용수는 신비하고 엉뚱한 측면이 많은 사람입니다. 불멸 후 700여 년 후에 남인도 지방에서 주로 활동했던 것으로 추정되는 그는 남인도 지방에서는 제2의 부처로, 한국, 일본, 중국 같은 극동 지방에서는 천태종과 같은 대승 8종의 종주(宗主)로 추앙받고 있습니다. 그의 이름 용수는 'Nāgārjuna'를 한역한 것인데 'nāga'는 용을 가리키며, 'arjuna'는 인도에 자생하는 나무 이름입니다. 용수라 명명된 이유는 그가 아르주나(arjuna) 나무 밑에서 태어났고 용(nāga)의 도움을 받아 성불했기 때문이라 합니다. 많은 불경을 번역한 것으로 알려진 구마라집(鳩摩羅什)의 《용수보살전》에 따르면 카스트 제도의 최상위 계급인 브라만 출신인 그는 젊어서는 망나니였다고 합니다. 친구 셋과 같이 투명 인간이 되는 도술을 배운 그는 왕궁에 잠입해 궁녀들을 겁탈했고 궁녀들이 임신하게 되자 진노한 왕이 바닥에 고운 모래를 뿌려 이들을 추적했습니다. 모래 위에 남은 발자국 때문에 세 친구는 잡혔지만 그는 왕 옆에 숨어 화를 피했다 합니다. 이 사건을 계기로 용수는 "욕망이 괴로움의 근본이며 모든 화의 뿌리이고, 패덕과 몸을 위태롭게 하는 것은 모두 이 욕망으로부터 일어난다"라는 것을 깨닫고 출가하게 됩니다. 이후 히말라야의 설산에서 수행하던 중 대룡보살(大龍菩薩), 즉 용의 도움으로 용궁에 가게 되고, 그곳에 있는 수많은 대승 경전을 읽고 대오하게 되었다 합니다.

  용수의 대표작인 《중론》은 총 27품에 걸친 450여 수의 게송으로 구성되어 있는데 각 품은 문제가 되는 개념이나 주장들에 해당하는 '문' 부분과 이에 대해 대답하는 '답' 부분으로 이루어진 문답 형식을 갖추고 있습니다. 《중론》은 세친(世親)의 《아비달마구사론(阿毘達磨俱舍論)》에서 볼 수 있는 설일체유부와 같은 부파불교에서 부처님의 모든 가르침의 내용을 분별하고 나누어 문자로 설명하려는 시도를 '사구(四句) 비판의 논리'로 반박하는 것을 목적으로 저술된 논서라 할 수 있습니다.

후평 — '설일체유부'나 '사구 비판의 논리'와 같은 전문용어들이 등장하는데, 나와 목사님 같은 문외한들의 이해를 위해 이들에 대해서도 설명을 좀 부탁합니다.

중관 — 불멸 후의 2차 결집 후 불교 교단은 보수적 입장의 상좌부(上座部)와 진보적 입장인 대중부(大衆部)로 나뉘는데, 이 중 설일체유부는 상좌부에 속하는 부파 중 가장 영향력이 컸던 부파입니다.[13] 설일체유부는 제법(諸法)의 실체를 인정하는 입장에서 부처님의 모든 가르침을 문자를 통한 분별로 설명하려한 교파라 할 수 있습니다.

'사구 비판의 논리'란 설일체유부 등의 주장을 비판하기 위해 《중론》에서 일관되게 사용된 논리로 '해체의 논리', '반야의 논리', '공의 논리', '연기의 논리', '중도의 논리', '반논리' 등으로도 불리고 있습니다. 간단히 말해서 '사구 비판의 논리'란 인간이 만들어낼 수 있는 판단은 네 가지 형태로 구분될 수 있는데 이들 네 가지가 모두 논리적 오류를 야기한다는 주장입니다.

제가 이해한 '사구 비판의 논리'의 핵심적 내용을 요약해 보겠습니다. 언어를 사용한 인간의 판단은 아래처럼 네 가지로 구분됩니다.

    1. A : 긍정하는 것
    2. ~A : 부정하는 것
    3. A&~A : 긍정하며 부정하는 것
    4. ~A&~~A : 긍정하지도 않고 부정하지도 않는 것

'사구 비판의 논리'에 따르면 이 사구는 모두 논리적 오류를 야기합니다. 1은 의미 중복이나 동어반복의 오류, 2는 사실 위배의 오류, 3은 모순의 오류, 끝으로 4는 사유의 영역에 들어올 수 없는 오류를 야기합니다.

'사구 비판의 논리'에 따른 주장의 정당성 여부에 대한 논란은 현학적인 작업이 될 수밖에 없을 것입니다. 또한 우리의 토론에도 직접적인 관련이 없을 것으로 생각됩니다. 그러나 '사구 비판의 논리'는 우리들이 학교에서 배우는 형식논리가 아니라는 점은 지적하겠습니다. 중고등학교와 대학에서 배우는 논리는 실제로 세상에서 일어나고 있는 사태에 대한 우리의 판단과 직접적인 관련이 없는, 주로 기호들 사이의 형식적 관계에 대한 것인 반면, '사구 비판의 논리'는 나타난 현상에 대한 우리의 판단을 다루고 있기 때문입니다. 또한 형식논리에서 이중부정은 긍정과 동치인 동일한 표현에 불과하므로, '사구 비판의 논리'에서 두 개의 다른 판단으로 구분하고 있는 3구와 4구는 형식논리로 볼 때 논리적 동치인 동일한 표현입니다.

사구 중 1구의 논리적 오류는 움직임이나 행위와 밀접히 관련된 중요한 문제이므로 토론 중 구체적으로 다시 언급하게 될 것 같습니다.

저는 10여 년 동안 이곳저곳에서 선 수행을 한 떠돌이 중에 불과합니다. 산스크리트어는 물론 한문 해독 능력도 미천한 제가 《중론》의 각 게송의 참된 의미를 거론하는 것은 어불성설일 것입니다. 또한 저는 그러한 훈고학적인 노력에 큰 관심도 없습니다. 《중론》과의 만남이 나의 무지와 무지할 수밖에 없는 이유를 깨달았다고 느끼게 하는 데 역할을 한 것은 《중론》의 내용의 참된 의미를 깨달았기 때문이라기보다 《중론》의 내용에 대한 저 나름대로의 이해 때문이라고 해야 적절하겠네요.

깨달았다는 제 느낌과 관련된 《중론》의 내용을 몇 가지만 소개하겠습니다.

《중론》의 '관거래품(觀去來品, 제2품)', '관삼상품(觀三相品, 제7품)', '관작작자품(觀作作者品, 제8품)' 등은 움직임이나 운동, 시간에 대해 다루고 있습니다. 이 세 개의 품에 실린 게송들을 읽고 느낀 점을 예를 들어 설명해보겠습니다. 한 사람 a가 건장한 젊은이인 길동이 걸어가는 것을 목격하고 "길동이가 걸어간다"라고 말했다고 합시다. 한 명제에 대응하는 실제 사태가 있으면 그 명제는 참이라는, 우리들이 일반적으로 받아들이는 진리 대응설에 따르면 한 명제가 참이면 그 명제에 대응하는 사태가 존재해야 합니다.[14] 길동이가 걸어가는 사태를 목격하고 "길동이가 걸어간다"라고 말했으므로 진리 대응설에 따르면 a의 판단은 참입니다. 그러나 "길동이가 걸어간다"라는 a의 판단을 기술한 명제는 '길동이'라는 주어와 '걸어간다'라는 술어의 두 부분으로 구성되어 있는 반면에 이에 대응하는 사태 자체는 길동이란 이름을 가진 하나의 개체가 걸어가는 하나의 사태입니다. 또한 이러한 사태를 지각한 퀄리아로서의 우리의 감각 자료(지각 내용)도 행위의 주체와 행위로 구분되지 않은 하나일 것입니다. 따라서 우리는 이 사태를 움직임을 중시한 '길동이의 걸어감'으로 표현할 수도, 움직이는 개체를 중시한 '걸어가는 길동이'로도 표현할 수 있습니다.

'관거래품'과 '관작작자품'에 아래의 게송들이 나옵니다.

若離於去者 去法不可得: 가는 놈을 떠나서는 가는 작용을 얻을 수 없다
以無去法故 何得有去者: 가는 작용이 없으면 어떻게 가는 놈이 있을 수 있겠느냐

因業有作者: 행위로 인하여 행위자가 존재한다
因作者有業: 행위자로 인하여 행위가 존재한다
成業義如是: 행위가 이루어지는 이치는 이와 같다
更無有餘事: 다시 어떤 다른 일도 없다

앞의 구절은 '관거래품'에, 뒤의 구절은 '관작작자품'에 실린 게송입니다. 두 게송은 일정한 행위와 그 행위를 한 행위자

사이에는 서로 의존하는 일종의 연기 관계가 있다는 것을 의미하고 있습니다. 한마디로 행위와 행위자는 서로에게 연기 관계와 같은 의존관계로 얽혀 있으므로 하나가 없으면 다른 하나도 있을 수 없다는 것입니다.

그러나 우리 인간의 언어 행위는 행위자와 행위자가 행한 행위를 모두 독립적인 존재로 취급하여, 행위자를 주어로 행위자가 행한 행위를 술어로 나타내고 있습니다. 따라서 앞에서 본 걸어가는 길동이를 목격하고 a가 주장한 "길동이가 걸어간다"라는 명제는 행위와 행위자 모두를 고려할 경우 아래처럼 재표현될 수 있습니다.

"걸어가는 길동이가 걸어간다."

이 명제는 길동이에 대한 정보가 없을 경우 우리에게 어떤 의미나 정보도 줄 수 없는 동어 반복의 명제에 불과합니다. a가 길동이가 걸어가는 것을 목격했을 때 실제로는 길동이를 확인한 것이 아니라 걸어가는 듯한 물체만을 보았다 합시다. 이 경우 a가 목격한 내용은

"걸어가는 것이 걸어간다."

라는 명제로 표현되어야 할 것입니다. 이 명제는 동어반복에 불과한 의미 없는 명제입니다. '사구 비판의 논리'에서 사

구 중 1구에 의한 판단은 동어반복이나 의미 중복의 오류를 범한다는 것은 이것을 의미할 겁니다.

앞에서 본 중론의 두 게송은 길동이가 걸어가는 움직임 같은, 나타난 현상 자체와 이를 야기한 주체는 상호 의존적이므로 구분될 수 없고 이 둘을 구분할 경우 논리적인 문제가 발생한다는 것을 나타낸 것이라 생각합니다. 명리학(命理學)을 포함한 동양철학 전반에 걸쳐 '체(體)'와 '용(用)'의 문제가 치열한 토론의 대상이 되는 것도 이 때문일 것입니다.

지식이나 상식을 포함하여 생각이나 느낌을 표현하는 우리의 언어 행위는 기본적으로 주어와 술어로 구성된 형태를 취하고 있습니다.

"철수는 사람이다."

위의 명제에서 볼 수 있듯이 움직임이나 운동이 없는 정지된 상태나 개체의 성질을 나타내는 명제도 주어-술어 형태로 표현됩니다. 심지어 철수가 자신이 느낀 감정을 나타내기 위해 "아, 슬프다!"라고 말했다면 이 말은 주어가 있는 표현인 "철수는 슬프다"로 대체될 수 있습니다.

앞에서 보았듯이 외부 세계에서 벌어지고 있는 현상들이나 자신이 가진 느낌들을 나타내기 위한 언어 표현들은 기본적으로 주어-술어 형태를 취합니다. 평서문의 경우 주어나 술어가 빠진 문장은 문법에 맞지 않는 비문으로 취급됩니다.

다시 a의 발언인 "길동이는 걸어간다"라는 명제를 살펴보겠습니다. 길동이가 걸어가는 것을 보고 a가 한 말이므로 실제로 이러한 일이 일어났다면 누구나 이 명제는 참인 명제라고 할 것입니다. 왜 참이라고 생각하느냐고 물으면 아마도 대부분은 "실제로 그러니까"라고 대답할 것입니다. 이러한 답변은 명제가 실제 사태와 대응하면 참이라는 대응설에 따른 것이라 할 수 있습니다. 그러나 이처럼 우리들이 일반적으로 받아들이고 있는 명제의 진위 여부에 대한 대응설에 입각한 진리관은 근본적인 문제점들을 가지고 있습니다.

우선 '길동이가 걸어가는 사태'는 우주 전체의 사태 속에서, 그리고 우주 전체 사태에 의존해야만 나타날 수 있는, 우주 전체 사태와 독립적으로 나타날 수 없는 사태입니다. 명제에 대응하는 실제 사태가 있으면 그 명제가 참이라는 대응설의 주장에 따라 "길동이가 걸어간다"라는 명제가 참인지를 실제로 확인하기 위한 유일한 방법은 감각 경험에 의한 것입니다. 그러나 우리가 길동이가 걸어가는 모습을 볼 때 오로지 길동이가 걸어가는 것만을 볼 수는 없고 걷고 있는 길과 풍경 등 주위의 모습들이 함께 보여집니다. 길동이가 걸어가는 길옆에 큰 소나무가 있었다 합시다. 이 경우 "길동이가 걸어가는 길옆의 소나무가 크다"라는 명제도 "길동이가 걸어간다"라는 사태에 대응한다고 할 수 있을 것입니다. 결국 참인 하나의 명제에 대응하는 하나의 사태가 존재한다는 말은 성립할 수 없고 기껏해야 하나의 사태에 많은 명제들이 대응한다고 해야 할 것입니다. 이 사고를 확장하면 무수히 많은 모든 참의 명제들은 우주 전체 사태 하나에 대응한다고 할 수도 있습니다. 따라서 하나의 명제에 대응하는 하나의 사태가 있으면 그 명제는 참이라는 대응설의 설명은 정당화될 수 없습니다.

길동이가 누군지 모르는 다른 사람 b도 a가 목격한 길동이가 걸어가는 모습을 목격했고 b에게 a의 말이 참인지 여부를 물었다고 합시다. 대응설의 설명이 옳다면 b가 질문에 답하기 위해서는 b는 '길동이'라는 고유명사가 지시하는 대상을 확인하고 그 대상이 걸어가고 있는 사태를 확인해야 합니다. 이것이 가능하려면 b는 주어인 '길동이'라는 고유명사와 '걸어간다'라는 술어의 의미나 최소한 그 지시 대상을 알 수 있어야 합니다.

세 번째 토론에서 선생님께서는 '사람'처럼 우리가 잘 알고 있다고 생각하는 단어조차 그 단어의 정확한 의미란 있을 수 없다는 것을 설득력 있게 설명하셨다고 생각합니다. 선생님의 말씀처럼 우리는 '길동이'와 '걸어간다'처럼 쉬운 단어의 뜻조차 제대로 파악할 수 없습니다. 국어사전에 의하면 '걸어가다'의 의미는 "목적지를 향해서 발로 걸어서 나아가다"입니다. 이러한 국어사전의 정의는 '걸어가다'라는 단어의 의미를 파악하는 데 전혀 도움이 되지 않는 잘못된 정의입니다. "걸어서 나아가다"라는 표현은 '걸어가다'의 해석이라기보다는 동어반복에 지나지 않는 것으로 보이고, 이 정의는 "목적지를 향해"라는 구를 추가하여 정처 없이 무작정 걷고 있는 경우를 배제하는 정의입니다. 또한 이 정의는 발을 강조하고 있으므로 양 무릎 아래를 절단한 사람이 절뚝대며 걷는 걸음이나 지네나 뱀이 기어가는 듯한 움직임에도 적용될 수 있을지에 대한 근본적인 의문이 듭니다.

'길동이'라는 단어에도 유사한 이야기가 성립할 것 같습니다. 길동이는 사람입니다. 따라서 '길동이'의 의미를 알기 위해서는 우선 '사람'이라는 일반명사의 의미를 파악해야 합니다. 그러나 우리는 이미 지난 대화를 통해 모든 사람이 공유하는 본질적 속성 중 '사람만이 가진 본질적 속성(본질)'이란 없으므로 '사람'이라는 단어의 의미가 정확히 파악될 수 없다는 것을 보았습니다. 더구나 제행무상과 제법무아로부터 자유로울 수 없는 길동이를 길동이로 특징지을 수 있는 것은 계속해서 변하는 외적인 모습과 같은 하찮고 본질적이지 않은 것들에 불과합니다.

'길동이'와 '걸어간다'라는 단어의 의미는 파악될 수 없을지라도 그 지시 대상은 알 수 있다는 주장도 성립하지 않습니다. 아기가 걷는 것, 말이나 소가 걷는 것, 장난감 로봇이 걷는 것 등 무한히 많은 구별될 수 있는 걷는 모습이 존재합니다. 성인인 길동이의 걷는 모습도 시간과 장소에 따라 다를 것입니다. '걸어간다'라는 단어가 지시하는 대상은 수많은 걷는 모습 중 어느 것에 해당합니까? 이에 대한 대답은 '걸어간다'라는 단어의 의미가 파악되지 않는 한 불가능할 것입니다.

'길동이'란 고유명사가 지시하는 대상은 무엇입니까? 가장 손쉬운 대답은 a나 b가 길동이가 걸어가는 모습을 목격한 당시에 길동이라 지칭한 개체가 '길동이'의 지시 대상이라는 답변일 것입니다. 전에도 수차례 말했듯이 인식 주체인 우리가 직접적으로 접촉할 수 있는 것은 외부 사물 자체가 아니라 감각 경험을 통해 우리에게 주어진 감각 자료로서의 길동이입니다. 걸어가는 길동이를 목격할 때 갖게 된 a의 길동이에 대한 지각 내용은 a만이 접촉할 수 있는 사적인 것입니다. 그 지각 내용은 a만이 접근 가능한 소위 퀄리아입니다. 따라서 a가 길동이에 대한 지각 내용을 '길동이'라 지칭한다고 해도 '길동이'라는 말은 a 아닌 사람은 물론 (지각 내용은 시간의 경과에 따라 끊임없이 변할 것이므로) a 자신에게도 어떠한 의미도 주지 못할 것입니다.

다른 한 가지 방법은 우리가 지각하느냐의 여부를 떠나 외부 세계에 존재하는 대상으로서의 길동이라는 실체를 받아들이는 것입니다. 그러나 이 방법이 설득력이 있으려면 외부 세계에 존재하는 것들에 대한 개체화가 가능해야 합니다. 개념 체계들에 독립적인 개체화가 불가능하거나 개체화에 대한 어떠한 설명도 결정적인 문제점을 야기할 것이라는 점에 대해서는 이미 많이 이야기했지요. 유사한 이야기를 다시 하는 것은 의미가 없을 것 같습니다.

이러한 어려움이 생기는 가장 큰 이유는 상호 의존적으로 존재할 수밖에 없는 행위자와 행위를 주어와 술어로 구별하여 파악하려는 데 있다고 생각합니다.

후평 ─ 지금 이 선생이 개진한 논의는 언어철학(philosophy of language)의 핵심 분야라 할 수 있는, 단어의 의미를 다루는 의미론에서의 논란과 밀접한 관계가 있습니다. 대표적인 의미론

중 하나는 '지시론적 의미론'이라 할 수 있습니다. 지시론적 의미론이란 단어의 의미는 단어가 지시하는 대상 자체이거나 최소한 지시 대상에 의해 파악될 수 있다는 입장입니다. 이러한 입장이 안고 있는 문제점을 드러낸 대표적인 비판은 '사적 언어 논쟁(private language argument)'이라 할 수 있습니다. '사적 언어 논쟁'에 따르면 외부 세계에 존재하는 대상들과 이들이 야기하는 사태들의 파악은 기본적으로 감각 경험에 의존해야 하는데 감각 경험에 의한 지각 내용은 감각 경험을 한 당사자에게만 접근이 가능한 사적인 것이므로 지각 내용을 지시하거나 언급하는 '사적 언어(private language)'는 성립할 수 없다는 것입니다.

위에 구멍이 뚫린 세 개의 통에 동일한 모습의 기이한 벌레를 한 마리씩 담았습니다. 이 통 세 개를 세 사람 a, b, c에게 전달하고, a, b, c는 각기 자신이 가진 통 속만을 볼 수 있다고 합시다. 이 경우 a가 '사악하고, 교활하고, 잔인하고'의 첫 글자만을 사용해 그 기이한 벌레를 '사교잔'이라 명명하기로 작정하고 "이것은 사교잔이다"라고 말했다면 a가 발언한 "이것은 사교잔이다"라는 명제는 b와 c에게 어떤 의미도 줄 수 없는 헛소리에 불과할 것입니다. a, b, c는 전에 그 벌레를 본 일도 없고 각자 자신의 통 속만을 볼 수 있으므로 b와 c는 a의 통 속에 있는 벌레를 확인할 수 있는 방법이 없을 것이기 때문입니다. 또한 a의 통 속의 벌레가 계속 다른 벌레로 교체된다면 "이것은 사교잔이다"라는 명제는 a 자신에게조차 어떠한 의미도 주지 못할 것입니다. 벌레가 든 세 개의 통은 외부 대상이나 외부에서 벌어지는 사태에 대한 우리의 지각 내용은 근본적으로 사적이므로 공적으로는 물론 자신에게도 의미가 부여될 수 없다는 것을 극명하게 보여주는 사례일 것입니다.

술어논리의 기본을 확립한 고틀로프 프레게는 모든 언어적 표현은 지시와 의미의 두 가지 기능을 가지고 있다고 주장합니다. 그에 따르면 언어적 표현은 고유한 의미를 가지고 있고 그 의미에 의해 그 표현이 지시하는 대상이 결정됩니다. 그러나 이러한 그의 주장은 많은 분석철학자들에게 비판의 대상이 되고 있습니다. 언어적 표현의 의미를 파악하기 위해서는 그 표현이 지시하는 대상이 가져야만 하는 본질적 속성만이 아닌 그 대상만이 가진 속성인 본질이 있어야 하는데, '사람'이라는 단어와 관련된 앞에서의 논의에서 보았듯이, 그러한 속성은 없는 것으로 추정되기 때문입니다.

실체와 관련된 논의 중 '다발 이론'이라는 것이 있습니다. 이 이론을 주장한 데이비드 흄(David Hume)에 따르면, 인식 주체로서 사람이라 불리는 존재는 기뻐하고 슬퍼하는 감정과 춥고 더움과 같은 감각들의 모임일 뿐 이것들을 벗어난 어떤 것도 있을 수 없다는 것입니다. 분석철학자의 관점에서 '다발 이론'을 포도송이를 예로 들어 설명해보겠습니다. 한 포도송이의 포도알을 하나씩 떼어 먹으면 마지막에는 포도알이 달려 있던 가지만 남게 됩니다. 먹기 편하도록 포도 한 송이의 포도알을 모두 떼어내 접시 위에 수북이 쌓아놓았다 합시다. 이 경우 포도알을 하나씩 먹다 보면 결국 아무것도 남지 않게 됩니다. 다발 이론이 의미하는 것은 한 대상의 본질적 속성 등을 제거하고 나면 그 대상을 그 대상이라 할 수 있는 본질과 같은 어떤 것도 남지 않는다는 것입니다. 한 예로 사람인 길동이의 경우 '유기체임', '호흡함'과 같은 본질적 속성들을 제거하고 나면 길동이를 길동이라 할 수 있는 길동이만이 가진 본질적 속성인 본질은 존재하지 않는다는 것입니다.

《철학 연구(Philosophical Investigations)》에서 비트겐슈타인은 초기의 대응설적인 입장을 버리고 언어란 언어를 사용하는 사람들이 속한 문화나 관습 등에 영향을 받아 생겨난 일종의 '놀이(game)'에 지나지 않는다는 '말놀이(language game) 이론'을 주장하게 됩니다.[15] 비트겐슈타인의 입장이 이렇게 변하게 된 근본 이유는 앞에서 논의한 언어적 표현의 의미와 지시 대상과 관련된 문제점들에 있다고 생각합니다.

지금의 논의는 언어학과 논리학에도 함의하는 바가 매우 크다고 생각합니다. 대부분의 언어 체계는 주어-술어 구조로 되어 있으니까요. 기초 논리라 할 수 있는 술어논리에서는 흔히 x, y와 같은 개체 변수와 a, b와 같은 개체 상수를 사용하여 '논의의 대상(universe of discourse: domain)'에 속한 대상들을 나타냅니다. 한 예로 "길동이는 사람이다"라는 명제는 '길동이'를 개체 상수 a로, '사람이다'를 술어 기호 P로 표기하면 술어논리에서 "Pa"로 표기됩니다. 'a'의 지시 대상이나 의미는 무엇입니까? 길동이를 보면서 얻게 된 감각 자료입니까? 아니면 길동이를 지각할 당시의 외부 세계에 존재한다고 믿는 물리적 개체로서의 길동이입니까? 이 둘도 아니면 수정체인 단세포로 시작해서 계속 변화하여 수십조 개의 세포로 구성된 현재까지, 탄생 시부터 현재까지의 매 시간에 존재한 전체로서의 길동이입니까? 이들 모두가 아니라면, 무엇인지 모르지만 길동이가 가진 모든 속성들이 모여 있는 (무엇인지 모르지만 있어야 한다고 상정해야 하는) 기체(基體)로서의 실체(substance)입니까?

논리학은 존재 중립적인 도구 학문입니다. 그러나 우리의 상식적 직관은 대상적 해석을 요구합니다. 상식적인 직관에 따라 대상적으로 해석하기 위해서는 앞의 질문에 명쾌한 답변을 제공할 수 있어야 합니다. 그러나 앞에서의 논의처럼 개체화가 불가능하다면, 'a'와 'P'의 의미나 지시 대상도 존재할 수 없을 것이므로 이러한 표기 방식은 정당화될 수 없을 것입니다.

사족이 길어졌습니다. 《중론》과 관련된 이 선생의 무지에 대한 깨달음에 대한 논의를 재개하는 것이 좋을 것 같습니다.

중관 ― 흄의 '다발 이론'이나 선생님이 소개한 비트겐슈타인의 견해는 "존재하는 것으로 여겨지는 모든 대상들은 자신을 자신이라 할 수 있는 자성(自性)이 없으므로 자아라 할 수 있는 것이 없다"라는 제법무아를 논리적으로 설명하는 선지식들이 서양에도 있었다는 것을 보여주는 것 같군요.

저는 선(禪)을 중시하는 중입니다. 말과 글은 방편에 불과하고 이를 통해서는 궁극적인 진실에 접근할 수 없다는 불립문자를 받아들입니다. 가급적이면 문자로 쓰인 구절이나 문장의 해석과 관련된 논의는 피하고자 합니다. 따라서 제 깨달음과 관련한《중론》의 내용 중 오직 두 가지만 거론하겠습니다.

《중론》의 '관연가연품(觀燃可燃品, 제10품)'과 '관인과품(觀因果品, 제20품)'은 인과의 문제를 다루고 있습니다.

> 若燃是可燃 作作者則一: 만일 불이 그대로 연료라면 행위와 행위자는 동일하리라
> 若燃異可燃 離可燃有燃: 만일 불이 연료와 다르다면 연료 없이도 불이 있으리라

> 若衆緣和合 是中無果者: 만일 여러 가지 인연의 화합에 결과가 존재하지 않는다면
> 云何從衆燃 和合而果生: 어떻게 여러 가지 인연들의 화합으로부터 결과가 발생하겠는가?

> 若衆燃和合 時中有果者: 만일 여러 가지 인연의 화합 가운데 결과가 존재한다면
> 和合中應有 而實不可得: 화합 가운데 존재해야 하는데 실제로는 (화합에서) 얻을 수 없다

> 若衆燃化合 是中無果者: 만일 여러 가지 인연이 화합한 가운데 결과가 존재하지 않는다면
> 是則衆因緣 與非因緣同: 여러 가지 인연들은 인연이 아닌

것들과 마찬가지가 된다

첫 게송은 '관연연가품'에, 뒤의 셋은 '관인과품'에 실린 게송입니다.

지팡이로 쓰기에도 안성맞춤인 잘 마른 긴 나무토막이 어느 집 마당의 장작더미 위에 놓여 있다고 합시다. 그 나무토막은 한 노인의 지팡이로 사용될 수도 있고, 땔감으로 쓰지 않고 방치하면 결국에는 썩어서 흙으로 돌아갈 겁니다. 따라서 불을 지피지 않는 한 그 나무토막은 장작(연료)이라 할 수 없습니다. 집주인이 그 나무토막에 불을 지폈다고 합시다. 이 경우 그 나무토막이 타면서 생긴 불의 주된 원인은 그 나무토막이라 할 수 있습니다. 그 나무토막이 없었거나 끝내 그 나무토막에 불을 지피지 않았다면 그 나무토막의 불은 발생하지 않았을 것입니다. 따라서 '그 나무토막 때문에 그 불이 발생했다(그 나무토막이 그 불이 발생한 주된 원인이다)'라는 우리의 판단이 성립하기 위해서는 그 나무토막이 불에 타고 있어야 합니다. 그 나무토막이 그 불이 발생한 원인이고, 불은 연료인 나무토막 자체가 가진 원인이 발현된 결과라 한다면, 원인(그 나무토막)은 결과(그 나무토막의 불)에 의존해 있고 결과는 원인에 의존해 있다고 할 수 있습니다.

'관인과품'에 실린 세 게송은 '원인과 조건들의 결합과 그로 인한 결과'에 대해서도 앞에서와 유사한 논의가 적용될 수 있다는 것을 말하고 있습니다.

그 나무토막이 그곳에 없었다면 거기서 불이 발생할 수

없듯이, 그 나무토막이 지난밤 내린 비로 흥건히 젖어 있거나 산소 공급이 차단되었을 경우에도 불에 타지 않을 것입니다. 또한 우주 전체의 움직임에 영향을 받을 수밖에 없는 지구의 중력에 의해 유지되는 대기권이 존재하지 않는다면 산소는 공급될 수 없을 것이고 그 나무토막에도 불이 붙지 않았을 것입니다.

지금의 논의는 개체화의 문제와 밀접히 관련되어 있다고 생각합니다. 우리는 흔히 일정한 시간에 발생한 하나의 사건이나 사태 A가 이후의 시간에서 다른 사건이나 사태 B를 야기했다고 판단할 때 두 사건이나 사태인 A와 B는 인과관계를 가지고 있다고 말합니다. 그런데 하나의 사태나 사건이 존재하기 위해서는 그 사태나 사건을 야기한 주체가 있어야 할 것입니다. 그러나 개체화가 불가능하거나 이를 위해 우선적으로 해결해야 할 심각한 문제점이 있다면 주체가 존재하는 것이 불가능합니다.

후평 — 분석철학에서는 인과관계를 논할 때 결과를 야기한 원인을 충분조건적 원인과 필요조건적 원인의 두 가지로 구분합니다.

- 충분조건적 원인: 사건 A는 사건 B의 충분조건적 원인이다. iff A가 발생하면 B가 반드시 발생한다.
- 필요조건적 원인: 사건 A는 사건 B의 필요조건적 원인이다. iff A가 발생하거나 존재하지 않으면 B가 발생할 수 없다.

(* 'iff'는 'if and only if'의 약어로 외연적 정의를 의미한다.)

예를 들어, 사람은 머리가 없이는 살 수 없으므로 '한 사람의 머리를 자르는 사건'은 '그 사람의 죽음이라는 사건'에 충분조건적 원인이라 할 수 있고, 산소나 탈 연료가 없으면 불이 나지 않을 것이므로 '주위에 산소가 있음'이나 '장작과 같은 연료가 있음'은 불이 나기 위한 필요조건적 원인이라 할 수 있습니다. '매우 강력한 번개에 맞음', '1,000m 높이의 낭떠러지에서 어떠한 보호 장치도 없이 떨어짐', '심장이 갈갈이 찢겨짐', '지구가 대폭발하여 사라짐'과 같이 '한 사람의 죽음'이라는 사건에 대해 무한한 수의 충분조건적 원인과 필요조건적 원인이 있을 수 있습니다.

따라서 '사건 A는 사건 B와 인과관계에 있다'라는 말이 정당화되려면, 사건 A가 발생하면 사건 B가 반드시 발생하고 사건 A가 발생하지 않으면 사건 B가 발생할 수 없다는 A와 B 사이에 필연성의 관계가 성립한다는 것을 설명할 수 있어야 합니다. 이것이 가능하려면 필요조건적이며 동시에 충분조건적인 원인들을 모두 열거할 수 있어야 합니다. 이것은 불가능한 작업일 것입니다. 이 선생이 제시한 예시인 한 나무토막에 붙은 불의 필요·충분조건적인 원인은 무엇입니까?

흄에 따르면 사건 A와 사건 B 사이에 진정한 의미에서 인과관계가 성립한다고 해도 우리가 관찰할 수 있는 것은 아래의 세 가지에 국한됩니다.

1. A와 B는 시공적으로 근접해 있다.

2. A의 발생 후 B가 발생한다.

3. A가 발생할 때마다 B가 발생한다.

그러나 1과 2와 3은 사건 A와 사건 B 사이에 필연적 관계가 성립하지 않아도 우연적으로 발생할 수 있는 일들입니다. 이처럼 흄은 관찰이나 관측을 통해서 인과관계를 밝힐 수 있는 방법은 우리에게 근본적으로 열려 있지 않다는 것을 주장하고 있습니다.

흔히들 과학은 인과관계를 밝히는 학문이라고 합니다. 인과관계란 사건이나 사태들 사이에 성립하는 관계이고 우리들이 일반적으로 이해하는 사태나 사건은 사태나 사건을 야기한 주체가 요구되고, 이는 개체화를 전제한 것입니다. 그러나 이 선생의 지적처럼 우리가 존재하는 우주가 개체화가 불가능한 인다라망이나 차진 밀가루 반죽 같은 우주라면 일정한 개념 체계를 벗어난, 개념 체계 중립적인 개체화는 불가능합니다. 현대 물리학에서는 "$E=mc^2$"과 같은 수식으로 된 가설로 우주와 우주의 모습을 설명하려 시도합니다. 비록 아원자 세계에서 나타나는 입자의 중첩 현상이나 얽힘 현상 등 양자역학에서의 발견들을 설명하지 못하고, 설명력이 강한 다른 체계가 나타나면 언제고 폐기될 나름의 개념 체계에 입각한 것이겠지만, 개인적으로 나는 이러한 시도는 인다라망식으로 얽힌 우주를 개체화시키지 않고 그 자체로 이해하려는 노력의 일환이라 생각합니다.

중관 — 기본적으로 저는 부처님의 깨달음은 연기(緣起)에 대한 깨달음이라 생각합니다. 전에 말했듯이, "이것이 생겨나므로 저것이 생겨나며, 이것이 멸하므로 저것이 멸한다"라는 《잡아함경》의 구절로 '연기'를 이해하거나 해석해서는 안 될 것입니다. '이것'이나 '저것'이라는 표현은 이미 개체를 전제하고 있는 것으로 보이기 때문입니다.

상의상관(相依相關)

불경에서 드물지 않게 접할 수 있는 용어입니다. '상의상관'의 의미에 대한 대표적인 해석은 "만물은 서로 의존해 있고 서로 밀접하게 관련되어 있다"일 것입니다. 그러나 저는 '만물'이라는 용어가 제거된 "서로 의존하고 서로 밀접하게 관련되어 있다"라는 표현이 더 진실에 가까운, 보다 나은 표현이라 생각합니다. '만물'이라는 표현은 '우주에 존재하는 개체화된 많은 물체'를 의미할 것이기 때문입니다.

> 未曾有一法 不從因緣生: 인연으로부터 발생하지 않는 존재는 단 하나도 없다
> 是故一切法 無不是空者: 그러므로 일체의 존재는 공 아닌 것이 없다
>
> 不生亦不滅: 생겨나지도 소멸되지도 않으며

不常亦不斷: 항상된(늘 그대로인) 것도 단절된 것도 아니다
不一亦不異: 동일하지도 다르지도 않으며
不來亦不出: (어디선가) 오는 것도 (어디론가) 가는 것도 아니다

能說是因緣: 능히 이런 인연법을 설하여
善滅諸戲論: 모든 희론을 격파하여 잠재우시네
我稽首禮佛: 나는 머리 조아려 부처님께 예배하오니
諸說中第一: 모든 설법 가운데 제일이로다

앞의 것은 '관사제품(觀四諦品, 제24품)'에 나오는 연기와 공에 대한 게송이고 뒤의 둘은 인연법(因緣法)을 설명한 '관인연품(觀因緣品, 제1품)'의 첫 번째와 두 번째 게송입니다.

'공'에 해당하는 산스크리트어는 'śūnyatā'로 '비어 있음'을 의미합니다. 따라서 '관사제품'의 게송을 글자 그대로 해석하면 "모든 것은 인연법에 따라 생겨난 연기의 결과이므로 비어 있거나 공허한 공(空)이다"라는 의미가 됩니다. 대체로 많은 사람들은 이를 "모든 만물은 주된 원인인 인(因)이 조건인 연(緣)들과 화합하여 생겨난 것이므로 자신을 자신이라 할 수 있는 자성(自性)이 없으므로 무아(無我)이다"라는 뜻으로 받아들입니다. 심지어 일부 불교학자들은 "연기가 바로 공이다"라고 주장하기도 합니다. 그러나 연기에 대한 이러한 주장들은 전적으로 잘못된 것이거나 최소한 진실에 접근할 수 없는 해석으로 보입니다.

앞에서 언급했듯이 '연기(緣起)'는 산스크리트어

'pratītya-samutpāda'를 한역한 것입니다. 사전적 의미로는 'pratītyasamutpāda'는 "의지하여 함께 변한다" 혹은 "얽혀서 발생한다"라는 것에 불과합니다. '연기'라는 단어의 원래 의미를 제대로 반영하는 것은 존재하는 모든 것의 총체인 우주에 대한 '인다라망'이나 '차진 밀가루 반죽'의 비유라 생각합니다. 인다라망의 우주 속에서는 이리저리 얽히고설킨 복잡한 관계에서 독립적인 어떤 것도 있을 수 없습니다. 인다라망의 우주에서 개체화는 불가능합니다. 모든 것은 하나처럼 움직이는, 헝클어진 그물망보다 복잡하게 얽히고설킨 전체와의 관계 속에서만 존재할 것이기 때문입니다. 우리들 인간은 차진 밀가루 반죽을 구성하는 극도로 세밀하게 갈린 밀가루 알갱이 하나보다 못한 미미한 존재로, 복잡하게 얽힌 전체와의 관계 속에서만 그리고 밀가루 반죽 속에서만 존재할 수 있습니다. 따라서 우리는 근본적으로 전체로서의 밀가루 반죽을 벗어나 독립적으로 우리가 속한 밀가루 반죽 전체와 마주할 어떤 방법도 있을 수 없습니다.

인용한 '관인연품'의 게송이 무지에 대한 저의 깨달음과 밀접히 관련되어 있습니다. 이 게송의 내용을 음미하던 중 근본적인 의문들이 해결되는 강력한 느낌을 얻게 되었으니까요. 그때의 경험은 아마도 첫 번째 게송의 의미에 대한 저의 회의로부터 시작된 것 같습니다.

한 인간의 탄생은 부모의 정자와 난자가 화합된 하나의 수정체가 적절한 영양분과 같은 조건들을 만나서 나타난 결과라 할 수 있습니다. 이것은 한 인간의 탄생에 대한 인연법에 입각한 설명이라 할 수 있습니다. 이렇게 보면 인연법이란 '생겨남'과 '사라짐'을 포함하여 모든 변화를 설명하는 하나의 방법입니다. 그러나 '불생불멸(不生不滅)'로 시작되는 '관인연품'의 첫 번째 게송은 변화를 부정하는 것으로 보입니다. 따라서 자연스럽게 다음 질문이 제기될 수 있을 것입니다.

변화를 설명하는 이론인 인연법이 어떻게 변화를 부정하는가?

'관인연품'의 게송을 음미하던 중 갑자기 떠오른 이 질문에 대한 하나의 생각은 "전체와 독립적으로 존재하는 개체나 전체의 부분은 있을 수 없고, 변화가 있다면 전체로서의 변화일 수밖에 없을 것이다"와 유사했을 겁니다. 이 생각을 정당화하고 구체화한 것은 전체로서의 우주에 대한 '인다라망'과 '차진 밀가루 반죽'의 비유입니다.

여기서 인다라망의 비유로 전체로서의 우주를 설명하는 입장을 또 한 번 주장할 생각은 없습니다. 어떻게 보면 오늘까지 행해진 전체 토론은 존재 전체를 인다라망이나 차진 밀가루 반죽으로 설명하는 과정이었다 할 수 있을 정도로 충분히 이야기했으니까요.

나비는 어디로 갔나?

궁창 ─ 두 분의 말씀에 따르면 우리가 알고 있다고 생각했던 모든 것은 근거 없는 믿음에 불과합니다. 개체화가 불가능하므로 어제의 나와 오늘의 내가 동일하다는 것은 물론 나와 내 가족을 포함하여 주위에서 밀접하게 접촉하는 것들이 존재한다는 것조차 알고 있다고 할 수 없습니다.

오늘 토론이 끝나면 아마도 나는 집에 가서 사랑하는 아내와 저녁 식사를 할 것이고 내일은 교회에 나가 설교를 할 테지요. 내일 오후에는 며칠 전에 약속된 한 신도와의 만남이 예정되어 있습니다. 또한 이번 달 말에는 아내와 함께 호주의 시드니로 여행을 떠날 계획을 가지고 있습니다. 이러한 것들이 가능한 이유는 나는 과거의 나와 현재의 내가 동일함을, 그리고 최소한 나와 긴밀한 관계를 맺고 있거나 관심을 가진 대상들이 존재한다는 것을 확신하고 있기 때문입니다. 나의 확신이 근거 없는 단순한 믿음에 지나지 않을지 모릅니다. 그러나 이러한 믿음은 우리의 삶과 생존을 위해서 필수적으로 요구되는 믿음일 것입니다.

조그만 목회를 이끄는 목사인 나는 영혼의 존재와 육신의 죽음 이후 나의 영체를 천국과 같은 사후 세계로 이끄실 전지전능한 신의 존재를 믿고 있습니다. 존재하는 것들의 총체인 우주는 인다라망처럼 서로 얽혀 있고 우리는 전체와의 관계 속에서밖에 존재할 수 없으므로 모든 것에 대해 무지할 수밖에 없다는 스님의 주장이 옳다고 합시다. 그렇다면 영혼과 천국과 같은 사후 세계 그리고 신의 존재에 대한 나의 확신이 단순한 믿음에 불과하듯이, 개체화가 불가능하므로 실체로서의 인간이나 개체들이 야기하는 구체적인 사태도 불가능할 것이라는 스님의 입장도 하나의 믿음이라 할 수 있을 것입니다.

    나의 믿음은 육체적 죽음 이후에 이상적인 세계인 천국에서 영생할 가능성을 열어주는 희망의 믿음입니다. 반면에 스님의 믿음은 우리들을 허무주의에 빠지게 하고, 우리와 함께 살아가는 다른 생명체들에게 냉담한 입장을 갖게 하는 믿음일 것 같습니다. 개체화가 불가능하므로 살아 있는 생명체를 포함해서 우주 속에 존재하는 어느 것도 의미 있는 존재로 간주될 수 없을 테니까요.

    후평 — 목사님의 말씀대로 나를 비롯하여 개체들이 존재한다는 믿음은 우리의 생존을 위해 필수적으로 요구되는 믿음입니다. 나라는 개체가 존재한다는 믿음이 없다면 지금의 토론도 심지어 살기 위해 먹는 행위조차 부질없는 일일 것입니다.

    그렇다면 이러한 믿음은 어떻게 생겼을까요? 칸트의 말처럼 '물 자체(외부 세계의 실제 모습)'는 우리가 직접 접촉할 수 있는 대상이 아닙니다. 우리는 오직 우리의 오관을 통해 비추어지는 외부 세계의 모습만을 관측하거나 관찰할 수 있습니다. 아마 적어도 포유동물에게는 이 세계가 내게 주어진 외부 세계의 모습과 일치하지는 않아도 많은 점에서 유사한 모습으로 비추어질 것이라 생각합니다.

    외부 세계가 그 자체로 개체화되어 있거나 구분되어 있지 않은 것처럼 오관을 통해 우리에게 주어진 외부 세계의 모습도 그 자체로는 개체화되어 있거나 구분되어 있지 않을 것입니다. 우리가 지각할 때 우리에게 주어지는 것은 우리에게 비추어지는 외부의 모습 전체일 테니까요. 그리고 이들을 그룹으로 나누거나 구분하려면 우리가 소유한 개념 체계나 믿음 체계에 따라야 할 것입니다. 전체로 비추어지는 외부 세계의 모습을 나누고 구분하는 재단의 틀인 우리의 개념 체계나 믿음 체계는 우리가 포유동물로서의 사람이라는 사실과 우리에게 주어진 환경과 경험 그리고 우리가 가진 상식이나 지식에 의해 형성되었을 것입니다. 따라서 유사한 환경이나 문화에 속한 사람들이 소유한 개념 체계들이나 믿음 체계들은 서로 겹치는 유사한 측면도 있을 것이라 생각합니다. 이것이 우리들이 살아가면서 기획한 계획에 따라 행동하고, 약속들이 지켜지는 이유일 것입니다. 우리들 각자는 적어도 하나의 개념 체계나 믿음 체계를 소유하고 있습니다. 따라서 최소한 사람의 수만큼 많은 서로 다른 개념 체계나 믿음 체계가 있다고 할 수 있습니다. 나의 개념 체계나 믿음 체계는 콰인아인 나의 지각 내용처럼 남에게 알려질 수 없는 사적인 것입니다.

　　우리는 일기예보를 보고 여행 계획을 세우고, 일정한 시간에 일식 현상이 나타날 것이라는 보도를 보고 일식을 관측하기 위해 먼 곳을 가기도 합니다. 이것은 우리들이 과학에 따른 정보나 예측을 받아들이고 있다는 것을 보여주는 예들입니다. 개인적으로 우리에게 가장 유용한 개념 체계는 과학에서 받아들이는 개념 체계라 생각합니다. 과학에서는 실험과 관측을 통한 엄밀한 판단을 추구하니까요. 이렇듯 유용해도 과학에서 수용하는 개념 체계 역시 근본적으로 진실에 접근할 수 있는 개념 체계라 할 수 없을 것입니다. 설명이 안되는 현상이 계속 나타나거나 설득력이 강한 다른 대안이 나타나면 언제고 폐기될 체계에 불과하니까요.

　이 선생과 나는 우리가 가진 개념 체계에 따라 얻어진 믿음을 버리자고 주장하는 것이 아닙니다. 이러한 믿음이 없으면 삶 자체가 불가능할 테니까요. 우리들이 주장하는 것은 우주는 인다라망이나 차진 밀가루 반죽처럼 전체적으로 얽혀 있으므로, 개체와 개체들이 모인 그룹으로 구분하고 재단하는 개념 체계로는 근본적으로 전체로서의 우주의 실제 모습에 다가갈 수 없다는 것입니다.

　중관 — 영혼과 신, 천국에 대한 목사님의 신앙이 하나의 믿음인 것처럼, 전체로서의 우주는 개체화가 불가능한 인다라망처럼 얽혀 있다는 나의 주장도 하나의 믿음에 불과하다는 목사님의 말씀에 전적으로 동의합니다.[16] 신앙생활을 열심히 하는 사람이 육체적 죽음 이후에도 그의 영혼이나 영체는 천국에서 영원히 행복하게 살 수 있다는 목사님의 말씀을 전적으로 신뢰하고 따른다면 죽으면 무로 돌아갈 것이라는 죽음의 공포나 허무함을 극복하고 즐겁게 살아갈 수 있을 것이라 생각합니다.

　그러나 목사님의 믿음과 저의 믿음은 근본적인 차이가 있습니다. 전체로서의 우주는 인다라망과 유사할 것이라는 제 믿음은 살면서 필연적으로 직면할 수밖에 없는 죽음과 같은 근본적인 문제들의 진실에 접근하기 위한 치열한 노력의 결과입니다. 이 믿음은 나름대로 처절한 수행과 치밀하고 논리적인 두뇌 싸움을 거쳐 얻어진 것입니다. 반면에 목사님의 믿음을 구성하는 핵심 요소들인 '영혼', '신', '천국'들은 모두 비물리적이므로 관찰의 대상이 될 수 없고 따라서 공적인 토론이나 객관적 사고의 대상이 될 수 없는 것들입니다. 이들은 구체적 내용이 결여된, 단지 우리의 부질없는 희망이나 욕망을 나타낸 용어에 불과하다는 생각을 지울 수 없습니다.

"영혼은 존재하는가?"의 문제를 다룬 지난번 토론에서 목사님 믿음의 핵심적인 요소라 할 수 있는 '영혼', '신', '천국'과 같은 개념들은 모두 비정합적인 특징을 가진다는 것이 논의되었습니다. 따라서 후평 선생님과 저의 판단이 옳다면 '신'이나 '천국'과 같은 개념이 핵심적 요소인 목사님의 믿음 체계는 정합적일 수 없습니다. 한 믿음 체계가 정합적이지 않으면 그 믿음 체계를 구성하는 믿음들의 집합은 논리적 일관성이 없을 것이고, 논리적 일관성이 결여된 집합으로부터는 반드시 논리적 모순이 도출됩니다. 이것이 후평 선생님께 논리학을 배운 제가 거짓말을 밥 먹듯 하는 정치인을 극도로 싫어하는 이유일 것입니다.

개인적인 생각으로, 초월자를 받아들이는 대부분 종교의 믿음 체계들은 비정합적입니다. 그 이유는 진실을 파악하려는 치열한 고민이나, 한 체계가 정합적이기 위한 필수적 요소인 논리적 모순을 배제하고자 하는 노력 없이 종교적 필요성이나 헛된 욕망을 충족시키 위해 '신'이나 '천국' 같은 우리의 인지 능력의 한계를 벗어난 대상들을 지칭하는 용어들을 만들어낸 데서 찾을 수 있을 것입니다.

"의심하지 말고 믿어라."

열심히 종교 생활을 하는 사람들이 자신이 가진 종교적 회의를 토로할 때 목사님처럼 해당 종교를 이끄는 사람에게서 흔히 들을 수 있는 말입니다. 요즘 유튜브에서 역술인이나 무당들이 미래를 점치는 장면을 녹화한 영상들을 흔히 볼 수 있습니다. 또한 일부 젊은이들에게는 인터넷으로 운수를 점치는 일이 일상화되어 있고, 심지어 잘 알려진 일부 정치인들도 무속인들을 찾아가 선거 결과를 묻는다고 합니다. 우리는 이러한 현상들을 보고 미신이 판을 치는 세상이 되었다고 개탄하곤 합니다. "의심하지 말고 믿어라"라는 말은 앞에서 예로 든 미신적 행위를 조장하는 것과 별 차이가 없을 것입니다. 진솔한 믿음이 되기 위해서는 최소한 자신의 믿음의 대상을 지칭하는 '신'과 같은 용어의 의미가 무엇이고, 합리적으로 이해될 수 있는지에 대해 숙고하는 과정을 거쳐야 할 것입니다.

저는 결코 힘들게 하루하루를 살아가는 평범한 사람들에게 종교를 갖지 말라고 주장하는 것이 아닙니다. 종교적인 믿음은 우리들이 태어나고 자라온 환경이나 문화 속에서 자연스럽게 갖게 되는 것이고, 힘들게 살아가는 사람들에게 정신적인 위안을 줄 수 있을 테니까요. 제가 경계하는 종교적 믿음은 자신이 믿는 대상이나 교리에 대한 맹목적이고 독선적인 믿음입니다. 제가 모든 것에 대해 무지하다는 주장이 옳다면 어떠한 종교적 주장도 그 진위를 판단할 수 없습니다. 따라서 우리는 자신의 종교적 믿음에 겸손해야 하고 다른 사람들의 믿음을 존중해야 합니다. 어떠한 종교적 믿음도 거짓일 수 있으니까요.

종교적인 믿음이 맹목적이고 독선적일 경우 다른 믿음에 대해 잔인하고 폭력적인 모습을 보일 수 있습니다. 중세 시대 때 신교 세력과 구교 세력 사이에 있었던 처참한 전쟁, 마녀사냥, 무수한 희생자를 낸 십자군 전쟁 그리고 최근에는 일부 무슬림에 의해 자행된 9.11 사태, 광적인 일부 개신교 신자에 의한 사찰 방화 사건, 대한민국 건국 후 대처승과 비구승 사이의 절 빼앗기 싸움 등이 대표적인 예일 것입니다.

목사님께서는 제 믿음이 허무주의로 귀결된다고 말씀하셨습니다. 세속적인 즐거움과 희망을 부정한다는 점으로 보면 목사님의 주장이 옳습니다. 부처의 가르침에 따르면 살면서 겪게 되는 모든 즐거움과 고통은 자신이 상존(常存)한다는 아집(我執)과 삼독(三毒)이라 불리는 탐진치(貪嗔癡, 탐욕·성냄·어리석음)에 의한 번뇌의 소산입니다. 세속에서 우리가 느끼는 즐거움과 고통은 '인생은 일장춘몽'이라는 말처럼 상존하는 것이 아니고 끊임없이 변하는 무상한 것입니다. 쉽게 말해서 부처님의 말씀은 내가 상존한다는 아집을 버리고 탐진치에 의한 번뇌를 제거하면 죽음과 같은 궁극적인 고통을 극복하고 진정한 평화의 느낌과 평온함에 도달하게 될 수 있다는 의미일 것입니다.

또한 목사님께서는 제 믿음에 따르면 우주는 인다라망처럼 얽히고설켜 있어서 개체화가 불가능하므로 다른 생명체들에게 냉담한 입장을 취하게 될 것이라는 우려를 표명하셨습니다. 불교에서는 흔히 모든 중생을 사랑하고 고통을 함께 슬퍼하라는 '대자대비'의 사랑을 말합니다.

궁창 — 개체화가 불가능하다면 어떻게 대자대비의 사랑이 가능할까요?

중관 — 진정한 깨달음을 얻은 자일지라도 죽기 전까지는 탐진치의 번뇌를 완전히 극복할 수는 없을 것입니다. 누구나 살기 위해서는 먹어야 하며 맛없고 험한 음식보다는 맛난 음식을 탐하고 힘들게 살기보다 편안하고 즐겁게 지내길 원합니다. 어찌 보면 이것은 자연의 섭리라 할 수 있습니다. 석가모니 부처님께서도 탁발해서 먹은 돼지고기가 원인이 되어 돌아가셨다는 설이 있습니다. 이처럼 머릿속으로는 깨우쳤을지라도 깨친 자가 살아 있는 한, 존재하는 모든 중생은 근본적으로 탐진치에 의한 번뇌로부터 완전히 자유로울 수는 없습니다. 또한 잘게 간 밀가루 알갱이 하나보다 못한 존재인 우리는 인다라망의 우주 속에서 다른 것들과 떼려야 뗄 수 없게 서로 연결되어 있습니다. 문학적으로 표현하면 "내가 너이고 네가 나이다"라고 할 수 있습니다. 인다라망의 세계 속에서 번뇌를 완전히 극복하지 못한 중생이 유사한 처지에 있는 다른 중생에게 연민의 느낌을 가질 수 있지 않을까요?

지금은 많은 스님들이 고급 승용차를 타고 이동을 하지만 스님들의 대표적 교통수단은 두 발을 이용한 포행(布行)이라 할 수 있습니다.[17] 산길을 걸을 때 스님들은 흔히 마른 나무 지팡이를 사용합니다. 걷는 데 도움이 되기 때문이기도 하겠지만 지팡이를 사용하는 하나의 목적은 지팡이와 땅이 부딪치며 생긴 진동으로 경계하여 개미와 같은 미물들이 희생되는 것을 막기 위한 것이라 합니다.

몇 년 전에 한국의 선맥을 이어가게 한 경허 선사께서 한동안 계셨던 서산 연암산(燕岩山) 중턱, 가파른 비탈에 위치한 조그마한 암자인 천장암(天藏庵)을 방문했습니다. 그곳에는 경허 선사의 제자인 만공(滿空) 스님이 묵던 단칸방과 수월(水月) 스님이 불을 지피다 오도했다는 아궁이가 아직도 남아 있었습니다.

경허 선사와 관련된 일화를 소개하겠습니다. 깨달았음을 뜻하는 오도가(悟道歌)를 짓고 천장암의 조실로 계셨을 때 일입니다.[18] 한겨울 초저녁 무렵에 보자기로 얼굴을 감싼 한 젊은 여자가 경허 선사가 묵고 있는 방문을 두드렸습니다. 선사는 추위에 떨고 있는 초라한 모습의 젊은 여자를 방 안으로 들어오게 했고 한동안 그 젊은 여자와 한방에서 숙식을 함께하셨다 합니다. 나중에 알려졌지만 그 젊은 여자는 나병을 심하게 앓고 있는 환자였습니다. 또 선사께서 해인사에 계실 때에는 절 밑에 있는 나병 환자촌에 수시로 들러 환자들의 곪아 터진 상처에서 피고름을 빨아내셨다지요. 그 여파인지 선사께서는 치유되지 않는 피부병으로 평생 고생하셨다 합니다. 당시 선교 양면에 걸쳐 능통한 선지식이셨던 선사의 이러한 행동이 대자대비의 사랑이라 할 수 있지 않을까요?

수년 전 늦은 여름이었다고 기억합니다. 인제에 있는 깊은 산의 개울가를 걷다가 조그만 소(沼)를 발견했습니다. 소 옆의 널찍한 바위에 가부좌를 틀고, 눈을 감은 채 한동안 멍하니 앉아 있었습니다. 감았던 눈을 뜬 순간 소의 물 위에 뜬 하얀색 물체를 발견했는데, 자세히 보니 날개 중앙에 파란 무늬가 있는 나비였습니다. 나비가 물 위로 낮게 날다 물에 빠진 것 같았습니다. 늦은 여름이었지만 저녁 무렵이었고 깊은 산속이라 개울물이 매우 차가웠을 것입니다. 그래도 저는 개의치 않고 승복을 입은 채로 물속에 들어가서, 손을 나비가 있는 물 밑에 넣어 손등으로 나비를 건져 올렸습니다. 손등 위에 한참을 앉아 있던 나비는 젖은 날개가 말랐는지 몇 번인가 날개를 퍼덕이다 이윽고 주위를 돌며 어딘가로 날아갔습니다.

나비는 알, 애벌레, 번데기의 단계를 거쳐 성충인 나비로 변하는 변태(變態) 곤충입니다. 번데기에서 성충인 나비로 변태하는 영상을 본 적이 있는데 경이로운 모습이었습니다. 종류에 따라 다르지만 나비가 겪는 네 단계 중 전성기라 할 수 있는 성충인 나비로서의 생존 기간은 매우 짧습니다. 나비는 주로 꽃의 꿀이나 수액을 먹고 꽃의 수정을 돕는 익충입니다. 각각의 나비를 개체라 하고, 만물을 창조한 신이 존재한다면 내 손등 위에

앉아 있던 하얀 나비도 신에 의한 피조물입니다. 또한 어떤 기준으로도 그 나비가 신의 뜻에 어긋나는 악행을 저지를 것 같지는 않습니다.

그 연약하지만 화려한 모습의 하얀 나비는 어디로 갔을까요?

이승에서의 세속적인 욕망이나 바람이 구현된 이상적인 세계인 천국에 갔을까요?

아니면⋯⋯⋯⋯⋯⋯?

주석

대화의 시작

1 진표율사는 김제의 금산사(金山寺)를 중창하고 미륵신앙을 고취한 통일신라 경덕왕 때의 선승이다. 그는 변산(邊山)의 의상봉 아래 바위 절벽의 바위 굴에서 수행한 것으로 알려져 있는데 불사의방(不思議房), 또는 불사의 방장(不思議方丈)은 그가 수행했던 바위 굴을 지칭한다. 망신참법이란 몸을 돌보지 않고 처절하게 수행하는 방법이다. 진표율사는 바위에 머리와 온몸을 부딪치는 고행을 했다고 한다.

2 엉거(Peter Unger)는 고대 그리스의 고르기아스(Gorgias)처럼 '아무것도 알 수 없다'는 전면적 회의주의를 주장한 미국의 현대 철학자이다. 뉴욕대학에서 교수로 재직했던 그의 대표작은 《무지(Ignorance)》이다.

3 '법거량'은 주로 스승이 제자의 수행 정도를 알아보기 위한 문답이나 선승들 사이에서의 선에 관한 문답을 의미하는 용어이다.

1장

1 죽음학의 대가로 알려진 엘리자베스 퀴블러로스(Elisabeth Kübler-Ross, 1926~2004)는 1963년 미국에서 정신의학 학위를 취득한 후 죽음에 관련된 교육과 저술 활동, 죽음을 앞둔 사람을 위한 봉사활동으로 일생을 보냈다. 죽음과 관련된 저술을 많이 남겼는데 그중 대표작으로는 《죽음과 죽

어감(On Death and Dying)》(1969)과 《생의 수레바퀴(The Wheel of Life)》(1967) 등이 있다. 《죽음과 죽어감》에서 그녀는 죽어가는 사람의 심리 상태를 부정·분노·타협·우울·순응의 다섯 단계로 나누어 설명하는데 이를 '퀴블러로스 모델'이라 부른다.

첫 번째 부정의 단계는 자신이 죽으리라는 것을 알게 된 사람이 보이는 첫 반응으로 자신이 죽는다는 것을 부인하고 주위로부터 고립되는 단계이다. 두 번째 분노의 단계는 가까운 사람을 포함하여 주위에 분노와 원망의 감정을 드러내는 단계이다. 세 번째 타협의 단계는 자신의 죽음을 받아들인 상태에서 신과 같은 초월자에 기대어 수명 연장의 방법 등을 구하는 단계이다. 네 번째 우울의 단계는 곧 죽을 자신의 운명을 받아들여서 우울한 상태에 빠지는 단계이고, 끝으로 순응의 단계에서는 자신의 운명에 순응하며 죽음을 맞이한다.

훗날 퀴블러로스는 이 다섯 가지 외에도 희망의 단계를 추가하기도 했다. 또 어떤 죽음학 학자는 죽음에 이르는 과정을 9단계로 나누어 설명하기도 한다. 그러나 퀴블러로스의 모델에 의한 분류는 죽어가는 사람의 심리적 반응에 대한 치밀한 관찰에 근거한 과학적 고찰에 의한 것인 반면, 그밖의 분류에서는 영생이나 천국 같은 믿음이나 검증될 수 없는 비과학적인 믿음이 추가되기도 한다.

2 죽음학(thanatology)은 죽음을 뜻하는 그리스어 'thanatos'에서 그 어원을 찾을 수 있는데 주로 인간의 죽음을 연구하는 학문이다. 죽음학은 죽어가는 사람과 그의 가족처럼 죽어가는 사람을 아끼는 사람들이 느끼는 정신적 고통이나 슬픔을 완화시키기 위한 목적의 연구 분야로서 학제 간 연구 형태로 이루어진다. 심리학·사회학·정신의학·사회사업학 등이 죽음학 연구에 참여하는 대표적 학문 분야이다.

현대 죽음학 연구의 대표적 연구 저서로는 헤르만 파이펠(Herman Feifel)의 《죽음의 의미》(1969)와 퀴블러로스의 《죽음과 죽어감》을 들 수 있다. 죽음학은 성격상 죽어가는 사람과 그 가족을 보살피는 호스피스(hospice) 활동과 관계되는 실용적인 측면이 강하다. 그러나 최근에는 죽음학을 연구한다고 자처하는 일부 학자들이 빙의 현상이나 사후 세계 따위를 다루는 등 비과학적이고 신비적인 요소를 가미하여 변질되고 있음을 발견할 수 있다.

3 "전제들이 모두 참이고, 동시에 결론이 거짓일 가능성이 없다." 타당한 논증의 정의이다. 타당한 논증은 전제가 모두 참이고 결론이 거짓일 가능성이 없는 논증이므로, 전제들이 참이면 결론도 반드시 참이어야 한다. 따라서 한 논증이 타당하다는 것은 전제들이 결론의 참을 보증해주는 것이라 할 수 있다. 논리적(연역적)으로 좋은 논증을 평가하는 기준인 '타당성'은 컴퓨터에 비유해서 설명할 수 있다. 제 기능을 하는 컴퓨터에 참인 정보들을 입력하면 반드시 참인 결론을 계산해내기 때문이다.

모든 사람은 죽는다. 소크라테스는 사람이다. / 그러므로 소크라테스는 죽는다.

앞의 논증은 타당한 연역 논증의 예로 가장 자주 언급되는 논증일 것이다. 첫 번째 전제에 따르면 모든 사람은 죽는 것들의 집합 속에 포함되어 있고, 두 번째 전제에 따르면 소크라테스는 사람의 집합 속에 포함되어 있으므로, 소크라테스는 죽는 것들의 집합에 포함되어야 한다. 따라서 전제들을 참이라 간주하면 결론도 참일 수밖에 없다. 그런데 전제들은 모두 실제로 참인 명제이고, 따라서 결론인 "소크라테스는 죽는다"도 실제로 참인 명제이다.
《이반 일리치의 죽음》에서도 내용상 동일한 논증이 사용되고 있다.

옛날에 키제베테르의 논리학에서 배운 삼단논법의 한 예—카이우스는 인간이다. 인간은 죽을 것이다. 그러므로 카이우스는 죽을 것이라는 명제—는 그에게는 여태까지 카이우스에게 관한 한 올바른 것으로 여겨지고 있었다. 그러나 그에게는 전연 관계가 없는 것이었다. 그것은 카이우스라는 인간, 일반적으로 인간의 문제였으므로 따라서 완전히 정당했지만, 그러나 그는 카이우스도 아니고 일반적인 인간도 아니며 언제나 완전히 다른 모든 것과는 전혀 다른 존재였다. 그는 바냐였다. 엄마, 아빠, 미짜와 블로자, 장난감, 여자, 유모,

그리고 까쩨니까 그 밖에 유년 시절과 소년 시절과 청년 시절의 온갖 기쁨과 슬픔과 감격에 찬 바냐였다. 그래 카이우스에게, 바냐가 옛날에 그처럼 좋아했던 줄무늬 가죽 공의 그 냄새가 있었을까? 그래 카이우스가 그처럼 어머니의 손에 입을 맞추고 어머니 옷의 옷자락의 비단이 그처럼 카이우스에게 바스락거렸던 것일까? 그래 그는 법률 학교에서 고기만두 때문에 난동을 부렸던 것일까? 그래 카이우스가 그처럼 사랑을 했던 것일까? 그래 카이우스가 그처럼 회의를 이끌 수 있었던 것일까?

카이우스는 바로 죽어야 할 자이다. 그가 죽는 것은 당연하다. 그러나 자기, 바냐, 이반 일리치에게는 모든 감정과 사상을 가지고 있는 자기에게는 그것은 딴 문제이다. 따라서 자기가 죽어야 할 이유는 없다. 그것은 너무나 무서운 일이다. -《이반 일리치의 죽음》에서 인용

4   당(唐) 시대 삼장법사(三藏法師) 의정(義淨)이 한역한《불설비유경》에 나오는 이야기로 부처님이 승광왕(勝光王)에게 불교의 가장 기본적인 교리를 비유를 통해 설명한 설법 내용이다. 톨스토이는 그의 저서《참회록》에서 죽음의 공포를 경험했던 자신의 심경을 나타내는 한 방편으로《불설비유경》에 나오는 이야기를 인용했다.

이와 같이 나는 들었다. 어느 때 바가바(婆伽婆, 석가모니의 높임말)께서는 실라벌성(室羅伐城)의 서다림(逝多林) 기수급고독원(祇樹給孤獨園)에 계셨다. 이때에 세존께서는 대중 가운데서 승광왕에게 말씀하셨다.

"대왕이여, 나는 지금 대왕을 위하여 간단히 한 가지 비유로써 생사의 맛과 그 근심스러움을 말하리니, 왕은 지금 자세히 잘 듣고 잘 기억하시오. 한량없이 먼 겁 전에 어떤 사람이 광야에 놀다가 사나운 코끼리에 쫓겨 황급히 달아나면서 의지할 데가 없었소. 그러다가 그는 어떤 우물이 있고 그 곁에 나무뿌리 하나가 있는 것을 보았소. 그는 곧 그 나무뿌리를 잡고 내려가 우물 속에 몸을 숨기고 있었소.

그때 마침 검은 쥐와 흰 쥐 두 마리가 그 나무뿌리를 번갈아 갉고 있었고, 그 우물 사방에는 네 마리 독사가 그를 물려 하였으며, 우물 밑에는 독룡(毒龍)이 있었소. 그는 그 독사가 몹시 두려웠고 나무뿌리가 끊어질까 걱정이었소. 그

런데 그 나무에는 벌꿀이 있어서 다섯 방울씩 입에 떨어지고 나무가 흔들리자 벌이 흩어져 내려와 그를 쏘았으며, 또 들에서는 불이 일어나 그 나무를 태우고 있었소."

왕은 말하였다.

"그 사람은 어떻게 한량없는 고통을 받으면서 그 보잘것없는 맛을 탐할 수 있었겠습니까?"

그때에 세존께서는 말씀하셨다.

"대왕이여. 그 광야란 끝없는 무명(無明)의 긴 밤에 비유한 것이요, 그 사람은 중생에 비유한 것이며, 코끼리는 무상(無常)에 비유한 것이요, 우물은 생사에 비유한 것이며 그 험한 언덕의 나무뿌리는 목숨에 비유한 것이요. 검은 쥐와 흰 쥐 두 마리는 밤과 낮에 비유한 것이며, 나무뿌리를 갉는 것은 찰나 찰나로 목숨이 줄어드는 것에 비유한 것이요, 네 마리 독사는 4대(大)에 비유한 것이며, 벌꿀은 5욕(慾)에 비유한 것이요, 벌은 삿된 소견에 비유한 것이며, 불은 늙음과 병에 비유한 것이요, 독룡은 죽음에 비유한 것이오. 그러므로 대왕은 알아야 하오. 생로병사는 참으로 두려워해야 할 것이니, 언제나 그것을 명심하고 5욕에 사로잡히지 않아야 하오."

그리고 세존께서는 다시 다음 게송(偈頌)으로 말씀하셨다.

넓은 들판은 무명의 길이요, 달리는 사람은 범부의 비유며,
큰 코끼리는 무상의 비유요, 그 우물은 생사의 비유니라.
나무뿌리는 목숨의 비유요, 두 마리 쥐는 밤과 낮의 비유며,
뿌리를 갉는 것은 찰나 찰나로 (목숨이) 줄어드는 것이요, 네 마리 뱀은 네 가지 요소이다.
떨어지는 꿀은 5욕의 비유요, 벌이 쏘는 것은 삿된 생각의 비유며,
그 불은 늙음과 병의 비유요, 사나운 용은 죽는 고통의 비유다.
지혜로운 사람이라면 이것을 관찰하여 생의 재미를 곧 싫어하라.
5욕에 집착 없어야 비로소 해탈한 사람이라 하나니
무명의 바다에 편한 듯 있으면서 죽음의 왕에게 휘몰리고 있나니
소리와 빛깔을 즐기지 않으면 범부의 자리를 떠나는 줄 알라.

그때에 승광왕은 부처님께서 말씀하시는 생사의 근심스러움을 듣자 일찍이 알지 못했던 일이라 생사를 아주 싫어하게 되었다. 그리하여 합장하고 공경하며 한마음으로 우러러 부처님께 아뢰었다.

"세존이시여, 세존께서는 큰 자비로 저를 위해 이처럼 미묘한 법의 이치를 말씀하였사오니, 저는 지금 우러러 받들겠습니다."

부처님께서는 말씀하셨다.

"장하오. 대왕이여, 그 말대로 실행하고 방일(放逸)하지 마시오."

5 1886년에 러시아의 대문호 톨스토이가 발표한 소설인《이반 일리치의 죽음》은 인간이라면 반드시 누구나 필연적으로 맞게 될 죽음과 죽음의 두려움을 극복할 수 있는 종교적 깨달음을 다룬다. 출간 당시 대단한 주목을 받았던 작품으로 투르게네프와 차이콥스키 같은 명사들도 이 작품을 극찬했다. 차이콥스키는 자신의 일기에서 "《이반 일리치의 죽음》을 읽었다. 나는 톨스토이야말로 일찍이 세계가 낳은 가장 위대한 예술가 가운데 한 사람이라는 것을 확신한다"라고 이 작품을 읽은 소감을 적고 있다.

6 조계종 종정을 지낸 성철(性徹) 스님이《선문정로(禪門正路)》(1987)라는 저서에서 700여 년 동안 한국 선불교의 수행 전통으로 여겨진 보조국사(普照國師) 지눌(知訥)의 "깨달음을 얻은 이후에도 끊임없는 수행이 필요하다"라는 사상을 비판하면서 시작된 논쟁이다. 성철 스님이 주장한 돈오돈수란 "일단 깨닫고 난 후에는 수행이 필요 없다"라는 입장이다.《선문정로》에서 개진한 그의 입장은 삶과 행동이 일치된 단계의 깨달음만이 진정한 깨달음이라는 주장이라 생각된다.

7 '신각'이란 깨달음과 행동이 일치된 상태를 나타내기 위해 저자가 임의로 만들어낸 용어다.

    오랫동안 수행한 선사들에게서 죽음의 두려움을 극복한 경우를 쉽게 발견할 수 있다. 자신을 따르는 여신도가 눈이 아름답다고 칭찬하자 눈을 빼서 여신도에게 주었다는 선사, 불교계에 가부좌한 자세로 열반에 드는 것이 유행하자 물구나무서서 해탈한 선사와 같이 죽음의 두려움을 초월한 선사들의 이야기가 선가에 전해지고 있다.

조계종의 초대 종정이었던 한암(漢巖) 스님도 죽음의 두려움을 초월한 대표적인 선사다. 한국전쟁이 한창이던 1951년 국군이 오대산 내의 모든 사찰을 소각하려 했으나 상원사만은 불타지 않았다. 상원사를 소각하려 하자 당시 오대산에서 상주하던 한암 스님은 지휘 장교에게 잠시 기다리라 하고는 가사와 장삼을 입고 상원사 법당 내에 좌정하였다. 지휘 장교가 나올 것을 강요하였으나 스님은 "어서 불을 지르라"라고 했고 한암 스님의 위용에 압도당한 군인들은 법당의 문짝만을 떼어 소각한 뒤 물러갔다고 한다.

8 논리주의(logicism)는 산수를 논리학으로 환원하려는 시도이다. 논리주의는 크게《대수의 기본 법칙(Grundgesetze der Arithmetik)》에서 진행된 프레게의 작업과《수학 원리(Principia Mathmatica)》에서의 러셀과 화이트헤드의 작업에서 찾아볼 수 있다. 논리주의를 주장하는 학자들은 수학의 공리들이나 개념들이 명확하지 않다고 보고, 명료한 학문인 논리학으로 대수학을 환원하려 시도하였다. 논리주의는 주로 두 작업으로 구성되는데 수학의 개념들을 논리학의 기본 개념으로부터 도출하는 작업과 수학의 법칙들을 논리적 공리들과 연역법으로 환원하는 작업이라 할 수 있다. 논리주의는 실패로 돌아갔지만 논리주의를 수행하는 과정은 술어논리와 기호논리가 만들어지는 계기가 되었다.

9 많은 과학자들은 빅뱅 이후 우주의 변천 과정을 다섯 시기로 나누는데 플랑크 시대는 그 첫 번째 시기에 해당한다.

10 펜로즈(Roger Penrose)는 노벨 물리학상을 받은 영국의 수리 물리학자이자 과학철학자이다. 자신의 대표작인《시간의 순환(Cycles of Time)》에서 그는 빅뱅 이전에 우주의 존재를 보이는 가능 증거에 대해 언급하고 있다.

11 '유식유가행파'란 4세기 인도의 무착(無着)에 의해 형성된 학파로 '유가행파', '유식종', '유가유식행파'라고도 불린다. 아뢰야식과 같은 식(識)을 중

시하는 대승 불교의 학파이다.

    법상종은 식을 중시하는 대승 불교로 중국에서는 현장(玄奘)의 제자인 규기(窺基)가 한국에서는 통일신라 시대 진표율사가 법상종의 시조라 불린다.

12 불교의 특징을 드러내는 교의를 의미하는 용어로 '제행무상(諸行無常)', '제법무아(諸法無我)', '일체개고(一切皆苦)'를 의미한다.

13 찰나와 같은 시간에 대한 묘사는 인도의 불교 경전인 《마하승기율(摩訶僧祇律)》이나 《아비달마대비바사론(阿毘達磨大毗婆沙論)》 그리고 현장이 지은 기행문인 《대당서역기(大唐西域記)》 등에서 찾아볼 수 있다.

14 '절구통 스님' 외에도 '판사 스님'으로 알려진 조계종의 종정이었던 효봉(曉峰) 스님과 관련된 일화이다.

2장

1 1890년에 체코에서 태어난 카렐 차페크(Karel Čapek)는 체코가 낳은 가장 영향력 있는 작가 중 하나이다. 1938년 사망할 때까지 다양한 장르의 작품을 발표했는데, 특히 탁월한 SF 작품을 남겼다고 평가된다. 인간의 감정을 갖게 된 기계 인간을 다루는 《로섬의 로봇(Rossumovi Univerzální Roboti)》과 《마크로풀로스 사건(Věc Makropulos)》이 대표작이다. '로봇'이라는 용어도 차페크가 처음으로 사용한 것으로 알려져 있다.

    《마크로풀로스 사건》은 1922년에 공연된 연극을 위한 극본이었으나, 체코의 작곡가 레오시 야나체크(Leoš Janáček)에 의해 3장으로 구성된 오페라로 작곡되었다. 또한 영국의 철학자 버나드 윌리엄스(Bernard Williams)에 의해 영생을 다룬 철학적 탐구의 소재로 다루어졌다.

2 여기서 전개되는 이야기는 논문 〈마크로풀로스 사건, 불멸의 지루함에 대

한 고찰(The Makropulos Case, Reflection on the Tedium of Immortality)〉에 나타난 윌리엄스의 입장이다. 윌리엄스에 의하면 죽지 않고 영원히 사는 것은 삶 자체를 무의미하게 만든다. 따라서 의미 있는 삶을 유지하는 것이 바람직하다면 영생은 바람직한 것이 아니다.

윌리엄스의 이러한 결론은 영생이 영생하는 당사자에게 바람직한 것이기 위해서 반드시 만족돼야 할 조건으로 그가 주장하는 두 가지 기준에 근거하고 있다. 첫 번째 기준은 영생이 바람직하기 위해서는 영생하는 미래의 사람이 현재의 그 사람과 동일한 사람이어야 한다는 것이고, 두 번째 기준은 영생하는 사람의 삶이 당사자에게 매력적이어야 한다는 것이다. 윌리엄스에 따르면 어떠한 형태의 영생도 두 기준 중 최소한 하나를 만족시키지 못하며, 따라서 영생은 당사자에게 바람직하지 않다.

EM만 늙지 않고 영원히 사는 영생의 경우 두 가지 서로 다른 가능성이 있다. 첫째는 EM의 성격이나 관심사, 목표, 성향 등 EM을 특징짓는 핵심 요소들이 동일한 상태로 남아 있는 경우이고, 두 번째는 EM을 EM으로 특징짓는 핵심적 요소들이 변한 경우이다.

윌리엄스에 따르면 영생하는 미래 EM의 관심사, 목표, 성향 등이 동일한 상태일 경우 EM의 영생은 두 번째 기준을 만족시키지 못하고, EM의 성격, 관심사, 목표, 성향 등이 근본적으로 변한 경우에는 첫 번째 기준을 만족시키지 못하며 따라서 동일한 사람이 영생했다 할 수 없다.

EM의 경우 같은 영생 외에도 다른 형태의 영생이 가능하다. 한 예로 커트 스타이너(Kurt Steiner)의 소설《닳아빠진 레코드(Le disque rayé)》(1990)에서처럼 다른 육체이지만 동일한 유형의 삶을 계속 반복하는 영생도 가능하고, 다른 유형의 삶을 영위하는 영생도 가능하다. 이 두 경우 모두 윌리엄스의 기준을 적용해볼 수 있다. 후자는 윌리엄스의 두 번째 기준이 만족되지 않는 경우로 이해될 수 있고, 전자는 윌리엄스의 첫 번째 기준을 만족시키지 못하는 것으로 간주될 수 있다. 우디 앨런(Woody Allen)은 자신의 영화 〈한나와 그 자매들(Hannah and Her Sisters)〉(1986)에서 아래처럼 동일한 유형의 삶이 반복되는 영생에 대해 부정적 견해를 밝히고 있다.

Millions of books written on every conceivable subject by all these great minds, and in the end, none of them knows anything more about the big question of life than I do ⋯ (중략) ⋯ Nietzsche with his theory of Eternal Recurrence. He said that the life we live, we're gonna live over and over again the exact same way for eternity. Great, that means I'll have to sit through the Ice Capades again, It's not worth it. - John M. Fischer, *The Metaphysic of Death*

3 불교에서는 윤회의 과정을 육도(六道)로 설명한다. 육도란 지옥(地獄), 아귀(餓鬼), 축생(畜生), 아수라(阿修羅), 인간(人間), 천상(天上)으로, 중생은 지은 업에 따라 육도 중 한 곳에 환생(還生)한다. 육도 각각은 하나의 종류가 아니고 다양한 형태를 취할 수 있다. 예를 들어 천상은 28천으로 구성되어 있고, 우주는 욕계(欲界), 색계(色界), 무색계(無色界)로 나뉜다. 욕계에는 남녀가 있고 음행이 가능하다. 색계부터는 남녀의 구별이 없어진다. 불교 교리에 의하면 육도윤회의 과정에 있는 한 중생은 생로병사의 네 가지 고통을 벗어날 수 없고 오직 깨달음을 얻은 자만이 윤회의 굴레에서 벗어날 수 있다.

    윤회를 거론하는 것은 윤회하는 주체를 인정하는 것이라 할 수 있다. 윤회의 주체가 무엇인가에 대해 불교 분파에 따라 다양한 설명이 존재한다. '제법무아'처럼 윤회하는 주체를 인정하지 않는 설명도 있고, 자아를 의미하는 것으로 해석될 수 있는 아트만(atman)을 윤회의 주체로 간주하기도 한다.

    유식학(唯識學)에서는 의식의 일종인 식(識)을 윤회의 주체로 본다. 특히 인간의 마음을 구성하는 8가지 식 중 가장 심층적인 형태인 아뢰야식(阿賴耶識)을 윤회의 주체로 간주한다. 또한 유식학에서는 중생이 죽어서 환생할 때 이숙(異熟, 인과응보因果應報의 과果는 지은 업인 인因에 따라 다르게 이루어진다)한다고 한다. 여기서 이숙하여 환생한 대상이 환생 전과 동일한 개체인가 하는 문제가 발생할 수 있다.

4 중관의 의문은 한 사람을 그 사람이라 할 수 있는 핵심적 특징인 성격이나 관심사, 지향하는 목표, 성향 등이 극단적으로 바뀐 경우 미래의 인간은 이전의 그와 동일한 사람이라고 할 수 없으리라는 윌리엄스의 입장을 대

변한 것이라 할 수 있다.

4차원의 우주 속에 살고 있는 인간은 끊임없이 변하고 있다. 시간이 흐름에 따라 그 모습도 기억과 같은 의식의 내용도 변한다. 과학자들에 의하면 우리 몸을 구성하는 세포는 수년 안에 완전히 물갈이된다고 한다. 개인 동일성의 문제는 시공 속에서 끊임없이 변화하는 인간을 어떻게 동일한 한 인간이라 할 수 있는가 하는 문제다.

개인 동일성의 문제는 영생과 밀접한 관계가 있다. 만약 영생하는 미래의 한 인간이 현재의 그 자신과 동일한 하나의 개체가 아니라면, 그 자신이 영생하는 것이 아니라 전혀 다른 사람이 미래에 존재하는 것이 될 것이기 때문이다. 개인 동일성을 설명하는 이론은 크게 다섯 가지로 구분될 수 있다.

1. 영혼의 동일성에 근거한 이론
2. 육체의 동일성에 근거한 이론
3. 두뇌의 동일성에 근거한 이론
4. 심리적 연속성에 근거한 이론
5. 육체적 기준과 심리적 기준이 혼합된 이론

5   영생하는 사람이 자신의 관심사와 추구하는 행위를 적절히, 조화롭게 조합하여 살아간다면, 그러한 영원한 삶은 당사자에게 매력적인 삶일 수 있다는 입장을 견지하는 대표적 철학자가 피셔(John M. Fischer)와 글로버(Jonathan Glover)이다.

이들에 의하면 EM의 경우, EM만이 아니라 그녀의 가족이나 친구와 같이 가까운 사람도 영생한다면 이성 간의 사랑을 포함한 사교 관계, 가족 관계를 위한 행위와 지적이거나 예술적인 관심사에 따른 행위 그리고 감각적인 즐거움과 스포츠와 같은 육체적 즐거움을 위한 행위들을 조화롭게 혼합하여 살아갈 때 영생이 당사자에게 매력적인 삶일 수 있다.

6   이러한 입장을 취하는 대표적 철학자가 글로버이다.

But I am not convinced that someone with a fairly constant character need eventually become intolerably bored, so long as they can watch the world continue to unfold and go on asking new questions and thinking, and so long as there are other people to share their feelings and thoughts with. Given the company of the right people, I would be glad of the chance to sample a few million years and see how it went. -*Causing Death and Saving Lives*, p57

7   구체적인 맥락에서 상대적인 의미로 사용되었을 경우 '완전하다'라는 용어는 어느 정도 이해될 수 있다. "운전 기술의 측면에서 볼 때 A는 B보다 완전하다"라는 표현은 A의 운전 기술이 B보다 뛰어나다는 의미로 해석될 수 있다. 그러나 구체적인 맥락이나 상대적인 의미로 사용되지 않았을 경우 '완전하다'는 이해될 수 없는 용어로 보인다.

한 대상 A는 완전하다.

여기서 '완전하다'가 구체적 맥락이나 어떠한 설명도 없이 사용되었을 경우인 앞의 문장을 해석하는 최선의 방법은 'A는 모든 면에서 완전하다'는 뜻으로 받아들이는 것일 것이다. 만약 'A는 완전하다'가 '모든 면에서 완전하다'는 의미라면 A는 어떤 면에서도 완전해야 한다. 따라서 A는 모습에서도 완전해야 하고 사랑에도 행동에도 동정심에도, 심지어 다른 대상들에 대한 증오에서도 완전해야 한다. 도대체 완전한 모습이란 어떤 모습일 수 있는가? 또한 A는 모든 면에서 완전해야 하므로 서로 모순되는 측면에서도 완전해야 한다. A는 도둑질을 하는 데도 완전해야 하고 도둑질을 막는 데도 완전해야 한다.

8   독일 출신의 신학자인 루돌프 오토(1869~1937)는 20세기 초 가장 영향력 있는 종교학자 중 하나이다.

9   '다문제일'이란 부처를 따르는 제자들 중 아난의 암기력이 가장 뛰어났다는 것을 의미하는 것으로, '여시아문(如是我聞: 나는 이렇게 들었다)'으로 시

작되는 아난이 구술하는 내용을 신뢰한다는 의미라 할 수 있다.

10 '구마라집'과 '현장'이 불경을 한문으로 번역한 대표적인 번역가라 할 수 있다. 이들에 의해 대부분의 불경이 한문으로 번역되어 불교가 중국에 전파될 수 있었다.

11 유사한 주장이 불경 외에 성경이나 코란, 소크라테스가 대화한 형식으로 되어 있는 플라톤의 대화록에도 적용될 수 있을 것이다. 성경의 경우 다양한 사본들이 존재하며 이 중 가장 오래된 사본으로 알려진 사해 사본도 기원전 2세기에서 기원후 1세기에 쓰여진 것으로 추정된다. 일부 성경학자들의 주장을 받아들여도 성경이 작성되기 시작한 시기는 기원전 7세기 이후부터이다. 따라서 성경의 예언서들의 경우 후세 사람에 의해 예언이 작성되었다는 말이 된다. 창세기, 출애굽기 등 구약성경의 처음 다섯 권을 지칭하는 '토라'라 불리는 모세오경의 경우 저자인 모세 자신의 장례 장면이 묘사되는 등 모세가 실존 인물인가에 대해 합리적인 의심이 존재한다. 플라톤의 대화록에 대해서도 동일한 주장이 성립할 것이다. 플라톤의 대화록은 소크라테스의 말을 그대로 옮긴 것이 아니라 자신의 철학적인 견해를 드러내는 수단으로 스승인 소크라테스의 이름을 사용한 것에 지나지 않는다고 판단하는 것이 상식적이고 합리적일 것이다.

12 애킨스타인은 벌어지는 사태들에 대한 과학에서의 주장이나 판단의 증거(evidence)와 관련해 탁월한 연구를 발표한 미국의 과학철학자이다. 대표작은 《증거(The Evidence)》(2003)와 《증거, 설명 그리고 실재론(Evidence, Explanation, and Realism: Essays in Philosophy of Science)》(2010)을 들 수 있다.

13 미국의 과학 잡지 《디스커버》 2023년 5-6월호에 실린 내용이다.

14 진핵생물은 핵막이 있는 진핵세포를 가진 생물을 총칭하는 용어로 박테리아 같은 원생동물을 제외하고 인간을 포함한 대부분의 동물이나 식물이 진핵생물에 해당된다.

15 힌두교 이전 브라만교에서는 우주의 주인이자 천신의 왕으로 취급되었으나 힌두교에서는 그 지위가 격하되었다. '제석천'은 불교에서 인드라 신을 지칭하는 용어로 석가모니 부처의 출현 이후 불교의 수호신으로 취급되고 있다.

16 경허(鏡虛, 1849~1912)는 한국 불교의 선맥을 이어나가게 한 대선사이다. '콧구멍 없는 소'라는 말을 듣고 득도한 후 함경도 갑산에서 훈장 노릇을 하다 열반했다고 한다. 제자로는 삼월(三月)로 불리는 혜월(慧月), 수월(水月), 만공(滿空)과 한암(漢巖)과 같은 선사들이 있다. 인용한 게송은 원래 마조(馬祖)의 법맥을 이은 당나라의 반산보적(盤山寶積) 선사의 게송이라 한다.

17 양상 명제나 시제 명제 등을 제외한 기본적인 명제들은 단칭명제, 정언명제, 복합명제의 세 가지로 구분될 수 있다. 이 중 가장 기본적인 형태인 단칭명제는 "길동이는 사람이다"라는 명제처럼 개체가 가진 속성을 나타내는 명제와 "서울은 평양과 부산 사이에 있다"라는 명제처럼 개체들 사이에 성립하는 관계를 나타내는 명제의 두 가지 형태로 나눌 수 있다.

18 다양한 형태의 진리 대응설이 가능하지만 '진리 대응설'이란 하나의 명제가 묘사하는 내용과 대응하는 실제의 사태가 있으면 그 명제는 참이라고 주장하는 이론이라 할 수 있다.

3장

1 《고사기》는 일본의 신화와 전설 등을 오노 야스마로(太安麻呂)가 겐메이(元明) 천황의 지시로 저술한 저서로 천황가의 연대기와 계보를 기록한 《제기(帝紀)》와 신화와 전설을 기록한 《구사(舊辭)》에 있는 내용을 중심으로 712년에 편찬된 사기이다. 이 책은 일본 고대문학 연구에 중요한 자료로 사용되고 있다.

이자나미(伊邪那美)는 일본 창세 신화에서 일본을 만든 여신으로 남신인 이자나기(伊邪那岐)의 아내이다. 인용된 부분은 3장으로 구성된 《고사기》의 2장에서 기술된 것으로 이자나기가 황천국(黃泉國)에 가서 본, 죽은 아내인 이자나미의 사체 모습을 서술한 것이다.

2 에피쿠로스는 기원전 341년부터 270년까지 생존했던 고대 그리스의 철학자로 고통이 없는 쾌락을 주장한 쾌락주의자로 알려져 있다. 생존 시 '가든(Garden)'이라는 교육 공동체를 이끄는 등 비교적 활발히 활동했으나 몇 편의 편지 외에 그의 사상을 엿볼 수 있는 저작은 거의 남아 있지 않다.

로마의 철학자이자 시인인 루크레티우스(기원전99~55년경)는 에피쿠로스의 사상을 이어받은 대표적 인물이다. 그는 자신의 저서 《사물의 본성에 관하여(De Rerum Natura)》에서 에피쿠로스의 견해를 개진하고 있다.

3 인용한 부분은 에피쿠로스의 〈메노이케우스에게 보내는 편지〉 중 영어로 표현된 아래의 부분을 번역한 것이다.

So death, the most terrifying of ills, is nothing to us, since so long as we exist, death is not with us; but when death comes, then we do not exist. It does not concern either the living or the dead, since for the former it is not, and the latter are no more.

다음은 〈메노이케우스에게 보내는 편지〉 중 인용된 부분이 포함된 죽음에 대한 내용을 발췌한 것이다.

"죽음은 우리에게 아무것도 아니다"라는 믿음에 익숙해져라. 모든 좋고 나쁨은 지각에 있는데, 죽으면 지각 능력을 잃게 되기 때문이다. 따라서 "죽음이 우리에게 아무것도 아니다"라는 사실을 알게 되면, 자신도 언젠가는 죽게 될 것이라는 사실도 즐겁게 된다. 그러한 깨달음이 우리에게 살아나갈 시간을 더해주기 때문이 아니라, 영생과 불멸에 대한 바람을 제거해주기 때문이다. "죽음은 죽는 당사자에게 두려운 일이 아니다"라는 사실을 깨달은 사람은, 살아가면서 두려울 것이 없다. 따라서 "내가 죽음을 두려워하는 이유는, 죽을 때 고통스럽기 때문이 아니라, 죽을 것이라는 예측이 고통스럽기 때문이다"라는 말도 의미가 없다. 죽음이 닥쳐왔을 때 고통스럽지 않은데도 죽을 것을 예측해서 미리 고통스러워하는 일은 헛된 일일 것이기 때문이다. 따라서 우리들에게 가장 두려운 것으로 여겨지는 죽음은 실은 우리에게 아무것도 아니다. 우리가 존재하는 한 죽음은 우리와 함께 있는 것이 아니고, 죽음이 왔을 때는 우리는 더 이상 존재하지 않을 것이기 때문이다. 죽음 자체는 산 자와 죽은 자 모두에게 아무런 관련이 없다. 산 자에게는 죽음이 없고, 죽은 자는 더 이상 존재하지 않을 것이기 때문이다. 많은 사람은 죽음을 가장 큰 악이라 생각해서 두려워하고, 다른 때에는 죽음이 삶이 만드는 악들을 없애준다고 생각해서 죽음을 갈망한다. 반면 현명한 사람은 삶에서 도피하려 하지 않고, 삶이 끝나는 것을 두려워하지도 않는다. 삶이 그에게 해를 주는 것도 아니고, 살아 있지 않음이 어떤 악으로 생각되지도 않기 때문이다. 현명한 사람은 단지 긴 삶이 아니라 가장 즐거운 삶을 원한다.

반면에 젊은 사람에게 잘 살라고 하면서 늙은 사람에게는 삶을 잘 마치라고 충고하는 것은 어리석은 짓이다. 삶 자체가 바람직할 뿐 아니라, 잘 살기 위한 행위와 잘 죽기 위한 행위는 동일한 것이기 때문이다. 아예 태어나지 않는 것이 좋다고 하면서 "태어났으면 서둘러 죽음을 맞이하라"라고 말하는 것은 더욱 나쁜 일이다. 만약 그가 확실한 믿음을 가지고 이렇게 말했다면 그 자신은 왜 죽지 않는가? 그가 확실히 죽으려고 작정했다면 길이 그에게 열려 있기 때문이다. 또한 그가 장난삼아 그런 말을 했다면, 그는 서둘러 죽을 필요가 없다고 생각하는 사람들을 설득할 수 없다.

4 죽음의 해악과 관련된 경험 조건과 존재 조건은 아래와 같이 설명될 수 있다.

경험 조건: 일정한 시간 t에 발생한 사건 Q가 인식 주체 A에게 일정한 영향을 끼치려면 인식 주체 A는 시간 t에 사건 Q를 경험할 수 있어야 한다.

존재 조건: 일정한 시간 t에 발생한 사건 Q가 인식 주체 A에게 영향을 끼치려면 인식 주체 A는 사건 Q가 발생한 시간 t에 존재해야 한다.

경험 조건과 존재 조건은 한 사건이 인식 주체에게 영향을 끼쳤다는 것이 성립하기 위해서는 반드시 만족되어야 할 조건으로 보인다. 한 인식 주체가 간접적으로라도 일정한 사건을 경험하지 못했다면 그는 그 사건으로부터 어떠한 영향도 받은 것이라 할 수 없을 것이기 때문이다. 또한 일정한 사건이 발생한 순간에 한 인식 주체가 존재하지 않는다면 그 사건은 그에게 어떠한 영향도 끼친 것이 아니다. 영향을 입은 당사자가 존재하지 않기 때문이다.

죽음이라는 사건을 경험 조건과 존재 조건에 적용하면 죽음은 이 두 조건을 모두 만족시킬 수 없다는 것이 명백하다. 살아 있는 동안은 죽음이 발생한 시간인 t 이전이므로 죽음이라는 사건을 경험할 수 없고, 죽음이 발생한 시간인 t 이후인 죽은 후에는 죽음이라는 사건을 경험하고 영향을 받을 당사자가 존재하지 않는다.

5 건전한 연역 논증은 타당하고 전제들이 실제로 참인 논증이다. 죽음은 죽는 당사자에게 나쁜 것이 아니라는 에피큐리언 견해를 이끌어낸 추론은 아래의 논증으로 정리될 수 있다.

죽음이 죽는 당사자에게 해악을 끼친다면 죽음의 해악은 죽는 당사자가 살아 있거나 죽은 이후에 발생해야 한다.
죽음의 해악은 죽는 당사자가 살아 있는 동안에 발생할 수 없다(죽음이라는 사건이 발생하지 않았으므로).
죽음의 해악은 죽는 당사자가 죽은 이후에 발생할 수 없다(죽음의 해악을 입을 당사자가 존재하지 않으므로).

죽음은 죽는 당사자에게 해악을 끼치지 않는다.

이 논증은 타당한 논증이다. 따라서 전제들이 실제로 참이라면 결론도 반드시 실제로 참이다. 에피큐리언 견해를 반박하기 위해서는 전제들 중 적어도 하나가 실제로 참이 아니라는 것을 보여야 한다.

6 중관이 주장하는 "죽음은 죽는 당사자가 소유한 욕망들을 좌절시킬 것이므로 나쁘다"라는 견해는 버나드 윌리엄스의 '욕망 좌절론'을 나타낸 것이다. 윌리엄스에 의하면 우리가 소유한 욕망은 살아 있음에 조건적인 욕망과 범주적(categorical)인 욕망으로 나눌 수 있다. 살아 있음에 조건적인 욕망은 살아 있을 경우 잘 대접받기를 바라는 것과 같이 살아 있음이 욕망이 성립하기 위한 기본 조건이 되는 욕망이고, 범주적인 욕망은 가족을 이루거나 좋은 책을 쓰기를 원하는 것과 같은 개인적 욕망이나, 기아와 폭력이 사라진 세상을 원하는 것과 같은 초개인적인 욕망 등이다.

개인적인 범주적 욕망은 계속해서 살기를 원한다는 것을 전제한다고 할 수 있다. 계속해서 살지 못한다면 그러한 욕망은 실현될 수 없을 것이기 때문이다. 윌리엄스에 따르면 죽음은 개인적인 범주적 욕망을 좌절시키므로 나쁘다.

7 죽음은 죽는 당사자가 소유한 욕망을 좌절시키므로 나쁜 것이라는 윌리엄스의 욕망 좌절론을 반박하는 후평의 논리는 욕망의 좌절이 언제 발생했느냐에 맞추어져 있다. 후평에 의하면 살아 있는 동안에는 그가 살아 있으므로 욕망이 좌절된 것이 아니고, 그가 죽은 이후에는 욕망의 좌절을 겪을 당사자가 존재하지 않는다.

욕망 좌절론을 옹호하는 피셔(John M. Fischer)나 파인버그(Joel Feinberg)와 같은 철학자들은 욕망의 좌절로 인한 죽음의 해악이 욕망을 형성한 시점이나 그러한 욕망이 당사자의 관심사가 된 시점인 죽는 당사자가 살아 있는 동안에 발생한다고 주장하고 있다.

8 일정한 사건이 한 인식 주체에게 경험되지 않았을 경우에도 그 당사자에게 나쁜 것일 수 있다는 것을 보임으로써, 경험 조건은 죽음이 나쁜 것이기 위한 필수 조건이라는 것을 반박하려는 많은 예가 파인버그, 네이글(Thomas Nagel), 노직(Robert Nozick)과 같은 철학자들에 의해 제시되었다. 여기서 소개된 예는 그러한 예들 가운데 하나이다.

그러나 뒤에서 언급되듯이 이러한 예들과 죽음과는 근본적인 차이가 있다. 이러한 예들의 경우에는 비록 당사자가 실제로 경험하지는 못했지만 최소한 경험할 가능성이 있고, 죽음의 경우에는 근본적으로 경험할 가능성조차 없다.

9 죽음은 죽지 않았으면 누렸을 행복을 박탈하므로 죽는 당사자에게 나쁜 것이라는 박탈론을 주장하는 대표적인 철학자가 네이글이다. 최근에는 펠드먼(Fred Feldman)이 〈죽음의 악마와 관련된 몇 개의 퍼즐(Some Puzzles about the Devil of Death)〉라는 논문에서 박탈론의 흥미로운 한 버전을 제시했다. 그는 '가능 세계 의미론'을 이용하여 당사자가 존재하느냐의 여부에 상관없이 일정한 사태는 당사자에게 나쁠 수 있다는 것을 주장하고 있다.

10 죽음은 죽지 않았으면 누렸을 행복을 박탈하는 것이므로 나쁘다는 박탈론의 주장에 따르면 일정한 시간에 태어남은 보다 일찍 태어났으면 누렸을 행복을 박탈한 것이므로 나쁘다고 해야 할 것이다. 이와 같은 논증은 박탈론을 반박하기 위해 사용된 논증으로 죽음에 대한 '대칭 이론'이라 한다. 죽음에 대한 대칭 이론은 죽음은 죽는 당사자에게 나쁘지 않다는 자신의 견해를 정당화하기 위해 에피쿠로스에 의해 사용되었고 그의 제자 루크레티우스에 의해 정리되었다.

죽음의 대칭 이론에 대해 브뤼크너(Anthony L. Brueckner)와 피셔 등은 죽음 이후와 태어남 이전에 대해 비대칭적인 견해를 갖는 것은 당연하다고 주장한다. 이들에 의하면 우리가 과거의 행복이나 고통보다는 현재와 미래에 대한 행복이나 고통에 관심을 갖는 것은 합리적이며 지극히 당연하다. 따라서 이들은 죽음의 대칭성에 의해 박탈론을 반박하는 것은 정당화될 수 없다고 주장한다.

11 어린 소년 쇠돌이가 조종하는 로봇인 마징가제트의 예를 든 것은 쉽게 설명되지 않거나 이해되기 힘든 현상을 접할 때 보이는 인간의 태도를 비유적으로 설명하기 위해서이다. 컴퓨터는 놀라운 계산 능력을 갖고 있다. 만약 원시인이 컴퓨터의 놀라운 계산 능력을 접하게 된다면 그는 컴퓨터의 혼이 이러한 능력을 행사하는 주체라 생각할지 모른다. 그러나 컴퓨터를 일상에서 항상 접하는 과학 문명의 시대에 살고 있는 우리는 누구도 컴퓨

터라는 기계 자체가 이러한 놀라운 계산 능력을 소유하고 있다는 것을 부인하지 않는다.

인간은 감각기관을 통해 확인될 수 없는 '사유'와 같은 정신적 행위를 하고 있고, 이에 따라 물질적이라 할 수 없는 정신적 현상들이 나타난다. 인간이 보이는 정신적 현상을 설명하는 방식도 컴퓨터의 경우와 같이 두 가지로 나누어 생각할 수 있다. 하나는 정신적 현상을 보인 인간 자체가 그러한 정신적 행위를 하는 주체라 생각하고 그 관계를 탐구하는 방식이고, 다른 하나는 영혼과 같은 새로운 신비한 실체를 가정하여 그 신비한 실체가 정신적 행위나 현상을 보이는 주체라 간주하는 방식이다.

첫 번째 방식에서는 인간과 정신 현상 사이의 관계가 탐구될 기초가 확보될 수 있고, 실제로 현대 과학은 둘 사이의 관계에 대한 탐구에서 놀라운 성과를 이루고 있다. 반면에 두 번째 방식은 과학적 탐구의 가능성이 확보될 수 없는 방식이고, 컴퓨터에 대해 원시인이 보인 태도와 흡사한 태도라 할 수 있다. 이러한 방식에서는 과학적 탐구의 대상이 될 수 있는 인간의 문제가 근본적으로 설명될 수 없는 신비의 영역에 속하는 것으로 취급될 수밖에 없다.

12 영혼을 그 인간이라 할 수 있는 본질적 주체라고 간주하면 우리는 어제의 내가 오늘의 나와 동일한 한 사람이라는 것도 확인할 수 없다. 영혼은 비물질이므로 근본적으로 지각의 대상이 될 수 없고 따라서 우리에게는 어제의 내 영혼과 내일의 내 영혼을 비교할 길이 근본적으로 차단되어 있는 셈이기 때문이다.

영혼을 받아들이는 사람들은 시간의 경과 속에서 동일한 육체를 가지면서 일관되고 유사한 정신 현상을 보이는 것을 동일한 영혼을 소유한 것을 보이는 증거로 간주할 수 있다고 암묵적으로 믿고 있는 것으로 보인다. 그러나 시간 속에서 동일한 육체를 가지며 일관되고 유사한 정신 현상들을 보인다는 사실은 시간 속에서 동일한 하나의 영혼이 관계하고 있다는 증거로 간주될 수 없다. 전자가 후자를 위한 증거이기 위해서는 전자와 후자를 모두 확인할 수 있어야 하는데, 전자는 관찰될 수 있고 확인될 수 있는 반면에, 후자인 영혼은 근본적으로 우리의 지각 능력의 한계를 벗어나 있기 때문이다.
　　영혼의 동일성으로 개인 동일성을 설명하려는 시도의 한계를 존 페리(John Perry)가 초콜릿의 예를 이용해 적절히 설명하고 있다. 고급 초콜릿의 경우 겉의 모양에 따라 내용물이 다른 제품이 있다. 특정 회사에서 출시되는 초콜릿을 많이 먹어본 사람의 경우 일정한 무늬와 모양을 가진 초콜릿의 내용물이 무엇인지를 초콜릿을 먹어보지 않고도 알 수 있다. 그러나 이것이 가능한 이유는 그가 이전에 그 회사에서 나온 초콜릿을 많이 먹어봐서 초콜릿 겉의 모양과 내용물 사이의 관계를 확인할 수 있었기 때문이다. 영혼의 경우는 초콜릿과 근본적으로 다르다. 영혼은 비물질이므로 근본적으로 확인할 길이 차단되어 있기 때문이다.

13 아마존 정글에서 의료봉사와 종교 활동을 해온 의사이자 종교인인 퍼시 콜렛은 《내가 본 천국》(1987)이라는 책에서 1982년에 5일 반 동안 육신을 빠져나온 자신의 영혼이 목격한 천국에 대해 묘사하고 있다.
　《이집트 사자의 서》는 고대 이집트 시대 관 속에 미이라와 함께 매장된 책으로, 사후 세계에 대한 안내문의 역할을 했던 고서다. 주로 파피루스나 피혁 등에 상형문자로 기록된 것인데 고대 이집트의 문화와 역사 연구에 귀중한 자료로 사용되고 있다.

14 콘래드(Joseph Conrad, 1857~1924)는 폴란드 출신이지만 영국 국적을 가지고 영어로만 작품 활동을 하였다. 대표작으로는 《어둠의 심연(Heart of Darkness)》《로드 짐(Lord Jim)》등이 있다. 젊어서 선원 생활을 했던 것으로 알려져 있고 해양 소설의 대가로 평가받는 소설가이다.

15 소신공양(燒身供養)은 글자 뜻 그대로 자신의 몸을 불살라 공양하는 것을 의미한다. 《묘법연화경》에 나오는 약왕보살(若王菩薩)이 향유를 몸에 바르고 자신의 몸을 불살라 공양했다는 이야기로부터 유래된 것으로 보인다. 틱꽝득 스님 외에도 중국 통치하에 있는 티베트에서 소신공양의 많은 사례들을 발견할 수 있고 우리나라에서도 몇 번의 사례가 있었다.

16 물리학자들에 따르면 우주의 99% 이상은 비어 있다고 한다. 심지어 물질을 구성하는 기본 단위인 원자도 항성과 이를 도는 행성으로 이루어진 구조와 유사한 모습으로 전자가 원자핵 주위에 존재하고, 구조의 대부분은 비어 있다. 이렇게 보면 '차진 밀가루 반죽'의 비유는 잘못된 것이라 할 수 있다. 그러나 밀가루 반죽을 구성하는 밀가루 알갱이도 대부분이 공허한 원자들로 구성되어 있고, 밀가루 반죽의 비유는 우주 전체가 다양한 관계들로 서로 연결되어 함께 변화한다는 것을 강조하기 위한 것이다.

17 언어란 근본적으로 일정한 개념 체계나 믿음 체계에 의존할 수밖에 없기 때문에 근본적으로 진실에 접근할 수 없다는 것을 나타낸 표현이 '불립문자'라 할 수 있다. 언어의 이러한 한계를 용수는 '희론'으로 비트겐슈타인은 '말놀이'라는 표현으로 나타내고 있다.

18 패러독스란 건전한 것으로 판단되는 논증의 결론이 명백한 사실에 어긋나거나 논리적 모순인 경우이다. "날아가는 화살은 날지 않는다"라는 결론은 논리적 모순이다. 그러나 화살의 패러독스를 나타낸 논증의 "날아가는 화살은 오직 시간의 경과가 없는 시간점에 존재한다"라는 두 번째 전제는 성립할 수 없는 명제이다. '시간점'이란 실제의 시간 속에서 존재할 수 없는 순수하게 이론적인 개념이기 때문이다.

19 역자 신상환은 산스크리트어, 팔리어, 티베트어에 능통한 불교학자이다. 인도 소재 한 대학의 인도·티베트학과 조교수로 재직했고 티베트어로 쓰인 불경의 번역에 관심을 가지고 있다.

20 설일체유부는 상좌부에 속하는 부파불교 중 가장 세력이 컸던 부파이다. 《아비달마대비바사론》은 설일체유부를 대표하는 저작으로 불멸 후 400년 경부터 당시의 대표적 논사들과 설일체유부의 승려들이 모여 12년에 걸쳐 완성한 것으로 알려져 있다.

21 실상론이란 우리가 일상적으로 존재한다고 믿는 현상계의 모든 존재와

모습들은 실제의 존재나 모습이 아닌 가유(假有)에 불과하므로 실상의 모습인 진유(眞有)를 찾아야 한다는 입장의 불교 이론이다.

22 《과학혁명의 구조》의 저자 쿤에 따르면, 과학은 수용된 사실과 이론의 축적에 의해 진보하는 것이 아니라, 기존의 과학 체계로 설명되지 않는 현상이 계속 나타남에 따라 기존의 거대 이론이나 방법론 등이 새로운 이론이나 방법론으로 대체되는 소위 '패러다임 전환(paradigm shift)'에 의해 변화하며, 사회혁명의 경우와 유사하다.

4장

1 저명한 과학철학자 포퍼(Karl Popper)는 과학 이론이나 과학 명제는 반증 가능성이 높을수록 우수한 이론이나 명제라고 주장하고 있다. 그에 의하면 반증 가능성이 없는 것은 과학 이론이나 과학 명제가 아니다. "안드로메다 성운을 나는 괴생명체가 존재한다"나 "영혼은 존재한다" 같은 명제들은 반증이 불가능한 대표적인 사례라 할 수 있다.

2 수십 년간 영계를 체험했다고 주장하는 스웨덴의 과학자이자 신학자인 스베덴보리는 자신의 책《천국과 지옥》에서 자신이 실제로 목격했다는 천국과 지옥의 내용을 상세히 기술하고 있다. 이 책은 1758년 라틴어로 런던에서 출간되었다.

3 브라이디 머피의 사례가 퇴행 최면을 통한 전생 체험의 가장 대표적인 사례일 것이다. 아래에 인용된 부분은 과학자인 강건일 박사의 책《신과학은 없다》(1998)에 기술된 이와 관련된 내용이다.

스티븐슨(전생을 연구한 정신병리학 교수)은 1950년대 퇴행 최면에 의해 유도된 전생 회상을 사실로 인정하기도 했는데 이것이 유명한 '브라이디 머피'의 사례이다. 1952년 콜로라도주 푸에블로의 사업가이자 아마추어 최면술사인 번스타인은 29세의 버지니아 타이를 대상으로 전생을 회상시키는 퇴행 최면을 하였다. 버지니아는 1798년부터 1864년 사이에 아일랜드 코크 지방에 살았던 머피의 삶까지 퇴행하였다. 그녀는 아일랜드 말투로 당시의 생활을 생생하게 표현하였다. 이 경우를 조사한 스티븐슨은 분명히 환생의 증거가 될 수 있다고 선언하였다.

머피의 이름이 부상했을 때 신문기자들은 사실 여부를 확인하는 경쟁을 벌였다. 《시카고 데일리 뉴스(Chicago Daily News)》는 런던 특파원에게 아일랜드로 가서 조사하도록 명령했으나 긍정적인 결과를 얻지 못했다. 이번에는 《덴버 포스트(Denver Post)》에서 비싼 경비를 들여 바커 기자를 아일랜드로 파견했다. 바커는 머피가 19세기에 살았던 인물이라는 것을 확인했으나, 버지니아가 어느 때인가 전해져 내려오는 아일랜드 이야기에 노출된 적이 있다는 심증만을 갖고 돌아왔다. 취재 경쟁의 승리는 버지니아의 고향인 시카고로 가서 조사한 내용을 보도한 《시카고 아메리칸(Chicago American)》 기자에게 돌아갔다.

《시카고 아메리칸》 기자는 버지니아가 한때 주일학교를 다녔던 시카고복음교회의 도움으로 코크웰 부인을 쉽게 찾아내었다. 지금은 일곱 자녀를 둔 그녀는 아직도 10대의 버지니아가 봤을 그 집에 살고 있었다. 버지니아는 당시 길 건너 지하실 아파트에서 5년간 살았다. 이때 어린 버지니아는 코크웰 부인의 아일랜드 배경을 좋아했다. 코크웰 부인의 아들 중 하나의 이름이 캘빈이었는데 그가 바로 머피의 친구 중 하나로 버지니아가 기억해낸 이름이었다. 버지니아는 자신이 전생에 살았던 곳이 코크라고 했는데 이것은 코크웰과 유사하며 코크웰 부인의 결혼 전 이름이 브라이디 머피였던 것이다. 바로 버지니아는 전생을 회상한 것이 아니라 어린 시절의 조각을 맞추어냈을 뿐이다.

4   원제목이 '바르도 퇴돌 첸모(사후 세계에서 가르침을 들음으로써 영원한 자유에 이르기)'인 《티베트 사자의 서》는 티베트 지방의 밀교 형태의 불교에서 중요 경전으로 여겨지는 책이다. 20세기 초 유럽에서 번역 발간된 이후 서구 사람들의 많은 관심을 끌었다. 특히 심리학자들이 인간의 본성이나, 자기 파괴적인 행위를 설명할 때 이 책이 유용하게 사용되었다고 한다. 사람이 숨을 거두는 임종의 순간부터 시작되는 이 책은 바르도(죽음도 삶도 아닌

중간 상태) 상태에서 다시 자궁을 찾아 환생하는 시점까지인 49일 동안의 내용을 다루고 있다.

이 책은 치카이 바르도(임종자의 죽음의 순간에서의 바르도)로부터 시작해서 초에니 바르도(사자가 자신의 카르마의 원인으로 존재의 근원을 체험하는 바르도)를 거쳐 시드파 바르도(죽은 사자가 다시 환생의 길을 찾는 단계)까지의 49일을 다룬다.

5 폭스 자매의 예를 거론하는 것은 이 사례가 19세기에 활성화되기 시작한 영과 사후 세계를 믿는 영성주의의 뿌리가 된 사건이기 때문이다. 폭스 자매 외에 슬레이드(Henry Slade)도 혼령과 접촉할 수 있다고 주장한 대표적인 사람이다. 슬레이드는 자신의 주장을 증명하듯 문자로 혼령과 접촉하는 것을 시연하였고, 독일의 천체물리학자 췰너(Johann K. F. Zöllner)는 그에게 감명을 받아《초월 물리학(Transcendental Physics)》라는 책을 저술하기도 했다. 그러나 슬레이드의 행위는 돈벌이를 위한 사기극이라는 것이 밝혀졌고, 1876년에 결국 사기 혐의로 고발되어 처벌받는다.

6 1926년 인도 남부에서 태어난 사이 바바는 무에서 물질을 창조하는 능력을 가진 것으로 알려진 사람이다. 한때 그가 보이는 능력에 감동받은 많은 추종자들이 그의 주위에 몰려들었고 사이 바바 교육 재단은 대학을 다섯 개나 설립하기도 했다. 그러나 그가 보이는 물질 창조는 현란한 손놀림에 의한 사기극에 불과하다는 것이 밝혀졌다. 현란한 손놀림으로 사람들을 속이는 모습이 국내의 한 텔레비전 프로그램에서 방영되기도 했다.

7 임사 체험과 관련된 가장 대표적인 책은 철학자이자 정신과 의사인 무디의《삶 이후의 삶》일 것이다. 이 책에서 무디는 죽음에 대해 어떤 입장도 취하지 않을 것이며, 그를 찾아온 150명 가량의 임사 체험자의 증언을 그대로 옮기는 데 주력할 것이라 주장한다. 무디가 수집하고 기록한 경험들은 의사한테 임상적으로 죽었다고 판정받았거나, 그렇게 선언되었다가 다시 살아난 이들의 체험담이나 사고나 질병으로 인해 육체적으로 거의 죽었던 이들의 체험담, 그리고 임종 자리에 참석한 사람들에게서 직접 들

은 체험담들이다.

무디는 이 사례들을 선별하고 50명의 직접 체험자들의 경험을 토대로 연구 내용을 정리했다. 그는 임사 체험의 사례들은 일정한 유사성을 갖고 있으며, 사후 세계를 체험한 것으로 해석될 수 있다고 주장한다. 그러나 최근의 연구에 따르면 임사 체험자들이 체험한 사후 세계의 내용은 그가 속한 문화나 환경에 크게 영향을 받는다. 또한 임사 체험과 유사한 경험이 과학적 실험 장치를 이용해 재현될 수 있다는 것이 밝혀지고 있다.

8 1982년에 행해진 갤럽 조사는 조사된 미국 성인 약 스무 명 가운데 한 사람이 NDE 현상을 경험한 적이 있는 것으로 보고하고 있다.

9 많은 과학자가 NDE를 과학적으로 설명하려 시도하였다. UCLA 의과대학의 지겔(Ronald Siegel)은 LSD와 같은 마약성 물질에 의해 유도되는 환각과 NDE의 유사성을 강조하며 NDE는 일종의 환각에 불과하다고 주장한다. 또한 시카고대학의 신경생물학자 잭 코언은 NDE를 산소 결핍에 의해 신경 억제 물질이 감소하여 나타나는 현상으로 설명한다. 특히 유체 이탈 현상을 연구하기도 한 영국의 과학자 수전 블랙모어는 자신의 책 《살기 위한 죽음: 임사 체험(Dying to Live: Near Death Experience)》에서 NDE 현상 중 나타나는 평온함은 극심한 스트레스 상태에서 분비되는 엔돌핀의 효과로, 기계음과 터널을 통해 빛을 만나는 현상을 뇌의 산소 결핍에 따른 현상으로 설명한다.

10 인간을 구성하는 다섯 가지 요소인 오온은 '오음(五陰)'이라 불리기도 한다.

11 물리주의(physicalism)는 세계의 궁극적인 구성 요소는 물리적이고 세계에 대한 우리의 지식이나 심리적 현상들은 물리적으로 설명될 수 있다는 입장이다. 노이라트(Otto Neurath)나 김재권 등이 물리주의를 주장하는 대표적 철학자이다.

12 '시냅스(synapse)'는 '신경세포 접합부'로 번역되며 한 뉴런(neuron, 신경세

포)에서 다른 뉴런으로 신호를 전달하는 연결 부위이다.

13　사적 언어란 다른 사람에게는 이해될 수 없는 언어를 말한다. 《철학적 탐구(Philosophical Investigation)》에서 비트겐슈타인은 사적 언어의 불가능성을 주장하고 있다.

14　러셀의 '논리적 고유명'은 '이것', '저것'과 같은 용어로서 감각 경험의 내용 자체를 지칭하는 역할을 하는 용어이다. 예를 들어 붉은 장미를 지각할 때 얻게 되는 붉은 장미의 감각 자료 자체는 그러한 지각을 한 당사자에게 고유한 것이므로 이를 지칭하기 위해서는 '이것'이나 '저것' 같은 논리적 고유명을 사용해야 한다는 것이 경험주의자인 러셀이 한때 고수했던 견해이다.

15　남방불교에서는 '제행무상', '제법무아', '일체개고'의 세 가지가 삼법인으로, 북방불교에서는 '일체개고' 대신 '열반적정(涅槃寂靜)'이 삼법인의 하나로 취급된다. 최근에 언급되고 있는 '사법인(四法印)'은 '제행무상'과 '제법무아' 외에 '일체개고'와 '열반적정'을 모두 포함한 것이다.

16　틀락록은 아즈텍 문화의 최고 신으로 농사와 밀접한 관계가 있으며, 비와 비의 불(번개)를 관장하는 신이다. 페룬은 슬라브 민족의 신화에서 최고의 신이며, 천둥과 번개를 관장한다.

5장

1　일반적으로 개체의 동일성을 결정하는 기준은 라이프니츠의 '구별 불가능자의 동일성 법칙'을 따르고 있다. 이 법칙은 2차 술어논리에서 아래처럼 도식화될 수 있다.

$(\forall x)(\forall y)((\forall P)(Px \leftrightarrow Py) \rightarrow x=y)$

이 법칙에 따르면 만약 두 개의 개체 x와 y가 소유한 속성이 동일하면 x와 y는 동일한 하나의 개체이다. 일반적으로 이 법칙은 개체들을 구분하는 원칙이나 개체들의 동일성을 결정하는 원리로 사용되고 있다. 그러나 이 법칙은 시간 속에서 끊임없이 변화하고 있는 개체에 대해서는 적용될 수 없는 법칙이다. 모든 물리적 개체들은 필연적으로 시간 속에서 변화의 과정을 겪을 것이므로 동일한 개체일지라도 서로 다른 시간에 다른 속성을 가질 수 있을 것이기 때문이다.

2 이러한 입장은 영혼의 동일성으로 개인 동일성을 설명하려는 시도로서 이와 같은 입장을 주장하는 이론을 '영혼의 동일성'에 의거한 이론이라 할 수 있다. 영혼의 동일성에 의거한 이론은 시간 속에서 끊임없이 변화하는 사람들의 개인 동일성의 기준은 비물질적인 영혼의 동일성에 기초해야 한다는 이론이다.

    인간의 개별화와 동일성의 기준을 영혼(정신)의 동일성에서 찾는 이론을 고수하는 대표적인 예는 플라톤과 데카르트 그리고 기독교 전통의 교리에서 찾을 수 있다. 이들 외에도 버틀러(Joseph Butler), 리드(Thomas Reid) 등의 근세 철학자들이 이러한 입장을 견지했던 것으로 보이고, 현재에는 루이스(Hywel D. Lewis) 등이 이 입장을 고수하고 있다.

    이 이론에 따르면 시간 속에서 끊임없이 계속해서 변화하는 한 인간이 동일한 인간인 이유는 그가 계속해서 동일한 하나의 영혼을 소유하고 있기 때문이다. 이 이론에 의하면 일정한 시간 t에서의 한 인간과 t 이후의 시간 t'에서의 한 인간에게 동일한 영혼이 거주하고 있다면 t에서의 인간과 t'에서의 인간은 동일한, 한 인간이다. 따라서 t와 t'에서 동일한 하나의 영혼이 서로 다른 육체에 거주할지라도 t에서의 인간과 t'에서의 인간은 동일한 인간으로 취급되어야 한다. 이 이론은 죽음 이후에 육체와 분리된 정신적 실체로서의 영혼이 존재할 가능성을 허용하므로, 이 이론에서는 육체의 사멸 이후의 영생과 같은 종교적 신앙이 쉽게 설명될 수 있다.

3 기억 이론은 기억으로 개인 동일성을 설명하려는 시도다. 이 이론에 따르면 일정한 시간 t에서의 A는 시간 속에서 계속되는 A의 시간적 단계들이

고, t에서의 A와 t 이후의 시간 t'에서의 A가 동일한 하나의 인간이기 위해서는, t'에서의 A는 t에서의 A에 대한 기억을 가지고 있어야 한다.

4   기억 이론은 기억상실증의 경우처럼 망각이나, 잘못된 기억의 경우들을 설명하는 데 난점을 가지고 있다. 한 사람이 기억상실증에 걸렸을 경우 그 사람은 자신의 과거를 기억하지 못할 것이고 따라서 기억 이론에 의해서는 기억상실증에 걸리기 전의 사람과 후의 사람이 동일한, 한 사람이라는 것이 설명될 수 없을 것이기 때문이다. 이러한 난점을 극복하기 위해 퀸턴(Anthony Quinton)과 그라이스(Herbert P. Grice) 같은 철학자들은 기억들 사이에 성립하는 인과관계로 개인 동일성을 설명한다.

5   버틀러는 '기억'이라는 개념이 개인 동일성을 전제해야만 가능한 개념이므로 기억으로 개인 동일성을 설명하는 것은 악순환의 오류에 빠진다고 주장한다.

6   심리적 연속성에 의거한 이론은 개인이 나타내는 기억, 성격, 믿음, 욕망 등의 심리적 특징들이 갖는 심리적 연속성에 근거하여 개인 동일성을 설명하는 이론이다. 이 이론은 개인이 소유한 심리적 특징 중 어느 것을 중시하느냐에 따라 다양한 형태로 나뉠 수 있다. 한 예로 소위 기억 이론을 주장하는 로크나 퀸턴, 그라이스 등은 그 구체적인 내용은 다르나 개인 동일성을 설명하는 심리적 특징으로 기억을 중시한다. 반면에 슈메이커(Sydney Shoemaker) 등은 기억을 포함하여 믿음, 성격, 욕망 등 개인이 보이는 심리적 특징 모두의 연속성에 의거하여 개인 동일성을 설명하고 있다.

개인 동일성을 심리적 연속성에 기초하여 설명하는 이 이론은 개인 동일성을 설명하는 이론 중 철학사적으로 가장 주목받는 이론이라 할 수 있고 지금도 활발한 논의의 대상이 되고 있다. 이 이론에 따르면 두뇌 이식수술이나 변신과 같은 개인 동일성과 관련해 논란이 되는 경우들이 설득력 있게 설명된다. 한 예로 이 이론에 따르면 B의 몸에 A의 두뇌가 이식되었을 경우 이식수술 후에 살아남은 사람은 A라는 상식적인 직관이 두뇌의 동일성에 의존하지 않고도 설명된다. 이식수술 후 살아남은 A의 두뇌와 B의 몸을 가진 인간의 기억과 성격, 믿음과 같은 심리적인 상태들은 수술 전의 A의 심리적 상태들과 연결되어 있고 연속되어 있을 것이기 때문이다.

7 자신의 논문에서 윌리엄스는 두뇌 속의 정보를 저장하고 재생할 수 있는 기계장치와 관련된 사고실험을 묘사하고 있다.

a라는 기계장치는 개인의 두뇌 속에 저장되어 있는 정보를 추출하여 저장하고, 저장된 정보를 다른 두뇌에 원래대로 정확하게 재생할 수 있는 장치이다. 두 사람 A와 B가 실험 대상으로 선택되었고, 이 기계장치가 완벽하게 작동하여 A와 B의 두뇌 속에 저장된 정보가 정확하게 교환되었다.

앞에서 묘사된 기계장치를 통과한 후의 A는 B의 두뇌 정보를, B는 A의 두뇌 정보를 가지게 될 것이다. 이 경우 기계장치를 통과한 후 B의 두뇌 정보와 A의 몸을 가진 인간을 A^*, A의 두뇌 정보와 B의 몸을 가진 인간을 B^*라 하겠다.

윌리엄스는 이 기계장치를 통과하기 전의 A는 통과한 후의 A^*와 B^* 중 누구와 동일한 사람인가를 묻고 있다. 심리적 연속성으로 개인의 동일성을 설명하는 이론에 따르면 통과 전의 A와 동일한 인간은 B^*이어야 한다. A와 B^*는 심리적 연속성을 가지고 있기 때문이다.

8 두뇌의 동일성에 의거한 이론은 시간과 공간 속에서 변화하는 개인의 동일성에 대한 설명이 두뇌의 동일성에 기초해야 한다는 이론이다. 이 이론에 따르면 t에서의 인간과 t 이후의 시간 t'에서의 인간이 동일한, 한 인간이기 위해서는 t'에서의 인간은 t에서의 인간과 동일한 두뇌를 소유해야 한다. 두뇌의 동일성을 개인 동일성을 위한 판단의 기준으로 삼는 이유는 두뇌 이식의 경우에서 개인의 동일성을 육체의 동일성에 의해 설명할 때 야기되는 어려움을 해결하기 위해서라 할 수 있다.

한 사람 A의 두뇌를 A의 몸으로부터 분리하여 두뇌가 제거된 다른 사람 B의 몸에 이식하는 것은 현대 의학계에서 아직은 실현되지 않았으나,

논리적으로도 물리적으로도 가능하다. 이 경우 현대 과학의 설명이 옳다면 이식수술 후 A의 두뇌와 B의 몸을 가진 인간은 A의 생각, 기억 등을 소유하고 있고, 자신을 A라 여기며 생활하게 될 것이다. 만약 이식수술로 살아남은 사람은 B가 아니고 A라는 것이 우리의 상식적 직관이라면 육체적 동일성으로 개인 동일성을 설명하는 이론은 이러한 우리의 상식적 직관에 위배된다. 이식수술 후 B는 하나의 기관이라 할 수 있는 두뇌만을 제공받은 것이므로 이식수술 후의 생존자의 육체는 B의 육체와 적절한 시공적 연속성을 가지고 있다고 해야 할 것이기 때문이다.

두뇌의 동일성으로 개인 동일성을 설명하는 이론은 육체의 동일성을 기초로 하는 이론이 안고 있는 이러한 문제를 해결해준다. 이식수술 후의 인간과 동일한 인간은 동일한 두뇌를 소유한 A이기 때문이다. 그러나 필자의 생각으로는 이 이론은 개인 동일성을 설명하는 적절한 이론으로 평가되어서는 안 될 것으로 보인다. 우선 두뇌란 육체를 구성하는 기관의 하나인 물질 덩어리에 불과하고, 또한 두뇌 이식수술의 경우 우리가 'A가 수술 후에 살아남았다'라는 직관을 갖게 되는 이유는 두뇌라는 물질 덩어리가 동일하기 때문이라기보다는 수술 후 인간이 보이는 심리적 특징 때문일 것이기 때문이다.

9 이러한 생각은 육체의 동일성에 의거해 개인 동일성을 설명하려는 시도라 할 수 있다. 인간의 육체는 4차원의 세계 속에서 끊임없이 변화하고 있고 일정한 시간 t에서의 인간의 육체와 t 이후의 시간 t'에서의 인간의 육체는 다른 형태와 다른 물질들로 구성되어 있다고 할 수 있다.

이 이론을 주장하는 대부분의 철학자들은 육체의 시공적 연속성에 의거해서 개인 동일성을 설명하고 있다. 이 이론에서 동일성의 기준으로 제시되고 있는 시공적 연속성은 인간은 물론 무생물까지도 포함한 우주 속에 존재하는 거의 모든 개체에 적용될 수 있는 기준이라 할 수 있다. 이 이론은 일상생활 속에서의 개인의 동일성에 대한 우리의 판단을 잘 설명해주고 있다. 그러나 이 이론은 육체적 죽음 이후의 영생에 대한 우리의 신념이나 소설 《변신》에서 제시된 한 인간이 다른 육체를 가질 가능성을 설명하지 못한다. 개인의 동일성을 판단하는 육체적 기준을 중시하는 대표적 철학자는 엉거와 윌리엄스 등을 들 수 있다.

윌리엄스가 제시한 사고실험에서 육체의 동일성으로 개인 동일성을 설명하는 이론에 따르면 A의 육체와 적절한 시공적 연속성을 가진 인간은 A^*이므로 A와 A^*가 동일한 인간이어야 한다. 반면에 심리적 연속성의 기준에 따르면 A와 동일한 인간은 B^*이다. 그러나 이 두 가지 답변만이 윌리엄스의 물음에 대한 선택지들이 아니다. B^*의 육체는 A의 육체에 대해 적절한 시공적 연속성이 결여되어 있고, A^*는 A에 대해 심리적 연속성이 결여되어 있으므로, A^*도 B^*도 A와 동일한 사람이 아니라는 답변도 설득력이 있기 때문이다. 만약 세 번째 답변이 윌리엄스의 물음에 대한 적절한 선택지라고 한다면 개인 동일성을 육체적 동일성으로 설명하는 이론도 심리적 연속성으로 설명하는 이론도 타당한 이론으로 받아들여질 수 없다.

육체적 기준과 심리적 기준이 결합된 이론은 윌리엄스의 물음에 대해 세 번째 답변이 옳다는 직관을 설명해주는 이론이다. 이 이론에 따르면 일정한 시간 t에서의 인간과 t 이후의 시간 t'에서의 인간이 동일한 인간이기 위해서는, t에서의 인간의 육체는 t'에서의 인간의 육체와 적절한 시공적 연속성의 관계를 가져야 함과 동시에 t에서의 인간의 심리적 상태와 t'에서의 인간의 심리적 사이에는 심리적 연속성의 관계가 성립해야 한다.

개인의 동일성을 설명하는 기준으로 육체적 기준과 심리적 기준을 모두 중시하는 이 이론을 선호하는 대표적 철학자는 개릿(Brian Garrett)이다.

10 《누가 줄리아인가?》는 바버라 해리스가 개인 동일성의 문제를 주제로 다룬 소설이다. 존 페리는 그의 책 《개인의 정체성과 불멸성에 관한 대화(A Dialogue on Personal Identity and Immortality)》에서 《누가 줄리아인가?》의 내용을 다루고 있다. 자신의 책에서 그는 개인 동일성을 설명하는 이론으로 육체의 동일성 이론을 선호하고 있다. 그에 따르면 수술 후 살아남은 사람은 줄리아 노스가 아니라 메리 뷰딘이다.

11 앞에서 살펴보았듯이 개인 동일성을 설명하려 시도한 다양한 이론들이 있으나 이들 모두는 심각한 논리적·형이상학적 문제점을 안고 있고, 이

러한 이유로 파핏(Derek Parfit)과 같은 철학자는 '개인 동일성'이라는 개념을 포기하고 대신 '생존'이라는 개념을 설명하려 시도하기도 한다. 개인적으로 필자는 시공 속에서 끊임없이 변화하는 인간의 동일성을 설명하려는 어떠한 시도도 근본적인 한계에 직면할 수밖에 없을 것이라 생각한다. 개인 동일성과 관련된 이러한 어려움은 불가의 기본 교리 중 하나인 제행무상과 제법무아를 설명하는 하나의 방편으로 사용될 수 있을 것이다.

12 《가능세계의 철학》(손병홍 지음, 소피아, 2004)의 12장 "인간 복제와 개인 동일성"에서는 인간을 체세포 복제했을 경우 복제 전 사람과 복제 후의 사람이 동일한 하나의 사람으로 취급될 수 있는가를 다루고 있다. 이 글에서 저자는 개인 동일성을 설명하는 다섯 가지 이론의 핵심적 내용을 소개하고 이 중 어떤 이론도 복제 전의 인간과 후의 인간이 동일한 하나의 인간으로 취급될 수 없는 이유를 설명하고 있다.

13 '결집(結集)'이란 부처의 가르침의 참된 내용을 후대에 전달하기 위해 부처의 제자나 비구들이 함께 모인 것을 말한다. 총 네 차례의 결집이 있었던 것으로 알려졌는데 불멸 후 3개월쯤 후 1차 결집이 있었고 기원전 3세기경 아소카왕 때 있었던 3차 결집을 계기로 부처의 가르침을 문서화하는 작업이 시작되었다.

14 대응설은 진리론의 일종으로 진리 대응론(correspondence theory of truth)이라고도 불리는 이론이다. 대응설은 외부 세계에서 벌어지는 사태를 나타내는 명제의 진위는 외부 세계 자체의 모습에 의해 결정되어야 한다는 우리들이 가진 상식적인 직관을 대변하는 진리론이라 할 수 있다. 많은 철학자들도 대응설을 지지하고 있다. 고대의 플라톤과 아리스토텔레스, 중세시대의 토마스 아퀴나스, 근세의 라이프니츠, 데카르트, 흄, 로크, 리드, 현대에는 전기 비트겐슈타인과 러셀 등이 대응설을 견지한 대표적 철학자라 할 수 있다.

전형적인 대응설에 따르면 명제와 이에 대응하는 사태 사이에는 '동형사상(同型寫像)의 관계(isomorphic relation)'가 성립한다. 하나의 명제 P와 이에 대응하는 실제 사태 Q 사이에 동형사상의 관계가 성립하기 위해서는 최소한 아래의 조건들이 만족되어야 한다.

(1) P와 Q는 일대일로 대응한다.
(2) P와 Q는 구조적 유사성을 가진다.

여기서 논의된 사례들은 두 가지 조건이 모두 만족될 수 없다는 것을 보이는 사례들이라 할 수 있다.

15 비트겐슈타인의 철학은 대체로 《논리 - 철학 논고(Tractatus Logico-Philosophicus)》로 대표되는 전기 철학과 《철학적 탐구(Philosophical Investigation)》로 대표되는 후기 철학으로 나뉠 수 있는데 전기에서는 대응설적인 견해가, 후기에서는 전통적인 의미론에 대한 비판과 함께 '말놀이' 혹은 '언어 게임'이라 할 수 있는 새로운 언어관이 제시되었다.

16 회의주의는 크게 고르기아스나 엉거처럼 "아무것도 알 수 없다"라고 주장하는 '전면적 회의주의'와, 인과관계를 나타내는 지식의 불가능성을 주장하는 흄처럼 지식의 영역 중 일부에 대해 회의적인 '부분적 회의주의'로 나뉠 수 있다. 회의주의가 전면적이고 강력할 경우 소위 '회의주의의 딜레마'라는 문제에 직면하게 된다.
　　B가 모든 명제들의 집합(B={x: x는 명제이다})이라면 "아무것도 알 수 없다"라는 회의주의자의 주장은 B의 원소인 어떤 명제도 알 수 없다는 명제이다. 따라서 "아무것도 알 수 없다"라는 주장도 B의 원소 중 하나여야 하고 참인지 거짓인지 알 수 없는 명제에 불과하다. 중관은 자신의 무지에 대한 주장이 회의주의 딜레마라는 문제에 직면할 수밖에 없다는 것을 인지하고 있는 것으로 보인다. 그는 자신의 무지에 대한 주장은 진지하고 치열한 수행과 논리적인 숙고를 통해 얻어진 생각이라는 점을 강조하고 있다고 할 수 있다.

17 선사들이 한가롭게 걸어서 이동하는 행위를 포행이라 한다.

18 아래는 경허 스님의 오도가이다.

忽聞人語無鼻孔: 콧구멍이 없다는 말을 듣고
頓覺三千是我家: 삼천대천세계가 내 집에 불과함을 깨달았네
六月鷰巖山下路: 유월 연암산을 내려가는 길에
野人無事太平歌: 들 사람이 하릴없이 태평가를 부르네

죽음을 통과하는 말들
죽음 앞에서 철학은 무엇을 말할 수 있는가

지은이 손병홍

1판 1쇄 펴냄 2025년 9월 15일

펴낸곳 곰출판
출판신고 2014년 10월 13일 제2025-000148호
전자우편 book@gombooks.com
전화 070-8285-5829
팩스 02-6305-5829

종이 영은페이퍼
제작 우담프린팅

ISBN 979-11-89327-46-0 03100